Plate
Agrarmarktpolitik
Band 1

Agrarmarktpolitik

Band 1: Grundlagen

Von Dr. Dr. h. c. Roderich Plate

*emeritierter Professor
an der Universität Hohenheim, Stuttgart-Hohenheim*

Zweite, neubearbeitete Auflage

Mit 61 Abbildungen

BLV Verlagsgesellschaft München Bern Wien

Alle Rechte, auch die der fotomechanischen Vervielfältigung
und des auszugsweisen Nachdrucks, vorbehalten.

© BLV Verlagsgesellschaft mbH, München, 1975

Satz: Gebr. Parcus KG, München
Druck: Druckerei Hablitzel, Dachau
Bindearbeiten: Hans Klotz, Augsburg

Printed in Germany · 1. Auflage 1968 · ISBN 3-405-11398-9

Meiner lieben Frau

Vorwort zur ersten Auflage

Die praktische Agrarmarktpolitik gewinnt mit zunehmender nationaler und internationaler Arbeitsteilung an Bedeutung, und zwar nicht nur für die Landwirte, sondern für alle Bereiche der Volkswirtschaft. Trotzdem wird sie noch weitgehend ohne ausreichende wissenschaftliche Fundierung betrieben. Die einschlägigen Maßnahmen werden großenteils auf Grund punktueller Beobachtungen ergriffen, ohne daß die jeweiligen Umstände gebührend geklärt und berücksichtigt werden. Zwar hat sich die Wissenschaft schon seit längerem dieses Problems angenommen und besonders seit Ende des Zweiten Weltkriegs wachsende Aktivität entwickelt. Bisher fehlt jedoch noch eine systematische, geschlossene Darstellung der Grundlagen, von denen die Agrarmarktpolitik auszugehen hat, der marktpolitischen Instrumente, ihrer Wirkungsweise und der Voraussetzungen für ihren zielgerechten und wirtschaftlich vernünftigen Einsatz.

Die vorliegende Arbeit soll dazu beitragen, diese Lücke zu schließen. Der Verfasser ist sich darüber im klaren, daß die Darstellung keineswegs vollständig und in allen Teilen gleichwertig ist. Das ist z. T. darauf zurückzuführen, daß es in diesem verhältnismäßig jungen Zweig der Wissenschaft noch unerforschte Gebiete und wenig durchdachte Probleme gibt. Die Auswahl des hier Gebotenen ergibt sich aus der Sicht einer 20jährigen, vorwiegend empirischen Forschungsarbeit des Verfassers, die sich auf die deutschen und westeuropäischen Verhältnisse konzentrierte.

Der vorliegende erste Band behandelt in zwei Hauptabschnitten Nachfrage und Angebot bei Agrarprodukten und deren Bestimmungsgründe. Im dritten Hauptabschnitt werden die Preisbildung und die Instrumente der Marktpolitik dargestellt. Dabei wurde versucht, die überwiegend theoretischen Darlegungen durch praktische Beispiele anschaulich zu machen. In dem geplanten zweiten Band soll die Agrarmarktpolitik der BR Deutschland und der Europäischen Wirtschaftsgemeinschaft an Hand der im vorliegenden Band dargestellten Erkenntnisse kritisch betrachtet werden.

Stuttgart-Hohenheim, April 1968   Der Verfasser

Vorwort zur zweiten Auflage

Die der ersten Auflage zugrunde liegende Gliederung des Stoffes hat sich im allgemeinen bewährt und ist daher – von einigen Ausnahmen abgesehen – beibehalten worden. Änderungen des Inhalts waren hauptsächlich in dreierlei Hinsicht geboten:
- Soweit praktische Beispiele zur Veranschaulichung der theoretischen Darlegungen angeführt werden, sind die in der ersten Auflage verwendeten Daten durch neuere ersetzt worden.
- Die Ausführungen über die »Elastizitäten der Nachfrage nach einzelnen wichtigen Agrarprodukten und ihre Bestimmungsgründe« am Ende des ersten Hauptabschnittes konnten entfallen, da inzwischen Band 2 der »Agrarmarktpolitik« erschienen ist, in dem diese Fakten ausführlich und in größerem Zusammenhang behandelt werden. Die Darstellung der Entwicklung der Gesamtnachfrage nach Agrarprodukten und ihrer Triebkräfte erscheint unter diesen Umständen ausreichend, um die praktische Anwendung des theoretischen Rüstzeugs beispielhaft aufzuzeigen. Aus den gleichen Gründen wurden die Ausführungen über »die Entwicklung der Agrarproduktion in der BR Deutschland und ihre wichtigsten Bestimmungsfaktoren« am Ende des zweiten Hauptabschnittes stark gekürzt.
- Zwei Themen im dritten Hauptabschnitt wurden auf Grund der inzwischen erfolgten Entwicklung und der dabei gewonnenen Erkenntnisse erweitert. So wurden die Ausführungen über die Absatzwerbung ergänzt um die Frage, inwieweit die Landwirtschaft von den in anderen Wirtschaftsbereichen zum Teil mit gutem Erfolg angewandten sonstigen Funktionen des »Marketing« Gebrauch machen kann. Weiter wurde der Abschnitt über die Förderung des Wettbewerbs im Vermarktungswesen ergänzt durch die Betrachtung auch anderer Maßnahmen der Marktstrukturpolitik.

Meinem Nachfolger auf dem Lehrstuhl für landwirtschaftliche Marktlehre, Herrn Professor Dr. E. Böckenhoff, danke ich für zahlreiche Anregungen.

Stuttgart, im April 1974   Der Verfasser

Inhaltsverzeichnis

	Einleitung	1
1	Die Nachfrage nach Agrarprodukten	4
1.1	Der Begriff »Nachfrage« in der Wirtschaftswissenschaft	4
1.2	Bestimmungsgründe der Nachfrage	4
1.3	Nachfragefunktionen, Elastizitäten der Nachfrage	8
1.3.1	Preis und Nachfragemenge, Preiselastizität	8
1.3.2	Preise anderer begehrter Güter und Nachfragemenge, Kreuz-Preiselastizität	11
1.3.3	Konsumsumme (Einkommen) und Nachfragemenge, Einkommenselastizität	12
1.4	Graphische Darstellung der Nachfragefunktionen	13
1.4.1	Preis-Mengen-Beziehungen	13
1.4.2	Einkommen-Mengen-Beziehungen	17
1.4.3	Verlauf der Preis-Mengen-Kurve bei Änderung der Bedarfsstruktur und/oder der Einkommen und/oder der Preise von Substituten und Komplementärgütern	20
1.4.4	Verlauf der Einkommen-Mengen-Kurve bei Änderung der Bedarfsstruktur und/ oder der Preise	22
1.5	Die Ermittlung von Nachfrageelastizitäten	23
1.5.1	Rechnerische Ermittlung von Nachfrageelastizitäten	23
1.5.2	Schätzung der Größenordnungen von Nachfrageelastizitäten	26
1.5.3	Abnehmende Bedeutung der Nachfrageelastizitäten bei hohem Volkswohlstand	29
1.6	Über die Bedeutung der Markttransparenz und des Verbraucherverhaltens für die Nachfrage nach Agrarprodukten	30
1.7	Die Entwicklung der Gesamtnachfrage nach Agrarprodukten in der Bundesrepublik Deutschland und ihre Triebkräfte	33
1.7.1	Bevölkerungsentwicklung	33
1.7.2	Bedarfsstruktur	34
1.7.3	Verbrauchereinkommen und Nahrungsmittelpreise	40
1.8	Schlußfolgerungen	51
2	Das Angebot an Agrarprodukten	53
2.1	Zielsetzung der landwirtschaftlichen Unternehmer	53
2.2	Über die Konkurrenzverhältnisse zwischen Anbietern und ihre Bestimmungsgründe	55
2.3	Die Konkurrenzverhältnisse in der Landwirtschaft der BR Deutschland	58
2.4	Produktions- und Gewinnplanung der Unternehmen bei unterschiedlichen Konkurrenzverhältnissen	61
2.5	Die Reaktion des Angebots von Agrarprodukten auf Preis- und Kostenänderungen (Angebotselastizität)	70

2.5.1	Reaktionszeit und Elastizität des Angebots	70
2.5.2	Das sofort verfügbare Angebot	71
2.5.3	Das kurzfristig und das langfristig verfügbare Angebot	74
2.5.3.1	Grundsätzliches über die Wirkung von Preis- und Kostenänderungen auf die Produktion	74
2.5.3.2	Über die Preiserwartungen der Landwirte	74
2.5.3.3	Die Bestimmungsgründe der Angebotselastizität bei Einzelprodukten	76
2.5.3.4	Die Bestimmungsgründe der Angebotselastizität bei Agrarprodukten insgesamt	85
2.6	Ursachen von Produktionskostenänderungen und ihre Bedeutung für die Angebotsentwicklung	87
2.6.1	Der Einfluß von Änderungen der Faktorpreise auf die Produktionskosten	87
2.6.2	Der Einfluß von Änderungen der Produktivität auf die Produktionskosten	89
2.6.2.1	Der Einfluß von technischen Fortschritten auf die Produktivität und die Produktionskosten	89
2.6.2.2	Der Einfluß von organisatorischen Fortschritten auf die Produktivität und die Produktionskosten	95
2.6.2.3	Der Einfluß von Strukturänderungen auf die Produktivität und die Produktionskosten	95
2.6.2.4	Änderungen der äußeren Ersparnisse und Belastungen und ihr Einfluß auf die Produktivität und die Produktionskosten	96
2.6.2.5	Der Einfluß von Bildung, Ausbildung, Beratung und Information auf die Produktivität und die Produktionskosten	96
2.7	Beschränkte Möglichkeiten der quantitativen Angebotsanalyse	97
2.8	Die Entwicklung der Agrarproduktion in der BR Deutschland seit Anfang der 50er Jahre und ihre wichtigsten Bestimmungsfaktoren	98
2.9	Schlußfolgerungen	103
3	**Die Preisbildung bei Agrarprodukten und die Wirkungsweise der Instrumente der landwirtschaftlichen Marktpolitik**	106
3.1	Gleichgewichtspreis und Gleichgewichtsmenge bei hochgradigem Wettbewerb	106
3.1.1	Änderung des Gleichgewichtspreises und der Gleichgewichtsmenge bei Veränderung der Nachfrage	107
3.1.2	Änderung des Gleichgewichtspreises und der Gleichgewichtsmenge bei Veränderung des Angebots	110
3.1.3	Änderung des Gleichgewichtspreises und der Gleichgewichtsmenge bei gleichzeitiger Veränderung des Angebots und der Nachfrage	111
3.2	Anpassung des Angebots an veränderte Gleichgewichtslagen	113
3.2.1	Bedeutung der Reaktionszeit des Angebots für die Anpassung	113
3.2.2	Ungünstige Voraussetzungen für eine reibungslose Anpassung des landwirtschaftlichen Angebots	114
3.2.3	Zyklische Angebotsschwankungen und ähnliche Fehlreaktionen der Produzenten auf Preisänderungen	116
3.2.4	Maßnahmen zur Verbesserung der Anpassung des landwirtschaftlichen Angebots	120
3.3	Einfluß der Vermarktungsspanne auf Erzeugerpreis, Verbraucherpreis und Gleichgewichtsmenge	121

3.3.1	Bildung der Gleichgewichtspreise in der Erzeuger- und in der Verbraucherstufe	121
3.3.2	Änderung der Gleichgewichtspreise und der Gleichgewichtsmenge durch Veränderung der Vermarktungsspanne	123
3.4	Wirkung der Subventionierung und der Belastung von Erzeugnissen und Produktionsmitteln auf Erzeugerpreis, Verbraucherpreis und Gleichgewichtsmenge	126
3.4.1	Subventionierung und Belastung des Gesamtangebots eines Produkts mit festen Beträgen je Einheit	126
3.4.2	Subventionierung des Angebots bestimmter Anbietergruppen mit festen Beträgen je Einheit	130
3.4.3	Belastung des Angebots bestimmter Anbietergruppen mit einer festen Abgabe je Einheit	132
3.4.4	Subventionierung des Angebots bestimmter Anbietergruppen mit wechselnden Beträgen je Einheit	134
3.4.5	Belastung des Angebots bestimmter Anbietergruppen mit wechselnden Beträgen je Einheit	136
3.4.5.1	Wertzoll	136
3.4.5.2	Gleitzoll	137
3.4.5.3	Abschöpfungssystem	137
3.4.6	Subventionierung begrenzter Angebotsmengen	139
3.4.7	Unterschiedliche Belastung von Teilmengen des Angebots gleicher Herkunft	142
3.4.8	Subventionierung von Produktionsmitteln	143
3.4.9	Ursachen unzutreffender Vorstellungen von der Wirkung der Subventionierung und der Belastung von Agrarprodukten	144
3.4.9.1	Reaktionszeit des Angebots und Wirkungsrichtung der Subvention (Abgabe)	144
3.4.9.2	Überlagerung der Wirkung einer Subvention (Abgabe) durch den Einfluß anderer Faktoren	145
3.4.9.3	Mangelnde Kenntnis der Preiselastizitäten	146
3.5	Wirkung der Mengenregelung (Kontingentierung) von Agrarprodukten auf den Preis	147
3.5.1	Kontingentierung des Gesamtangebots eines Produkts	147
3.5.2	Kontingentierung des Angebots bestimmter Anbietergruppen	149
3.5.3	Kontingentierung der gesamten Nachfragemenge	151
3.5.4	Kontingentierung der Nachfrage nach Teilmengen (Verwendungszwang)	152
3.6	»Interventionen« zur Preisstützung und Preisstabilisierung	154
3.6.1	Begriff, Ziele und Träger der Intervention	154
3.6.2	Preisstützung durch Intervention	155
3.6.3	Preisstabilisierung durch Intervention	156
3.6.3.1	Ausgleich von Saisonschwankungen	156
3.6.3.2	Ausgleich erratischer Schwankungen durch Intervention in Verbindung mit Lagerhaltung	157
3.6.3.3	Ausgleich erratischer Schwankungen durch Intervention in Verbindung mit subventionierter Aus- und Einfuhr	158
3.6.3.4	Ausgleich erratischer Schwankungen durch Intervention in Verbindung mit inferiorer Verwendung und Überschußvernichtung	159
3.7	Maßnahmen zur Absatzförderung	161
3.7.1	Werbung	161
3.7.1.1	Voraussetzungen für eine erfolgreiche Konsumentenwerbung	161
3.7.1.2	Werbung als Gemeinschaftsaktion der deutschen Landwirtschaft	163

	Werbung für Agrarprodukte deutscher Herkunft, die im Wettbewerb mit gleichartigen ausländischen Produkten stehen	163
	Werbung für deutsche Agrarprodukte, die in Konkurrenz mit Substituten nichtlandwirtschaftlicher oder ausländischer Herkunft stehen	165
	Werbung für den Mehrverbrauch von Agrarprodukten zu Lasten der Befriedigung andersartiger Bedürfnisse	165
3.7.1.3	Werbung als Gemeinschaftsaktion größerer Gruppen von Landwirten	166
	Werbung für bestimmte Agrarprodukte durch Produzentenvereinigungen	166
	Werbung für Agrarprodukte schlechthin durch regionale Produzentenvereinigungen	167
3.7.1.4	Zusammenfassung	168
3.7.2	Kollektives »Marketing« der Landwirtschaft	168
3.8	Förderung eines rationellen Vermarktungswesens (Marktstrukturpolitik)	170
3.8.1	Volkswirtschaftliche Bedeutung einer rationellen Vermarktung	170
3.8.2	Bedeutung einer rationellen Vermarktung für die wirtschaftliche Lage der Landwirtschaft	171
3.8.3	Instrumente der Marktstrukturpolitik	172
3.8.4	Maßnahmen zur Förderung eines funktionsfähigen und ausgeglichenen Wettbewerbs	172
3.8.4.1	Gründung konkurrierender Unternehmungen	174
3.8.4.2	Abbau von Präferenzen	176
3.8.4.3	Warenkenntnis	178
3.8.4.4	Markttransparenz	179
3.8.4.5	Stärkung der Verhandlungsposition umsatzschwacher Kontrahenten	181
3.9	Schlußfolgerungen	182
	Literatur	185
	Stichwortverzeichnis	188

Verzeichnis der Übersichten

1	Beispiele für die Beziehungen zwischen Preis und mengenmäßiger Nachfrage	9
2	Beispiele für das Deflationieren von Einkommens- und Preisreihen	27
3	Merkmale für die Schätzung der Einkommens- und der Preiselastizität der Nachfrage	28
4	Merkmale für die Schätzung der Kreuz-Preiselastizität der Nachfrage	28
5	Änderungen im Altersaufbau der Bevölkerung des Deutschen Reichs und der Bundesrepublik Deutschland	35
6	Kalorien- und Nährwertgehalt des Nahrungsverbrauchs im Deutschen Reich und in der Bundesrepublik Deutschland je Kopf und Tag	35
7	Soll-Zufuhr (Bedarf) und Ist-Zufuhr (Verbrauch) an Energie und Nährstoffen in der Bundesrepublik Deutschland um 1970 je Kopf und Tag	36
8	Entwicklung der Agrarproduktion in der Bundesrepublik Deutschland 1950/52 bis 1970/72	100
9	Entwicklung der Realpreise für Erzeugnisse und für Betriebsmittel der Landwirtschaft sowie der realen Landarbeiterlöhne	102
10	Anteil der Verkaufserlöse der Landwirtschaft der Bundesrepublik Deutschland an den Verbraucherausgaben für Nahrungsmittel	170

Einleitung

Die Wirtschaftslehre des Landbaus kann man in zwei große Teilgebiete aufgliedern, nämlich in

1. die Privatökonomik des Landbaus oder
die Lehre von der Unternehmertätigkeit des Landwirts und
2. die Sozialökonomik des Landbaus oder
die Lehre von den Wechselbeziehungen zwischen der Landwirtschaft als Ganzes genommen einerseits und den übrigen Teilen der Volkswirtschaft sowie dem Staat, andererseits.

Beide Teilgebiete unterscheiden sich durch den Gegenstand ihrer Betrachtung, sind aber eng miteinander verwandt; denn was für die erstgenannte Disziplin Datum ist, ist für die zweitgenannte Gegenstand der Untersuchung, und umgekehrt. So sind – um ein Beispiel zu nennen – die Preise der Agrarprodukte für die Privatökonomik des Landbaus Daten; die landwirtschaftliche Betriebslehre hat zu klären, wie der einzelne Landwirt bei gegebenen Preisen und unter den für ihn gültigen sonstigen Bedingungen wirtschaften muß, um einen für ihn maximalen Nutzen zu erzielen. Für die Sozialökonomik des Landbaus sind die Preise der Agrarprodukte dagegen Untersuchungsobjekt; sie hat zu klären, wie diese Preise zustande kommen, durch welche Faktoren sie gestaltet werden, ob und auf welche Weise man diese Faktoren beeinflussen kann usw.
Wie sich schon aus diesem Beispiel ergibt, gehört die Lehre von der Agrarmarktpolitik zur Sozialökonomik des Landbaus. Als selbständiges Gebiet in Forschung und Lehre ist sie erst in jüngerer Zeit entwickelt worden. Zuvor wurde sie im Rahmen der wissenschaftlichen Agrarpolitik mitbehandelt. Die Entwicklung der Marktlehre zu einem selbständigen Wissensgebiet entspricht der Bedeutung, die der Markt für den wirtschaftlichen Erfolg der Tätigkeit des Landwirts im Laufe der Zeit bekommen hat.
In einem Territorium, in dem die geschlossene Hauswirtschaft vorherrscht, ist der Markt für Agrarprodukte ohne Bedeutung. Alle wesentlichen Bedürfnisse, wie Nahrung, Kleidung, Wohnung und die Mehrzahl der Arbeitsgeräte, werden innerhalb der Hausgemeinschaft befriedigt. Der Austausch mit der Außenwelt beschränkt sich auf ganz wenige Güter und spezielle Leistungen. Die Hausgemeinschaft ist praktisch wirtschaftlich unabhängig von der Umwelt; bestehende Abhängigkeiten sind politisch, nicht aber wirtschaftlich begründet.
Die hauswirtschaftlich orientierte Gesamtwirtschaft ist jedoch wenig leistungsfähig. Die Güterproduktion je Kopf ist gering. Die Tragfähigkeit der Wirtschaftsräume ist infolgedessen schwach; ein solcher Wirtschaftsraum kann nur einer kleinen Bevölkerungszahl einen relativ niedrigen Lebensstandard bieten. Bei wachsender Bevölkerungsdichte tritt schnell Verarmung und Verelendung ein. Dabei bilden sich meistens große soziale Unterschiede heraus. In diesem beklagenswerten Zustand befinden sich zahlreiche Entwicklungsländer.

Arbeitsteilung und Spezialisierung der Arbeitskräfte auf bestimmte Tätigkeiten vermögen die Völker vor solchem Schicksal zu bewahren. Sie sind die Voraussetzung für den produktiven (güterschaffenden) Einsatz von Kapital in größerem Umfang und für rasche organisatorische und technische Fortschritte in der Güterproduktion. Die Wirtschaftsräume werden tragfähiger. Mehr Menschen können auf gleichem Raum besser leben. Dabei geraten jedoch die Menschen in größere Abhängigkeit voneinander. Nur derjenige hat wirtschaftlichen Erfolg und kann seine Bedürfnisse und Wünsche befriedigen, der Produktions- und Dienstleistungen vollbringt, die seine Umwelt begehrt und zu bezahlen vermag, oder kurz gesagt: die nachgefragt werden. Welche Leistungen das jeweils sind, darüber entscheidet der Markt. Als »Markt« ist dabei der Austausch von Gütern und Dienstleistungen schlechthin zu verstehen.

Die Entwicklung zur arbeitsteiligen Wirtschaft erfaßt im Laufe der Zeit zwangsläufig alle Bereiche des wirtschaftlichen Lebens. Jeder, der an den günstigen Auswirkungen dieses Prozesses, nämlich an den erweiterten Existenzmöglichkeiten und der Wohlstandssteigerung, teilhaben will, muß sich in ihn einbeziehen lassen; das gilt selbstverständlich auch für den Landwirt. Der Spezialberuf »Landwirt« ist überhaupt erst im Zuge der volkswirtschaftlichen Arbeitsteilung entstanden, denn der Vorsteher einer geschlossenen Hauswirtschaft war ja nicht nur Landwirt, sondern ebensogut und in ebenso primitiver Weise auch Bäcker, Schlächter, Käser, Brauer, Weber, Baumeister, Stellmacher und vieles andere. Erst durch Abgabe dieser zahlreichen Funktionen hat sich nach und nach das Schwergewicht seiner Tätigkeit auf die Landwirtschaft verlagert.

Der Übergang von der Hauswirtschaft zur voll arbeitsteiligen Marktwirtschaft ist ein langfristiger Prozeß. In Deutschland ist er seit mehr als 150 Jahren verstärkt im Gange und noch immer nicht beendet. Die deutsche Landwirtschaft, insbesondere der weite Bereich der klein- und mittelbäuerlichen Betriebe, hat bis in die jüngere Zeit hinein hauswirtschaftliche Züge beibehalten, war also noch nicht voll in die arbeitsteilige Marktwirtschaft einbezogen. Dieser landwirtschaftlich-hauswirtschaftliche Bereich bot Arbeitskräften, die noch nicht unter günstigeren Bedingungen in die übrigen Wirtschaftsbereiche eingegliedert werden konnten, Unterhalt und befriedigende Betätigung und erfüllte damit eine gesellschaftspolitisch wichtige Funktion. Erst das nach dem Zweiten Weltkrieg einsetzende überaus starke Wirtschaftswachstum führt zu schneller Ausschöpfung dieser Arbeitskraftreserven, damit zur Auflösung der restlichen hauswirtschaftlichen Charakterzüge unserer Landwirtschaft und zu ihrer vollen Eingliederung in die arbeitsteilige Marktwirtschaft. Dieser Prozeß zwingt zu tiefgreifenden Wandlungen der Agrarstruktur, der Organisation der Landwirtschaftsbetriebe sowie der Wirtschafts-, Lebens- und Denkweise der landwirtschaftlichen Bevölkerung. Der Markt erhält für die verbleibende landwirtschaftliche Bevölkerung nunmehr die gleiche entscheidende Bedeutung wie für die übrige Bevölkerung.

An die Staatsführung stellt sich hiermit die Forderung, die Agrarmärkte nach bestem Wissen und Vermögen so zu organisieren, daß sie für die große Zahl der vergleichsweise kleinen landwirtschaftlichen Unternehmen besser überschaubar (»transparent«) werden. In Anbetracht des notwendigen Strukturwandels ergibt sich weiter die Frage, ob und mit welchen Mitteln die Marktdaten durch staatliche Eingriffe beeinflußt werden können, inwieweit also Agrarmarkt- und Preispolitik sinnvoll in den Dienst der Struktur- und Gesellschaftspolitik gestellt werden kann. Dazu ist eine gründliche Kenntnis der Faktoren notwendig, die den Marktablauf beeinflussen oder ihn zu beeinflussen geeignet sind.

Im Prinzip sind diese Faktoren und ihre Wirkungsweise weitgehend bekannt. Über das Zustandekommen von Angebot, Nachfrage und Preisen sind Theorien entwickelt worden, d. h. vereinfachende Modelle, die von allen Besonderheiten und Zufälligkeiten des Tagesgeschehens abstrahieren und nur das Wesentliche und Wiederkehrende, also das Allgemeingültige, enthalten. Es kommt nur darauf an, das auf den Agrarmärkten Wesentliche und Wiederkehrende zu erkennen und das dafür in Betracht kommende Modell anzuwenden, mitunter auch erst ein passendes Modell zu konstruieren. *Landwirtschaftliche Marktlehre ist also im wesentlichen die Lehre von der sachgemäßen Anwendung bekannter Theorien über den Wirtschaftsablauf auf die besonderen Verhältnisse der Agrarmärkte.*
Dementsprechend werden in Band 1 dieses Werkes die Grundlagen der Agrarmarktpolitik dargestellt, also das Zustandekommen der Nachfrage, des Angebotes und der Preise bei Agrarprodukten sowie die Wirkungsweise des für die Agrarmärkte in Betracht kommenden marktpolitischen Instrumentariums. In Band 2 sollen die Vorgänge an den wichtigsten Agrarmärkten Deutschlands und der Europäischen Wirtschaftsgemeinschaft dargestellt und mit Hilfe der theoretischen Erkenntnisse analysiert werden.

1 Die Nachfrage nach Agrarprodukten

1.1 Der Begriff »Nachfrage« in der Wirtschaftswissenschaft

Nachfrage nach einem Gut (Sachgut oder Dienstleistung) bedeutet in den Wirtschaftswissenschaften, daß Wirtschaftssubjekte vorhanden sind, die dieses Gut begehren sowie fähig und bereit sind, dafür etwas zu bezahlen. Nachfrage ist also nicht synonym mit »Bedürfnis«, »Bedarf« oder »Wunsch«. Wenn der Bedarf an oder der Wunsch nach einem Gut nicht durch die Fähigkeit und Bereitschaft dafür zu zahlen unterbaut ist, so ist er keine Nachfrage im ökonomischen Sinne. Im allgemeinen Sprachgebrauch wird allerdings häufig der Ausdruck »Nachfrage« im Sinne von »Bedarf« oder »Bedürfnis« verwendet (z. B.: »Die Nachfrage nach Wohnungen ist zwar sehr groß, aber die Familien können die hohen Mieten nicht aufbringen«). Als Nachfrage im ökonomischen Sinne (effektive, kaufkräftige Nachfrage) versteht man die Menge eines Gutes, die zu einem bestimmten Preis verlangt (gekauft) wird, oder den Geldbetrag, der für den Kauf dieser Menge aufgewendet wird. Im ersten Fall spricht man von der »mengenmäßigen Nachfrage« oder von der »Nachfrage« schlechthin, im zweiten Fall von der »monetären Nachfrage«.

1.2 Bestimmungsgründe der Nachfrage

Die auf dem Markt auftretende Nachfrage nach einem Gut geht von den einzelnen Haushaltungen und Investoren aus. Da es sich bei Agrarprodukten vor allem um Nahrungsmittel und um Rohstoffe für die Herstellung von Nahrungsmitteln handelt, ist für sie die Nachfrage der Haushaltungen ausschlaggebend. Es stellt sich also zunächst die Frage, von welchen Faktoren die Nachfrage der einzelnen Haushaltungen bestimmt wird. Es sind vor allem drei:
1. die Bedarfsstruktur (Rangordnung der Bedürfnisse, Präferenzskala) der Haushaltung,
2. der für Ausgaben verfügbare Geldbetrag (die Konsumsumme),
3. die Güterpreise.

Zu 1: Bedarfsstruktur

Bei freier Konsumwahl wird jeder Haushalt diejenigen Güter und von ihnen diejenigen Mengen kaufen, die ihm die höchste Befriedigung seiner Bedürfnisse bringen. Bestimmte Bedürfnisse, wie Nahrung und Kleidung, sind zwar lebensnotwendig; im übrigen unterliegt es aber der subjektiven Entscheidung der einzelnen Haushaltung, was sie als Bedürfnis empfindet und welche Rangfolge ihre Bedürfnisse haben. Die einzelnen Entscheidungen werden z. T. nach gründlicher Prüfung und Abwägung der gegebenen Alternativen, also »überlegt«, getroffen. Bei Käufen, die sich regelmäßig wiederholen, wie es vor allem bei Lebensmittelkäufen der Fall ist, spielt die Gewohnheit (Routine) eine große Rolle. Oft entscheidet das Vorbild (oder treffender: der Nachahmungstrieb); man tut das, was die Gesellschaftsschicht tut, der man zugerechnet werden möchte. Und schließlich geben nicht selten plötzliche Gefühlsregungen (Stimmungen, Launen) den Ausschlag beim Kauf.

Selbst echte, überlegt getroffene Entscheidungen können natürlich nur zwischen erkennbaren Alternativen gefällt werden. Die Entscheidungen der Haushalte können mithin durch Informationen und durch Vorenthalten von Informationen (Erhöhung oder Minderung ihrer Marktübersicht und Warenkenntnis) beeinflußt werden. Die Verbreitung von Informationen über die am Markt erhältlichen Waren und ihre Eigenschaften erfolgt z. T. durch Werbung. Mit Hilfe der Werbung kann aber auch versucht werden, falsche (irreführende) Informationen zu verbreiten, unvernünftige Bilder zu suggerieren und Gefühlsregungen auszunutzen. Hier ist zunächst nur festzuhalten, daß die Bedarfsstruktur der Haushaltungen bis zu einem gewissen Grad manipulierbar ist. Später wird zu prüfen sein, inwieweit dies für den Absatz von Agrarprodukten nutzbar gemacht werden kann.

Zu 2: Konsumsumme

Die Befriedigung der Bedürfnisse wird durch den Geldbetrag, der dem Haushalt für Ausgaben zur Verfügung steht, die Konsumsumme, begrenzt. Die Konsumsumme der einzelnen Haushaltung wird im allgemeinen von der Höhe des (versteuerten) Einkommens bestimmt. In der Regel wird nur ein Teil des Einkommens für den Konsum verwendet; der Rest wird gespart. Es ist dann also

Konsumsumme = Einkommen abzüglich Ersparnis.

Die Konsumsumme kann jedoch auch das Einkommen übersteigen, normalerweise allerdings nur kurzfristig. Das so entstehende Defizit wird dann durch Entsparung oder durch Verschuldung gedeckt. Dann ist also

Konsumsumme = Einkommen zuzüglich Entsparung
bzw. Verschuldung.

Die Erfahrung lehrt, daß die Haushaltungen im allgemeinen mehr konsumieren, wenn sie ceteris paribus (d. h. unter sonst gleichbleibenden Bedingungen) über ein höheres Einkommen verfügen. Sie zeigt weiter, daß die Konsumerhöhung in der Regel relativ kleiner ist als die Einkommenserhöhung. Mit anderen Worten: Mit steigendem Einkommen wächst zwar die Konsumsumme, aber die Konsumrate (d. i. der Anteil der Konsumsumme am Einkommen) sinkt, während die Sparrate steigt. Bei sinkendem Einkommen ist es umgekehrt. Dieses Phänomen ist offenbar das Ergebnis recht unterschiedlicher und im Laufe der Zeit sich wandelnder Verhaltensweisen.
Das Verhältnis von Konsumieren und Sparen unterliegt natürlich ebenfalls der subjektiven Entscheidung, wenn man vom Zwangssparen (unfreiwilliges Sparen) absieht, und ist daher von Haushalt zu Haushalt auch bei sonst gleichen Bedingungen, also vor allem bei gleicher Einkommenslage, verschieden. Tradition und Leitbilder spielen offensichtlich auch hier eine wesentliche Rolle.
Die drei wichtigsten Motive für das Sparen sind:
– das Ansammeln von Kaufkraft für größere Anschaffungen, bei Selbständigen auch für notwendig oder zweckmäßig erscheinende Investitionen;
– das Bilden von Rücklagen für »schlechtere Zeiten« (z. B. für den Fall der Einkommensminderung durch schlechten Geschäftsgang, Arbeitslosigkeit, Krankheit und Alter; oder für erhöhte Ausgaben infolge Krankheit, Unfall und dgl.);
– die Bildung von Vermögen zur Begründung wirtschaftlicher Macht und höheren Ansehens.

Das zuletzt genannte Motiv spielt nur bei der relativ kleinen Zahl von Beziehern sehr hoher Einkommen eine Rolle. Da deren Nahrungskonsum wohl kaum durch Änderungen ihrer Sparneigung berührt wird, braucht dieser Fall hier nicht weiter behandelt zu werden.

Die Neigung, für größere Anschaffungen zu sparen, wächst offenbar bei der Mehrzahl der Haushaltungen mit steigendem Einkommen, weil dann die Anschaffungen von kostspieligen, dauerhaften Gütern (z. B. von Einrichtungsgegenständen, Küchenmaschinen, Kraftwagen, Wohnhäusern, Wochenend- und Feriengrundstücken) erst möglich oder zahlreicher werden. Bei einem Teil der Haushaltungen dürfte steigendes Einkommen allerdings die entgegengesetzte Wirkung auslösen, nämlich Entsparen und Kreditaufnahme. Der Wunsch nach dem Besitz solcher Güter ist so stark, daß man sie auf Kredit kauft. Die größere Kreditwürdigkeit, die höheres Einkommen und bereits vorhandene Sachwerte mit sich bringen, erleichtert dies.

Die Neigung, zur Vorsorge für »schlechte Zeiten« zu sparen, dürfte tendenziell abnehmen, wenn die Gefahr ihres Eintretens geringer erscheint (z. B. weil man auf lange Sicht mit günstigem Geschäftsverlauf rechnet oder den Arbeitsplatz für sicher hält). Die gleiche Wirkung wird die Vorsorge und die Absicherung gegen Risiken durch den Staat (Sozialversicherung, Fürsorge usw.) haben. Die Sparneigung aus Sicherheitsgründen steigt dagegen mit den Lebensansprüchen. Auch in Notfällen möchte man den gewohnten Verbrauchsstandard aufrechterhalten oder ihn doch nicht allzu stark einschränken müssen. Im Zuge der volkswirtschaftlichen Entwicklung (also bei steigendem Wohlstand) sind mithin beide Triebkräfte vorhanden und heben sich in ihrer Wirkung vermutlich weitgehend auf.

Die Anlagemöglichkeiten, insbesondere die Sicherheit der Anlage, die Höhe des Zinsfußes und steuerliche Anreize wirken sich natürlich auch auf das Sparen aus, aber vermutlich weniger auf die Höhe der Sparrate als auf die Art der Anlage und auf die spätere Verwendung des Ersparten. So bewirkt z. B. die steuerliche Begünstigung des Bausparens und des Eigenheimbaus ohne Zweifel, daß stärker zugunsten des Konsums von Bauleistungen gespart wird als es ohnedem der Fall wäre.

Schließlich sei noch zu erwähnen, daß Einkommenserwartungen, Preisänderungen und Preiserwartungen, vor allem Inflation und Deflation, das Verhältnis von Konsumieren und Sparen beeinflussen können.

Zu 3: Güterpreise

Liegen die Bedarfsstruktur und die Konsumsumme fest, so müssen sich die zu kaufenden Mengen der begehrten Güter nach den Güterpreisen richten, denn die Summe der für den Kauf der einzelnen Güter aufgewendeten Geldbeträge muß ja die Konsumsumme ergeben. Die einzelnen Ausgabebeträge sind aber das Produkt aus Kaufmenge und zugehörigem Preis. Die Menge eines begehrten Gutes, die von der Haushaltung gekauft (nachgefragt) wird, ist also bei gegebener Konsumsumme nicht allein vom Preis dieses Gutes abhängig, sondern wird auch von den Preisen aller anderen von der Haushaltung begehrten Güter mitbestimmt. Sie ist also bei gegebener Bedarfsstruktur eine Funktion der Konsumsumme und der Preise aller vom Haushalt begehrten Güter. Ist die Zahl dieser Güter z und bezeichnet man die zu kaufenden Mengen mit x, die zugehörigen Preise mit p und die Konsumsumme mit c, so kann die Nachfragefunktion für das Gut a wie folgt dargestellt werden:

$$x_a = f(p_a, p_b, p_c, \ldots p_z; c)$$

Entsprechende Funktionen bestehen auch für die Nachfrage nach den Gütern *b, c, d,* ... *z;* also

$$x_b = f(p_a, p_b, p_c, \ldots p_z; c)$$

usw. bis

$$x_z = f(p_a, p_b, p_c, \ldots p_z; c).$$

Nun ist, wie schon eingangs erwähnt, die am Markt auftretende gesamte Nachfrage X nach dem Gute *a* die Summe der Nachfrage aller auf diesem Markt kaufenden Haushalte nach dem Gut *a*; also

$$X_a = x_{a_1} + x_{a_2} + x_{a_3} \ldots + x_{a_n}.$$

Setzt man für die einzelnen Glieder der Summe auf der rechten Seite der Gleichung die entsprechenden Nachfragefunktionen ein, also

$$\text{für } x_{a_1} = f(p_a, p_b, p_c, \ldots p_z; c_1),$$

$$\text{für } x_{a_2} = f(p_a, p_b, p_c, \ldots p_z; c_2),$$

usw.

$$\text{für } x_{a_n} = f(p_a, p_b, p_c, \ldots p_z; c_n),$$

so ergibt sich für die am Markt auftretende Gesamtnachfrage nach dem Gut *a* folgende Funktion:

$$X_a = f(p_a, p_b, p_c, \ldots p_z; c_1, c_2, \ldots c_n).$$

Die Gesamtnachfrage nach dem Gut *a* ist also abhängig von den Preisen aller von den Haushalten begehrten Güter sowie von den Konsumsummen der einzelnen Haushalte oder – anders ausgedrückt – von der Gesamtkonsumsumme C und deren Verteilung auf die einzelnen Haushalte.

Da man die Konsumsummen der einzelnen Haushaltungen (also die Verteilung der volkswirtschaftlichen Konsumsumme auf die einzelnen Haushalte) in der Regel nicht kennt, arbeitet man mit der Gesamtkonsumsumme, insbesondere bei Betrachtung kürzerer Zeiträume; man macht dabei die Voraussetzung, daß sich die Streuung innerhalb des betrachteten Zeitraums nicht entscheidend ändert.

Praktisch geht man in der Vergröberung noch einen Schritt weiter: Man rechnet mit einer Gesamteinkommensgröße (Volkseinkommen, verfügbares Einkommen der privaten Haushalte, Masseneinkommen und dgl.) statt mit der Gesamtkonsumsumme. Man unterstellt also, daß sich die Konsumrate nicht oder nur in einer bestimmten Relation zum Gesamteinkommen ändert.

Da es nun aber für die Entwicklung der Nachfrage nach einem Gut nicht gleichgültig ist, ob eine Veränderung der Gesamtkonsumsumme oder des Gesamteinkommens in der Volkswirtschaft dadurch zustande kommt, daß sich die Zahl der Haushalte (Einkommensbezieher, Bevölkerung) ändert, oder dadurch, daß sich die Einkommen der einzelnen Haushalte (Einkommensbezieher, Menschen) ändern, arbeitet man in der Regel zunächst mit Durchschnittszahlen, also mit Mengen und Werten je Kopf oder je Haushalt und berücksichtigt danach etwaige Veränderungen der Bevölkerungs- oder Haushaltszahl gesondert.

1.3 Nachfragefunktionen, Elastizitäten der Nachfrage

Als Ergebnis der bisher angestellten Überlegungen ist zusammenfassend festzuhalten, daß für die Gesamtnachfrage nach einem Konsumgut hauptsächlich folgende fünf Faktoren maßgebend sind:

1. der Preis des betreffenden Gutes,
2. die Preise der anderen Güter, die von der Bevölkerung begehrt werden,
3. die je Kopf der Bevölkerung verfügbare Konsumsumme (oder stellvertretend das Einkommen),
4. die Bevölkerungszahl,
5. die Bedarfsstruktur der Bevölkerung.

Als nachfragebestimmende Faktoren kommen unter Umständen noch die von der Bevölkerung für die Zukunft erwarteten Entwicklungen von Einkommen und Preisen hinzu.

Es ist natürlich von außerordentlicher wirtschaftlicher Bedeutung, zu wissen, wie stark die mengenmäßige Nachfrage nach einem Gut durch Änderungen der einzelnen Bestimmungsfaktoren beeinflußt wird. Um dies zu klären, müssen folgende Fragen nacheinander beantwortet werden:

1. Wie ändert sich die mengenmäßige Nachfrage nach einem Gut bei Änderung des Preises dieses Gutes ceteris paribus, d. h. unter der Voraussetzung, daß die anderen Bestimmungsfaktoren – also die Preise der anderen begehrten Güter, die Konsumsumme je Kopf, die Bevölkerungszahl und die Bedarfsstruktur – unverändert bleiben?
2. Wie ändert sich die mengenmäßige Nachfrage nach diesem Gut bei Änderung des Preises eines anderen begehrten Gutes unter sonst unveränderten Bedingungen?
3. Wie ändert sich die mengenmäßige Nachfrage nach diesem Gut, wenn sich die durchschnittlich je Kopf der Bevölkerung verfügbare Konsumsumme (oder das Einkommen) unter sonst gleichbleibenden Bedingungen ändert?
4. Welchen Einfluß hat eine Änderung der Bevölkerungszahl ceteris paribus auf die mengenmäßige Nachfrage nach dem betreffenden Gut?
5. Welchen Einfluß hat eine Änderung der Bedarfsstruktur der Haushaltungen unter sonst unveränderten Bedingungen auf die mengenmäßige Nachfrage nach dem betrachteten Gut?

Die Antwort auf die Frage 4 liegt auf der Hand: Die Nachfrage steigt oder sinkt relativ ebenso wie die Bevölkerungszahl. Der Einfluß von Änderungen der Bedarfsstruktur auf die Nachfrage (Frage 5) läßt sich nicht unmittelbar feststellen, weil Änderungen der Bedarfsstruktur der Haushaltungen nicht unmittelbar gemessen werden können. Er läßt sich daher auch nicht von dem Einfluß der anderen Faktoren isoliert darstellen.

1.3.1 Preis und Nachfragemenge, Preiselastizität

Es sind drei Möglichkeiten denkbar, wie die mengenmäßige Nachfrage nach einem Gut auf Preisänderungen dieses Gutes ceteris paribus reagiert:

1. Sie nimmt mit steigendem Preis ab und mit sinkendem Preis zu;
2. sie nimmt mit steigendem Preis zu und mit sinkendem Preis ab;
3. sie bleibt konstant.

Es liegt auf der Hand, daß dem Fall 1 die größte Wahrscheinlichkeit zukommt. Es gibt aber nicht wenige Beispiele für Fall 3. So reagiert die Nachfrage nicht auf Preisänderungen bei Gütern, für die im Verhältnis zur Konsumsumme nur geringe Aufwendungen gemacht werden müssen, um den Bedarf an ihnen voll zu decken (»inferiore« Güter), und die nicht durch andere Güter in ähnlicher Preislage substituiert werden können. Werden inferiore Güter teilweise durch andere, teurere und stärker begehrte Güter substituiert, z. B. Margarine und andere inferiore Fette durch Butter, so kann Fall 2 eintreten: Wenn der Preis des inferioren Gutes steigt, wird unter sonst gleichbleibenden Bedingungen die mengenmäßige Nachfrage nach dem inferioren Gut zu Lasten des teureren Substituts erhöht, um die Ausgaben (Konsumsumme) konstant zu halten.

Fall 1 besagt also: Je höher der Preis eines Gutes ist, um so weniger wird davon gekauft und umgekehrt. Man hat diese Regel als das »Gesetz der abnehmenden Nachfrage« bezeichnet: Wenn der Preis eines Gutes steigt, sinkt die Nachfrage (nachgefragte Menge). Oder anders formuliert: Eine größere Gütermenge kann nur zu niedrigeren Preisen verkauft werden.

Die Beziehung zwischen dem Preis eines bestimmten Gutes und der nachgefragten Menge kann durch zwei Zahlenreihen dargestellt werden; die eine gibt bestimmte Preise an, die andere die Mengen, die zu den betreffenden Preisen ceteris paribus gekauft werden. Übersicht 1 enthält 2 Beispiele, die Beziehungen zwischen Preis und Nachfragemenge bei den Gütern A und B. Für jedes der beiden Produkte sind in Spalte 1 fünf Preise angegeben, die – an dem mittleren Preis in Zeile 3 gemessen – um je 10% voneinander abweichen. In den Spalten 2 und 4 sind die Mengen aufgeführt, die zu den angegebenen Preisen Absatz finden.

Übersicht 1
Beispiele für die Beziehungen zwischen Preis und mengenmäßiger Nachfrage

	Gut A[1])		Gut B[2])	
Preis	nachgefragte Menge	Umsatz	nachgefragte Menge	Umsatz
p	m	$p \cdot m$	m	$p \cdot m$
1	2	3	4	5
1.	8	125	1000	111	888
2.	9	112	1008	105	945
3.	10	100	1000	100	1000
4.	11	89	979	95	1045
5.	12	79	948	91	1092

[1]) Nachfrage elastisch bei $p \geq 9$, unelastisch bei $p < 9$. — [2]) Nachfrage im dargestellten Preisbereich unelastisch.

In beiden Fällen nimmt die Nachfragemenge bei steigenden Preisen ab. Die Nachfrage nach dem Gut A nimmt jedoch bei gleich großen relativen Preissteigerungen stärker ab als die Nachfrage nach dem Gut B. Man sagt, die Nachfrage nach A reagiert »elastischer« auf den Preis als die Nachfrage nach B.

Grob unterscheidet man drei Elastizitätsgrade. Man spricht von »elastischer« Nachfrage, wenn sich die Nachfragemenge relativ stärker ändert als der Preis. Von »unelastischer«

Nachfrage spricht man, wenn sich die Nachfragemenge relativ schwächer ändert als der Preis. Auch besteht die Möglichkeit, daß die prozentualen Änderungen von Preis und nachgefragter Menge gleich groß sind. Dieser Fall wird als »Elastizität 1« bezeichnet.

Ob und bis zu welchem Preis die Nachfrage nach einem Gut elastisch ist, erkennt man an der Entwicklung des Umsatzes (vgl. Spalten 3 und 5 der Übersicht 1). Wenn der Umsatz mit steigendem Preis fällt und mit sinkendem Preis steigt, so ist die Nachfrage elastisch. Steigt und fällt der Umsatz dagegen mit dem Preis, so ist sie unelastisch. Im Grenzfall bleibt der Umsatz bei Preisänderungen unverändert; Mengenänderung und Preisänderung heben sich auf. In diesem Fall ist die Elastizität gleich 1.

Bei Gut A in Übersicht 1 steigt der Umsatz bei sinkendem Preis (Spalte 1 von unten nach oben zu lesen!). Allerdings steigt er nur bis Zeile 2 (Preis 9). Bei weiterer Preissenkung steigt er nicht mehr, sondern geht sogar leicht zurück. Die Nachfrage nach A ist also etwa bis zum Preis 9 elastisch; auf weitere Preissenkungen reagiert sie unelastisch. Bei Produkt B geht der Umsatz bei sinkendem Preis zurück. Die Nachfrage hiernach ist also in dem gesamten betrachteten Preisbereich unelastisch.

Hier muß allerdings nochmals an die entscheidende Einschränkung erinnert werden, die zuvor gemacht worden ist: Die dargestellten Beziehungen zwischen Preis und Nachfragemenge gelten nur ceteris paribus, d. h. unter sonst gleichbleibenden Bedingungen. Außer dem Preis darf sich also kein anderer Faktor ändern, der die Nachfrage nach dem betreffenden Gut zu beeinflussen in der Lage ist, sonst entwickelt sich die Nachfragemenge anders.

Bisher ist nur zwischen 3 Fällen der Elastizität unterschieden worden, nämlich

    elastisch,
    unelastisch,
    dem dazwischenliegenden Grenzfall (Elastizität = 1).

Selbstverständlich kann man auch genauere Angaben über den Grad der Elastizität der Nachfrage machen. Es wurde festgestellt, daß die Nachfrage elastisch ist, wenn die prozentuale Veränderung der nachgefragten Menge größer ist als die prozentuale Preisänderung. Errechnet man den Quotienten beider relativer Veränderungen, so hat man ein Maß für die Elastizität, den »Elastizitätskoeffizienten«. Also

$$\text{Elastizitätskoeffizient} = \frac{\text{prozentuale Veränderung der Nachfragemenge}}{\text{prozentuale Veränderung des Preises}}$$

Ist dieser Wert größer als 1, so bezeichnet man die Nachfrage als elastisch, ist er kleiner als 1, so nennt man sie unelastisch.

Wenn die mengenmäßige Nachfrage nach einem Gut mit steigendem Preis dieses Gutes ceteris paribus fällt, was in der Regel der Fall ist, so trägt der Elastizitätskoeffizient ein negatives Vorzeichen. Steigt und fällt die Nachfrage mit dem Preis, was allerdings selten der Fall ist, so ist die Elastizität positiv.

Die obige Gleichung gilt jedoch nur, wenn man kleine Änderungen in Betracht zieht. Hierzu folgendes Beispiel: Betragen die prozentuale Zunahme der Nachfragemenge und die prozentuale Senkung des Preises je 1%, so ergibt sich ein Elastizitätskoeffizient von 1. Das Produkt $p \cdot m$ muß dann das gleiche sein wie vor der Änderung. Waren vorher $p = 100$ und $m = 100$, so war der Umsatz $p \cdot m = 10\,000$. Nach der Änderung ist $p = 99$ und $m = 101$, dann ist der Umsatz $p \cdot m = 99 \cdot 101 = 9999$, also annähernd 10 000.

Nimmt man die prozentuale Veränderung von p und m mit je 20% des Ausgangswertes an, so ergibt sich zwar rechnerisch auch ein Elastizitätskoeffizient von $\frac{20}{20} = 1$. Der Umsatz ($p \cdot m$) ist jedoch $80 \cdot 120 = 9600$. Hiernach muß die Elastizität kleiner als 1 sein, denn der Umsatz ist mit Senkung des Preises kleiner geworden.

Will man den Elastizitätskoeffizienten auf Grund solcher Werte nur überschläglich schätzen (grob »anvisieren«), so kann man sich behelfen, indem man die absolute Veränderung jeweils auf den Mittelwert von Ausgangswert und Endwert bezieht. In unserem Beispiel sinkt der Preis p vom Ausgangswert 100 auf den Endwert 80. Die absolute Änderung beträgt also 20 Einheiten, oder 22,22%, wenn man sie auf den Mittelwert 90 bezieht. Die nachgefragte Menge steigt von 100 auf 120. Bezieht man die absolute Änderung um 20 Einheiten auf den Mittelwert 110, so ergibt sich eine relative Veränderung von 18,18%. Der Elastizitätskoeffizient beträgt demnach

$$\eta = \frac{18,18}{22,22} = 0,82$$

Die mathematisch exakte Formulierung der Elastizität der mengenmäßigen Nachfrage in bezug auf den Preis ist

$$\eta_{x_a, p_a} = \frac{d x_a}{x_a} \cdot 100 : \frac{d p_a}{p_a} \cdot 100$$

$$= \frac{d x_a}{x_a} : \frac{d p_a}{p_a}$$

$$= \frac{p_a}{x_a} \cdot \frac{d x_a}{d p_a}$$

Dabei sind

x_a die nachgefragte Menge des Gutes a beim Preis p_a,

p_a der Preis des Gutes a,

dx_a, dp_a eine unendlich kleine absolute Änderung von x_a bzw. p_a.

Die Preiselastizität gibt an, wie die mengenmäßige Nachfrage auf Preisänderungen reagiert. Man kann aber auch die Betrachtung umkehren und fragen, wie der Preis eines Gutes auf Änderungen der abzusetzenden Menge reagiert. Diese Beziehung wird durch die *Preisflexibilität* ausgedrückt. Die Preisflexibilität ist der reziproke Wert der Preiselastizität, also

$$\text{Preisflexibilität} = \frac{\text{prozentuale Preisänderung}}{\text{prozentuale Veränderung der Absatzmenge}}$$

1.3.2 Preise anderer begehrter Güter und Nachfragemenge, Kreuz-Preiselastizität

Die zweite der oben (S. 8) aufgeworfenen Fragen lautete:
Wie ändert sich die mengenmäßige Nachfrage nach dem Gut a, wenn der Preis eines anderen Gutes b (das ebenfalls von den Haushaltungen begehrt wird) steigt oder fällt, alle anderen nachfragebestimmenden Faktoren jedoch unverändert bleiben?

Auch hier sind wieder die gleichen drei Möglichkeiten der Reaktion denkbar wie bei Preisänderungen des Gutes *a* selbst, nämlich
1. sie nimmt mit steigendem Preis des Gutes *b* ab und bei sinkendem Preis zu;
2. sie nimmt mit steigendem Preis des Gutes *b* zu und bei sinkendem Preis ab;
3. sie bleibt konstant.
Alle drei denkbaren Fälle sind in der Wirtschaftspraxis anzutreffen.
Ist das Gut *b* ein *Komplementärgut* zu Gut *a*, wie z. B. bei der Marmeladeherstellung das Obst zum Zucker, so führt eine Preissteigerung bei Gut *b* (Obst) im allgemeinen zur Senkung der Nachfrage nach diesem Gut und damit gleichzeitig nach dem Gut *a* (Zucker). Die Nachfrage reagiert also gemäß Fall 1.
Ist das Gut *b* ein *Substitut* des Gutes *a* (kann es also das Gut *a* ganz oder teilweise ersetzen, wie z. B. eine Fleischart die andere), so wird in der Regel Fall 2 eintreten; wenn das Gut *b* im Preis steigt, wird die mengenmäßige Nachfrage nach Gut *a* steigen und umgekehrt. Eine Ausnahme von dieser Regel liegt vor, wenn es sich um Substitute mit großem Preisunterschied und sehr unterschiedlicher Stellung in der Präferenzskala der Haushaltungen handelt. Steigt z. B. der Preis der Margarine (Gut *b*) fühlbar, so wird unter sonst gleichbleibenden Bedingungen die mengenmäßige Nachfrage nach Butter (Gut *a*) eingeschränkt und umgekehrt (vgl. hierzu S. 9).
Schließlich wird die Nachfrage nach Gut *a* von einer Preisänderung bei Gut *b* völlig oder nahezu unberührt bleiben, wenn beide Güter verschiedenen Zwecken dienen und die Beschaffung von Gut *b* nur einen geringen Anteil der Konsumsumme in Anspruch nimmt. So wird z. B. die Nachfrage nach Fleisch nicht durch Preisänderungen bei Petersilie berührt.
Man bezeichnet die Reaktion der mengenmäßigen Nachfrage nach einem Gut auf Preisänderungen eines anderen Gutes als Kreuz-Preiselastizität. Die Kreuz-Preiselastizität wird in gleicher Weise berechnet wie die Preiselastizität. Also

$$\text{Elastizitätskoeffizient} = \frac{\text{prozentuale Veränderung der Nachfrage nach Gut } a}{\text{prozentuale Veränderung des Preises von Gut } b}$$

oder

$$\eta_{x_a, p_b} = \frac{dx_a}{x_a} \cdot 100 : \frac{dp_b}{p_b} \cdot 100$$

$$= \frac{p_b}{x_a} \cdot \frac{dx_a}{dp_b}$$

Hierbei sind

x_a die mengenmäßige Nachfrage nach dem Gut *a*,

p_b der Preis des Gutes *b*.

Bei Preisveränderungen von Substituten ist die Kreuz-Preiselastizität in der Regel positiv (Ausnahme beachten!). Bei Komplementärgütern ist sie dagegen negativ.

1.3.3 Konsumsumme (Einkommen) und Nachfragemenge, Einkommenselastizität

Die dritte der eingangs (S. 8) gestellten Fragen war:
Wie ändert sich die mengenmäßige Nachfrage nach einem Gut, wenn sich die Konsumsumme (das Einkommen) ändert, sämtliche sonstigen relevanten Faktoren aber konstant

bleiben? Wird also die mengenmäßige Nachfrage nach einem Gut zunehmen, abnehmen oder konstant bleiben, wenn das Einkommen der Haushaltungen steigt?

Alle drei Fälle sind möglich; im Regelfall wird die mengenmäßige Nachfrage allerdings mit dem Einkommen steigen, die Einkommenselastizität wird also positiv sein.

Güter, die in der Bedürfnisskala einer Haushaltung obenan stehen, werden von dieser Haushaltung in der Regel einkommenselastisch nachgefragt ($\eta > +1$), vor allem, wenn die Versorgung mit diesen Gütern noch weit von der Sättigungsgrenze entfernt ist.

Güter, bei denen sich die Versorgung der Sättigungsgrenze nähert, werden in der Regel unelastisch in bezug auf das Einkommen nachgefragt ($\eta < +1$).

Güter, deren Bedarf voll gedeckt ist, werden vollkommen unelastisch in bezug auf das Einkommen nachgefragt ($\eta = 0$).

Können solche Güter zudem durch teurere, aber stärker begehrte Güter substituiert werden, so wird die Einkommenselastizität negativ, d. h. die mengenmäßige Nachfrage nach solchen Gütern nimmt bei steigendem Einkommen zugunsten der mehr begehrten Substitute ab.

Die Berechnung des Elastizitätskoeffizienten erfolgt wie bei der Preiselastizität:

$$\text{Elastizitätskoeffizient} = \frac{\text{prozentuale Veränderung der Nachfragemenge}}{\text{prozentuale Veränderung des Einkommens}}$$

oder

$$\eta_{x_a, e} = \frac{d x_a}{x_a} \cdot 100 : \frac{d e}{e} \cdot 100$$

$$= \frac{e}{x_a} \cdot \frac{d x_a}{d e}$$

Dabei bedeuten

x_a die mengenmäßige Nachfrage nach Gut *a*,

e die Konsumsumme (oder das Einkommen).

1.4 Graphische Darstellung der Nachfragefunktionen

1.4.1 Preis-Mengen-Beziehungen

Die Beziehungen zwischen dem Preis eines Gutes und der mengenmäßigen Nachfrage nach diesem Gut kann man natürlich auch graphisch darstellen. Es ist gebräuchlich, die nachgefragte Menge auf der Abszisse und den Preis auf der Ordinate abzutragen. Jedem Preis entspricht eine bestimmte Nachfragemenge, und jede Preis-Mengen-Kombination läßt sich durch einen Punkt im Koordinatensystem darstellen. Sind mehrere solche Kombinationen bekannt und dargestellt, so kann man die einzelnen Punkte miteinander verbinden. Man erhält auf diese Weise eine *Nachfragekurve*.

Da normalerweise die Nachfragemenge mit sinkendem Preis zunimmt, verläuft die Nachfragekurve in der Regel von links oben nach rechts unten. In Abb. 1 sind drei solcher Kurven dargestellt, und zwar links in arithmetischem Maßstab, rechts in doppeltlogarithmischem Maßstab. Es handelt sich um Kurven gleichbleibender Elastizität; in jedem Punkt der Kurve ist die Elastizität der Nachfrage, bezogen auf den Preis, die gleiche. Die drei Kurvenpaare unterscheiden sich jedoch durch den Grad der Elastizität. Je höher die Elastizität ist, um so flacher verlaufen die Kurven im ganzen betrachtet. Bei Verwendung des arithmetischen Maßstabes werden die einzelnen Kurven bei gleichbleibender Elastizität allerdings mit sinkendem Preis immer flacher. Bei arithmetischem Maßstab kann man also aus der Neigung der Kurve nicht ohne weiteres auf die Elastizität schließen. Es kommt darauf an, welcher Teil der Kurve (d. h. welcher Bereich der Werte von P oder M) dargestellt ist. In der Regel betrachtet man den Preis- und Mengen-

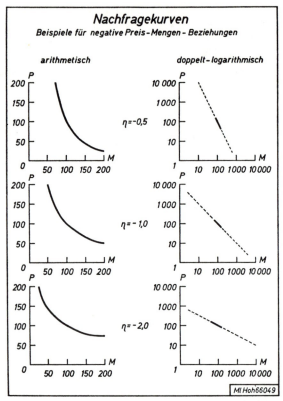

Abb. 1

bereich, in dem sich der Markt in einem bestimmten Zeitabschnitt praktisch abspielt. Für die Mittelwerte von Preis und Menge wählt man gleichgroße Strecken im Koordinatensystem. Tut man das nicht, so erscheint die Kurve verzerrt. Stellt man z. B. den Mittelwert von M größer dar als den Mittelwert von P, so verläuft die Kurve flacher und umgekehrt. *Man muß also auf den verwendeten Maßstab achten, wenn man aus dem Vergleich zweier Nachfragekurven auf Elastizitätsunterschiede schließen will.*
Wenn man einen doppeltlogarithmischen Maßstab wählt, d. h. die Logarithmen von P und M graphisch darstellt, wie es auf der rechten Seite der Abbildung 1 geschehen ist, so kommt die Elastizität der Nachfrage in der Neigung der Kurve zum Ausdruck. Ist die Elastizität bei allen Werten von P bzw. M gleich groß, so ist die Nachfragekurve folglich eine Gerade.

Bei der Nachfrage ist – wie schon gesagt – der Verlauf der Preis-Mengen-Kurve von links oben nach rechts unten die Regel. Von ihr gibt es aber wichtige Ausnahmen:
– Hat der Preis überhaupt keinen Einfluß auf die Nachfragemenge, so ist der Elastizitätskoeffizient $\eta = 0$. Die Kurve verläuft dann als senkrechte Gerade parallel zur Ordinate wie in Abb. 2 oben. Bei jedem Preis wird die gleiche Menge nachgefragt. Es wurde bereits erörtert, daß dies bei inferioren Gütern, die nicht durch andere Güter in ähnlicher Preislage substituiert werden können, der Fall sein kann.

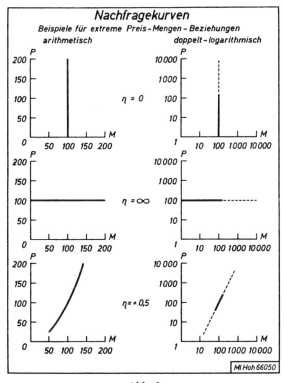

Abb. 2

– Das andere Extrem ist, daß zu einem bestimmten Preis jede angebotene Menge eines Gutes gekauft wird. Die Preiselastizität ist dann (bei diesem Preis) unendlich groß ($\eta = \infty$). Die Nachfragekurve verläuft als waagerechte Gerade, also parallel zur Abszisse, wie im mittleren Teil von Abb. 2. Dieser Zustand ist normalerweise nicht gegeben. Er tritt nur ein, wenn der Staat den Anbietern eines Gutes einen bestimmten Marktpreis garantiert und die Garantie dadurch einlöst, daß er jede ihm angebotene Menge dieses Gutes zum zugesagten Preis kauft.
– Schließlich gibt es auch Beispiele für positive Elastizität der Nachfrage in bezug auf den Preis. Die Nachfragekurve verläuft dann von links unten nach rechts oben, wie im unteren Teil von Abbildung 2. Positive Preiselastizität kann bei inferioren Gütern vorliegen, die durch stärker begehrte, aber erheblich teurere Güter ersetzt werden können und tatsächlich auch zum Teil substituiert werden. Eine Preiserhöhung bei dem inferioren Gut (z. B. Margarine) führt ceteris paribus zu vermehrter Nachfrage

nach ihm auf Kosten der Nachfrage nach dem teureren Substitut (z. B. Butter). Sinkt der Preis des inferioren Gutes, so wird die sich daraus ergebende Einsparung benutzt, den Wunsch nach dem teureren Gut stärker zu befriedigen; infolgedessen geht die Nachfrage nach dem inferioren Gut zurück.

Die Beziehungen zwischen der mengenmäßigen Nachfrage nach einem Gut a und dem Preis eines anderen Gutes b (Kreuz-Preiselastizität), lassen sich natürlich in der gleichen Weise graphisch darstellen.

Handelt es sich bei b um ein Komplementärgut zu a, so ist die Kreuz-Preiselastizität in der Regel negativ. Die Preis-Mengen-Kurve verläuft dann von links oben nach rechts unten wie in Abb. 1.

Ist das Gut b ein Substitut des Gutes a und liegen die Preise beider Güter ungefähr auf dem gleichen Niveau, so ist die Kreuz-Preiselastizität positiv; wenn b teurer wird, verlagert sich die Nachfrage auf a. Die Nachfragekurve verläuft also von links unten nach rechts oben (siehe Abb. 2, unten). Ist das Substitut (Gut b) erheblich billiger als a, so ist die Kreuz-Preiselastizität negativ. Der Betrag, der infolge der Preissenkung beim Kauf des billigeren (inferioren) Gutes b eingespart wird, wird benutzt, um den Wunsch nach dem teureren Gut a besser zu befriedigen; die Nachfrage nach a steigt also bei einer Preissenkung beim Gut b.

Völlige Unelastizität der Nachfrage nach a wird gegeben sein, wenn b weder Substitut noch Komplementärgut zu a ist und es sich um ein inferiores Gut handelt. Die Kurve verläuft dann wie in Abb. 2, oben. Der Fall unendlich großer Elastizität ist bei Kreuz-Preisbeziehungen nicht denkbar.

In den Abb. 1 und 2 sind Preis-Mengen-Kurven dargestellt, bei denen die Nachfrageelastizität in jedem Punkt die gleiche ist. In Wirklichkeit gibt es aber kein Gut, bei dem die Elastizität der Nachfrage in allen vorstellbaren Preisbereichen gleich groß ist. Die Elastizität bleibt allenfalls innerhalb eng begrenzter Bereiche des Preises und damit der Nachfragekurve unverändert. Normalerweise nimmt die Elastizität unter sonst gleichbleibenden Bedingungen mit steigendem Preis zu und mit sinkendem Preis ab. Das ist die logische Folge der Tatsache, daß der Bedarf – unveränderte Konsumsumme vorausgesetzt – bei hohem Preis des Gutes weniger gesättigt werden kann als bei niedrigem Preis. Wenn Güter, die unter den gegenwärtigen Einkommens- und Preisverhältnissen praktisch völlig unelastisch nachgefragt werden (z. B. Speisekartoffeln, Margarine), extrem knapp und teuer werden, ist die Nachfrage nach ihnen auch preiselastisch. Umgekehrt kann die Nachfrage nach Gütern, die zur Zeit sehr preiselastisch nachgefragt werden, in Zukunft unelastisch werden, wenn ihr Preis stark sinkt und/oder die Realeinkommen der potentiellen Verbraucher stark steigen. So lag z.B. die Preiselastizität der Nachfrage nach Eiern in der BR Deutschland, die um 1950 noch etwa —0,9 betrug, Anfang der 70er Jahre vermutlich nahe bei 0, weil die Realpreise für Eier gesunken und die Realeinkommen der Haushaltungen gestiegen sind.

Die empirisch gefundenen Nachfragekurven werden also in der Regel anders verlaufen als die Kurven gleichbleibender Elastizität. Bei Darstellung im arithmetischen Maßstab werden sie bei negativer Preiselastizität nicht so stark nach links gekrümmt sein (vgl. Abb. 1, links), sondern flacher verlaufen, sich also der Form der Geraden nähern. Wenn die Nachfragekurve als Gerade von links oben nach rechts unten verläuft, nimmt die Elastizität der Nachfrage mit sinkendem Preis ab.

Bei Darstellung in doppeltlogarithmischem Maßstab werden die Kurven normalerweise nicht die Form einer Geraden haben, sondern von links oben nach rechts unten in einem

Rechtsbogen verlaufen. Wie bereits gesagt, zeigt die Neigung der Kurve die Elastizität an. Bei mit dem Preis sinkender Elastizität verläuft die Kurve also, wenn wir links oben bei hohem Preis beginnen, zunächst flach, fällt dann aber zunehmend steiler nach rechts unten ab.

1.4.2 Einkommen-Mengen-Beziehungen

Bei der graphischen Darstellung der Beziehungen zwischen Einkommen und nachgefragter Menge ist es üblich, das Einkommen auf der Abszisse und die Menge auf der Ordinate abzutragen.

Mit dem Einkommen (der Konsumsumme) steigt in der Regel auch die Nachfrage nach einem Gut, d. h. der Elastizitätskoeffizient ist positiv. Die Kurve verläuft dann von links

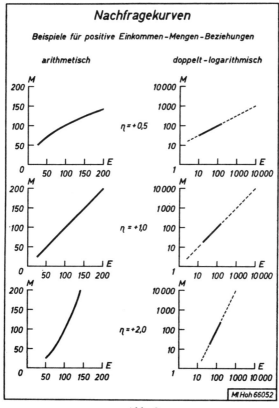

Abb. 3

unten nach rechts oben; bei richtiger Gestaltung des Maßstabs ist sie um so steiler, je höher die Elastizität ist. In Abb. 3 sind Kurven mit gleichbleibender positiver Elastizität der Nachfrage in allen Einkommensbereichen dargestellt.

Wie schon erwähnt, ist aber auch völlige Unelastizität der mengenmäßigen Nachfrage in bezug auf das Einkommen nicht selten (völlige Bedarfsbefriedigung, inferiore Güter), und es besteht auch die Möglichkeit negativer Beziehungen zwischen Einkommen und Nachfragemenge (inferiore Güter, die durch stärker begehrte und teurere Güter substituiert werden können). Im ersten Fall verläuft die Kurve als waagerechte Gerade, im zweiten von links oben nach rechts unten. Beispiele sind in Abb. 4 graphisch dargestellt. Unendlich große Elastizität der Nachfrage in bezug auf das Einkommen ist nicht möglich.

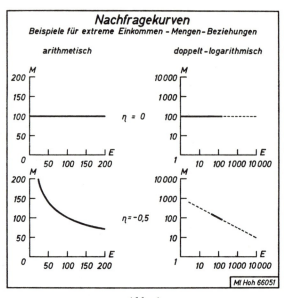

Abb. 4

Praktisch bleibt die Elastizität der Nachfrage nur in engen Einkommensbereichen annähernd konstant. Normalerweise wird sie unter sonst gleichbleibenden Bedingungen mit wachsendem Einkommen und zunehmender Befriedigung des Bedarfs geringer. Die Einkommen-Mengen-Kurve der einzelnen Haushaltung verläuft zunächst, d. h. solange das Einkommen so klein ist, daß der Kauf des betrachteten Gutes nicht möglich ist, waagerecht auf der Abszisse (s. Abb. 5, Abschnitt I); dann steigt sie steil von links nach rechts (Abschnitt II). Mit zunehmendem Einkommen wird sie flacher (Abschnitt III), verläuft schließlich waagerecht (die Nachfrage wird völlig unelastisch, Abschnitt IV) und kann unter bestimmten Bedingungen sogar nach rechts absinken (die Nachfrage wird negativ elastisch, Abschnitt V). Im Prinzip ist dieser Verlauf bei allen Gütern gegeben; je nach der Dringlichkeit des Bedarfs und dem Preis des Gutes werden die einzelnen Abschnitte bei sehr unterschiedlichen Einkommenswerten durchlaufen. Bei Gütern, die sehr dringend begehrt werden oder sogar lebenswichtig sind, ist die Kurve in Abb. 5 nach links, bei leicht entbehrlichen (Luxus-)Gütern nach rechts verschoben. Ist der Preis der kleinsten nutzbaren Einheit eines Gutes hoch, handelt es sich also um eine »große Anschaffung«, so liegt die Kurve weiter rechts auf der Einkommensskala als bei »kleinen Anschaffungen«. Bei großer Teilbarkeit des Gutes verläuft die Kurve flacher, der Anstieg setzt früher ein.

Die Kenntnis dieser Zusammenhänge ist für die Beurteilung der Entwicklung der Gesamtnachfrage nach einem Gut sehr wichtig. Für den Verlauf der Gesamtnachfrage nach einem Gut ist entscheidend, wie sich die Haushaltungen auf die für dieses Gut wichtigen Einkommensbereiche verteilen und in welchem dieser Bereiche sich Einkommensänderungen vollziehen. Wechselt z. B. das Gros der Haushalte von der Einkommensstufe I in die Stufe II, so beginnt die Nachfrage nach bestimmten Gütern kräftig zu steigen. Das Wachstum der Nachfrage wird wieder nachlassen und schließlich fast zum Stillstand kommen, wenn das Gros der Haushalte von Stufe II in Stufe III und schließlich in Stufe IV

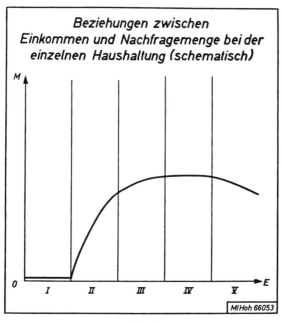

Abb. 5

überwechselt. So erklären sich die »Nachfragewellen« bei bestimmten Gütern oder Gütergruppen. Sie treten natürlich um so stärker in Erscheinung, je schneller und gleichförmiger die Einkommen der großen Masse der Haushalte steigen (oder sinken). Eine Nachfragewelle wird beschleunigt und verstärkt, wenn gleichzeitig der Preis des betreffenden Gutes sinkt und/oder die Preise seiner Substitute steigen; sie wird verzögert und abgeschwächt, wenn der Preis des betrachteten Gutes steigt und/oder die Preise der Substitute sinken. So ist z. B. die mengenmäßige Nachfrage nach Geflügelfleisch in der BR Deutschland in der zweiten Hälfte der 1950er Jahre fast explosionsartig gestiegen, weil die Masse der Haushaltungen mit ihrem Einkommen den Abschnitt II für dieses Produkt durchlaufen hat und weil gleichzeitig der Realpreis des Geflügelfleisches gesunken ist und die Realpreise der Substitute (magere Teile vom Rind und Schwein) gestiegen sind. Ähnliche Erscheinungen waren bei dauerhaften Gebrauchsgütern (z. B. bei Automobilen, Küchenmaschinen usw.) zu beobachten. Häufig stehen Einkommenssteigerung und Preissenkung in ursächlichem Zusammenhang: Die wachsende Nachfrage nach einem Gut infolge Wohlstandssteigerung ermöglicht die Massenproduktion, die ihrerseits zu sinkenden Stückkosten führt und eine Preissenkung erlaubt.

1.4.3 Verlauf der Preis-Mengen-Kurve bei Änderung der Bedarfsstruktur und/oder der Einkommen und/oder der Preise von Substituten und Komplementärgütern

Bei der Betrachtung der Beziehungen zwischen dem Preis eines Gutes und der nachgefragten Menge ist bisher stets unterstellt worden, daß die Bedarfsstruktur, die Konsumsumme (das Einkommen) und die Preise aller anderen Güter unverändert bleiben (ceterisparibus-Klausel). Es ist nun zu überlegen, wie die Preis-Mengen-Kurve beeinflußt wird,
1. durch eine Änderung der Bedarfsstruktur,
2. durch eine Änderung der Konsumsumme (des Einkommens) und
3. durch eine Änderung der Preise von Substituten und Komplementärgütern.

Zu 1: Änderung der Bedarfsstruktur
Es sei angenommen, daß das Gut *a* auf der Bedürfnisskala der Haushaltungen nach oben oder unten rückt, d. h. daß das betreffende Gut in der Wertschätzung der Haushaltungen steigt oder sinkt. Eine solche Änderung der Bedarfsstruktur kann sich aus verschiedenen Ursachen vollziehen; so z. B.

- durch Änderung des Nahrungsbedarfs infolge Wandels der Tätigkeit oder des Altersaufbaus der Bevölkerung,
- durch den Wetterverlauf (anhaltende ungewöhnliche Hitze- oder Kälteperioden),
- durch Werbung für das betreffende Gut oder für andere begehrte Güter,
- durch Furcht vor Gesundheitsschäden oder Hoffnung auf Gesundheitsförderung bei Verwendung dieses Gutes,
- durch Änderung der Mode,
- durch das Angebot neuer Güter

und anderes mehr.

Änderung der Bedarfsstruktur bedeutet, daß die Haushaltungen von einem Gut mehr oder weniger nachfragen, obwohl ihr Einkommen und die Preise unverändert sind.
Wenn die Nachfragemenge infolge Änderung der Bedarfsstruktur steigt, verschiebt sich die Nachfragekurve nach rechts, wenn die Nachfragemenge sinkt, nach links; denn bei jedem angenommenen Preis wird mehr bzw. weniger nachgefragt als vor der Änderung der Bedarfsstruktur.

Zu 2: Änderung des Einkommens
Wenn die Nachfragemenge infolge Einkommensänderung steigt, verschiebt sich die Preis-Mengen-Kurve nach rechts, wenn die Nachfragemenge sinkt, verschiebt sie sich nach links. Wie bereits dargelegt (vgl. oben S. 12 f.), kann eine Einkommenssteigerung die Nachfrage nach einem Gut sowohl positiv als auch negativ beeinflussen (positive und negative Einkommenselastizität der Nachfrage); das gleiche gilt für eine Einkommensminderung.

Zu 3: Preisänderungen bei Substituten und Komplementärgütern
Preissteigerungen bei Substituten führen, sofern es sich bei ihnen nicht um sehr viel billigere inferiore Güter handelt, zu erhöhter Nachfrage, also zur Rechtsverschiebung der Preis-Mengen-Kurve. Preissteigerungen bei Komplementärgütern und Preissteigerungen bei sehr viel billigeren inferioren Substituten vermindern die Nachfrage nach

einem Gut, führen also zur Linksverschiebung der Preis-Mengen-Kurve. Preissenkungen haben die jeweils entgegengesetzte Wirkung.

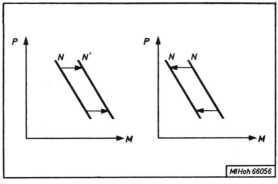

Abb. 6

Zusammenfassend ist festzuhalten (vgl. hierzu Abb. 6):
Die Nachfragekurve (Preis-Mengen-Kurve) eines Gutes verlagert sich unter sonst gleichbleibenden Bedingungen

nach rechts

nach links

bei Änderung der Bedarfsstruktur
im Sinne erhöhter Präferenz;

bei Änderung der Bedarfsstruktur
im Sinne verminderter Präferenz;

bei Einkommenssteigerung und positiver
Einkommenselastizität der Nachfrage;

bei Einkommenssteigerung und negativer
Einkommenselastizität der Nachfrage;

bei Einkommensminderung und negativer
Einkommenselastizität der Nachfrage;

bei Einkommensminderung und positiver
Einkommenselastizität der Nachfrage;

bei Erhöhung der Preise für Substitute
(ausgenommen erheblich billigere inferiore
Substitute);

bei Senkung der Preise für Substitute
(ausgenommen erheblich billigere inferiore
Substitute);

bei Senkung der Preise für sehr viel
billigere inferiore Substitute;

bei Erhöhung der Preise für sehr viel
billigere inferiore Substitute;

bei Senkung der Preise für Komplementärgüter.

bei Erhöhung der Preise für Komplementärgüter.

Die verschiedenen Einflüsse können sich sowohl kumulieren als auch ganz oder teilweise kompensieren, und sie können zusammengenommen die Wirkung von Preisänderungen auf die Nachfrage verstärken oder vermindern. Hierzu folgende Beispiele:
Die rasante Steigerung der mengenmäßigen Nachfrage nach Geflügelfleisch je Kopf der Bevölkerung zwischen der Mitte der 1950er Jahre und dem Anfang der 1960er Jahre in der BR Deutschland ist auf das Zusammentreffen von drei positiven Einflüssen zurückzuführen: durch kräftige Steigerung der Realeinkommen je Kopf bei noch relativ hoher Präferenz für Geflügelfleisch und durch erhebliche Steigerung der Realpreise für Substitute (andere magere Fleischarten) hat sich die Nachfragekurve laufend stark nach rechts verschoben (wie in Abb. 6, linke Seite); gleichzeitig ist der Realpreis für Geflügelfleisch gesunken.

Die mengenmäßige Nachfrage nach Butter je Kopf der Bevölkerung ist in der BR Deutschland zwischen 1954 und 1963 fast stetig, aber nur sehr langsam gestiegen. Die kräftige Steigerung der Realeinkommen und (in weit geringerem Maße) die Senkung der Realpreise für inferiore, sehr viel billigere Substitute (Margarine, Pflanzenfette, Schlachtfette) haben eine Rechtsverschiebung der Nachfragekurve bewirkt; das trendmäßige Sinken des Realpreises für Butter hat den davon ausgehenden positiven Einfluß auf die Nachfrage noch verstärkt. Auch hier hatten drei Faktoren positiven Einfluß auf die Nachfrage, aber die Einkommenssteigerung hatte einen geringen Effekt, weil die Einkommenselastizität schwächer war als bei Geflügelfleisch, und die Realpreissenkung war erheblich geringer. Ab 1964 war die mengenmäßige Nachfrage nach Butter je Kopf rückläufig, obwohl die zuvor per Saldo positiv wirkenden Fakten weiterhin bestanden; ihre Wirkung wurde jedoch durch Änderung der Bedarfsstruktur im Sinne eines Präferenzabbaues überlagert.

1.4.4 Verlauf der Einkommen-Mengen-Kurve bei Änderung der Bedarfsstruktur und/oder der Preise

Es liegt auf der Hand, daß sich die Einkommen-Mengen-Kurve eines Gutes nach oben verschieben wird, wenn die nachgefragte Menge infolge Änderung der Bedarfsstruktur und/oder der Preise steigt (vgl. Abb. 7, linke Seite). Bei gleichem Einkommensstand wird jeweils mehr nachgefragt. Die Kurve verschiebt sich nach unten, wenn die nachgefragte Menge aus einem der genannten Gründe sinkt; denn bei gleichem Einkommensstand wird jeweils weniger nachgefragt (vgl. Abb. 7, rechte Seite).

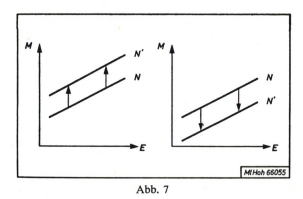

Abb. 7

Die Einkommen-Mengen-Kurve eines Gutes verlagert sich bei sonst unveränderten Bedingungen

nach oben

bei Änderung der Bedarfsstruktur
im Sinne erhöhter Präferenz;

bei Senkung des Preises für das betrachtete
Gut und negativer Preiselastizität;

nach unten

bei Änderung der Bedarfsstruktur
im Sinne verminderter Präferenz;

bei Erhöhung des Preises für das betrachtete Gut und negativer Preiselastizität;

bei Erhöhung des Preises für das betrachtete Gut und positiver Preiselastizität;

bei Senkung des Preises für das betrachtete Gut und positiver Preiselastizität;

bei Erhöhung der Preise für Substitute (ausgenommen erheblich billigere inferiore Substitute);

bei Senkung der Preise für Substitute (ausgenommen erheblich billigere inferiore Substitute);

bei Senkung der Preise für erheblich billigere inferiore Substitute;

bei Erhöhung der Preise für erheblich billigere inferiore Substitute;

bei Senkung der Preise für Komplementärgüter.

bei Erhöhung der Preise für Komplementärgüter.

1.5 Die Ermittlung von Nachfrageelastizitäten

Die Elastizitäten kennzeichnen die quantitativen Zusammenhänge zwischen der mengenmäßigen Nachfrage nach einem Gut und ihren wichtigsten Bestimmungsgründen. Die Kenntnis der Elastizitäten ermöglicht es, die Auswirkungen der Änderung von Bestimmungsfaktoren auf die Nachfrage vorauszuschätzen. Für den Erfolg der Tätigkeit des wirtschaftenden Menschen und des Wirtschaftspolitikers ist solche Voraussicht von entscheidender Bedeutung. Wer sich in dem einen oder anderen Sinne mit den Agrarmärkten befassen will, muß daher versuchen, sich treffende Vorstellungen über die Elastizitäten der Nachfrage nach allen wichtigen Agrarprodukten zu verschaffen.

1.5.1 Rechnerische Ermittlung von Nachfrageelastizitäten

Sofern man genügend Daten über Einkommen, Preise und Nachfragemengen besitzt, kann man Elastizitäten errechnen. Bei der Erklärung des Elastizitätsbegriffes ist schon eine sehr einfache Methode der Berechnung dargestellt worden (siehe S. 10f.). Sie ging allerdings davon aus, daß sich nur einer der Bestimmungsgründe (also entweder das Einkommen oder der Preis des Gutes oder der Preis eines Substitutes usw.) ändert, alle anderen aber konstant bleiben. Unter diesen Voraussetzungen genügen schon zwei Beobachtungspunkte, also z. B. zwei Feststellungen über den Preis eines Gutes und die zu diesen Preisen nachgefragten Mengen, um eine überschlägliche Berechnung des Elastizitätskoeffizienten vorzunehmen. Hat man eine größere Zahl von Werten, so kann man mit Hilfe der Einfach-Regression die Beziehung zwischen der Nachfragemenge und dem Preis (oder dem Einkommen, dem Preis eines Substitutes usw.) ermitteln. Man bezeichnet erstere als »abhängige« (zu erklärende) Variable, die zweitgenannten Größen als »unabhängige« (erklärende) Variablen. Die Regressionsrechnung ermittelt die durchschnittliche Beziehung zwischen beiden Größen (Variablen) und die Abweichungen von der durchschnittlichen Beziehung.

Im Wirtschaftsleben ist die Nachfrage in der Regel aber nicht allein von einem Faktor, sondern von zwei oder mehr Faktoren abhängig. Ist der Einfluß des zweiten Faktors und etwaiger weiterer Faktoren im Vergleich zum ersten gering, so kann man ihn vernachlässigen; man kann sich also auch hier mit der Einfach-Regression behelfen. Das ist z. B. der Fall, wenn der Preis eines Gutes rasche (kurzfristige) Schwankungen aufweist und

Substitution praktisch nicht möglich ist; da sich das Durchschnittseinkommen im allgemeinen nur langsam ändert, kann sein Einfluß außer acht gelassen werden. Entsprechend kann man verfahren, wenn außerordentlich heftige Preisschwankungen vorliegen, so daß von vornherein anzunehmen ist, daß alle anderen Einflüsse gegenüber dem Preiseinfluß stark zurücktreten. Steht fest, daß nur der Preis eines Gutes und der Preis seines Substitutes für die Nachfrage relevant sind, so kann man statt der beiden einzelnen Preise die Relation beider verwenden. Auf diese Weise kann allerdings nur der Einfluß der Preisrelation auf die Nachfrage, nicht aber die Preis- und die Kreuz-Preiselastizität ermittelt werden.

Wird die Nachfrage nicht nur von einem Faktor entscheidend beeinflußt und ist es nicht möglich, die Beziehungen in der angedeuteten Weise auf einen Faktor zu reduzieren, so muß die multiple (oder Mehrfach-)Regression angewendet werden. Mit ihrer Hilfe kann man den Einfluß mehrerer Faktoren (unabhängiger Variablen) isoliert darstellen. Das verfügbare Material muß allerdings bestimmte Voraussetzungen erfüllen:

– Ebenso wie bei der Einfach-Regression ist eine größere Zahl von Werten erforderlich. Je mehr erklärende Variable berücksichtigt werden, um so größer muß die Zahl der Werte sein.
– Die Werte der erklärenden Variablen müssen häufig wechseln. Weist ein Bestimmungsfaktor an allen Beobachtungspunkten den gleichen Wert auf, so kann sein Einfluß auf die Nachfrage selbstverständlich nicht ermittelt werden.
– Die erklärenden Variablen dürfen nicht miteinander korrelieren, d. h. sich stets proportional in gleicher oder entgegengesetzter Richtung ändern. Der Einfluß miteinander korrelierender Faktoren läßt sich nicht isolieren, sondern kann nur zusammengefaßt dargestellt werden. Dabei ist es gleichgültig, ob das Korrelieren sachlich (kausal, funktional oder anderweitig) begründet oder zufällig ist.

Für die rechnerische Ermittlung der Beziehungen zwischen der Nachfrage und ihren Bestimmungsfaktoren benutzt man im allgemeinen Zeitreihen, also Werte der einzelnen Variablen, die im Laufe der Zeit zu bestimmten Zeitpunkten oder in bestimmten Zeitperioden festgestellt worden sind *(Zeitreihenanalyse)*. Seltener bedient man sich der sogenannten *Querschnittsanalyse*. Hierbei werden Werte benutzt, die zur gleichen Zeit bei verschiedenen Gruppen von Nachfragenden ermittelt werden. Handelt es sich dabei um Gruppen von Haushalten mit unterschiedlichem Einkommen aus den gleichen Wirtschaftsräumen, so kann man natürlich nur den Einkommenseinfluß messen, da die Güterpreise für alle Haushaltungen etwa die gleichen sind. Aber selbst der Einkommenseinfluß läßt sich dabei meistens nur annäherungsweise ermitteln, weil unter Umständen der Einfluß unterschiedlicher Bedarfsstruktur mit gemessen wird; das ist z. B. der Fall, wenn beruflich oder sozial bedingte Unterschiede in der Bedarfsstruktur in gleicher Richtung auf die Nachfrage wirken wie die bestehenden Einkommensunterschiede. Benutzt man Daten aus verschiedenen Volkswirtschaften *(Mehrländeranalyse)* mit unterschiedlichen Einkommens- und Preisniveaus, so kann man Einkommens- und Preiseinflüsse annäherungsweise ermitteln; hier können allerdings Unterschiede in der Bedarfsstruktur eine noch größere Rolle spielen und den Einfluß unterschiedlicher Einkommen und Preise überlagern. Die Aussagekraft der Ergebnisse von Querschnittsanalysen ist also im allgemeinen eng begrenzt. Vor allem können Schlüsse auf die Zukunft (Prognosen) daraus nur mit äußerster Vorsicht gezogen werden.

Aus praktischen Gründen ist es zweckmäßig, die Zahl der unabhängigen (erklärenden) Variablen auf das Notwendigste zu begrenzen, auch wenn man die Mehrfach-Regression

anwenden muß. Zu diesem Zweck bedient man sich bei der Zeitreihenanalyse im allgemeinen folgender Vereinfachungen:
- Änderungen der Bevölkerungszahl im Zeitablauf werden – wie schon erwähnt – zunächst unberücksichtigt gelassen (indem man mit Je-Kopf-Mengen und -Einkommen arbeitet) und erst nachträglich gesondert berücksichtigt.
- Änderungen der Einkommensstreuung werden – wie ebenfalls schon erwähnt – meistens unberücksichtigt gelassen, zumal in der Regel auch keine entsprechenden Daten greifbar sind.
- Änderungen der Bedarfsstruktur (der Präferenzskala) der Haushaltungen, die im Zeitablauf durch Wandel des Altersaufbaus, der Beschäftigungsart, des Geschmacks, der Vorstellungen über den Gesundheitswert eines Gutes, der Mode oder durch das Angebot neuer Güter eintreten, können ebenfalls nicht berücksichtigt werden, weil sie statistisch nicht erfaßt werden können. Sofern sich solche Änderungen langsam im Zuge der volkswirtschaftlichen Entwicklung vollziehen, kommt ihr Einfluß auf die Nachfrage in der Einkommenselastizität mit zum Ausdruck, weil dann Änderungen der Bedarfsstruktur und des Durchschnittseinkommens weitgehend miteinander korrelieren. Sprunghafte Änderungen der Bedarfsstruktur (sogenannte Präferenzbrüche) verzerren die Ergebnisse der Zeitreihenanalyse. Die Analyse muß auf solche Abschnitte der Zeitreihe beschränkt werden, die frei von Präferenzbrüchen sind.
- Obwohl die Nachfrage nach einem Gut von den Preisen aller Güter, die von den Haushaltungen nachgefragt werden, beeinflußt werden kann, weil ja letzten Endes alle diese Güter um die Kaufkraft der Haushaltungen konkurrieren, beschränkt man sich darauf, den Preis des betreffenden Gutes und die Preise wichtiger Substitute und Komplementärgüter als erklärende Variable zu berücksichtigen. Diesen Mangel könnte man annäherungsweise dadurch ausgleichen, daß man die Änderungen des Preisniveaus aller nicht gesondert berücksichtigten Güter als unabhängige Variable in die Rechnung eingehen läßt. Annähernd die gleiche Wirkung hat jedoch das einfachere Verfahren, die Schwankungen des gesamten Preisniveaus (einschließlich der gesondert berücksichtigten Güterpreise) – d. i. der reziproke Wert der Geldwertschwankungen – dadurch auszuschalten, daß man das Einkommen und die gesondert berücksichtigten Preise durch eine Preisindexziffer dividiert und das Ergebnis mit 100 multipliziert. Wenn es sich darum handelt, die Nachfrage der Haushaltungen zu untersuchen, wird man dazu die Preisindexziffer der Lebenshaltung benutzen, weil sie der gewogene Durchschnitt der Preise aller wesentlichen von den Haushaltungen normalerweise nachgefragten Güter ist. Man nennt diesen Vorgang auch »deflationieren«. Die deflationierten Güterpreise bezeichnet man als »Realpreise«, die deflationierten Einkommen als »Realeinkommen«.[1]) Durch dieses Verfahren werden die Schwankungen des Geldwertes (der Kaufkraft der Geldeinheit gegenüber der Gesamtheit der nachgefragten Güter) ausgeschaltet. Man unterstellt dabei, daß die Haushaltungen von einem Gut

---

[1]) In Übersicht 2 sind einige Beispiele für das Deflationieren von Einkommens- und Preisreihen aufgeführt. Da es sich um das Einkommen der Haushaltungen und um Güter handelt, die hauptsächlich von den Haushaltungen nachgefragt werden, wurde der Preisindex der Lebenshaltung als Deflator benutzt. Dieser Preisindex ist in dem betrachteten Zeitraum zwischen 1951 und 1972 um 62% gestiegen, d. h. die Kaufkraft der Deutschen Mark für den „normalen Warenkorb" der Haushaltungen war 1972 um 38% geringer als 1951. Die Realwerte sind infolgedessen erheblich schwächer gestiegen (z.B. Einkommen und Rindfleischpreis) oder stärker gesunken (z.B. Brathähnchenpreis) als die Nominalwerte, oder die Realwerte sind gesunken, obwohl die Nominalwerte nicht unbeträchtlich gestiegen sind (z.B. Schweinefleischpreis). Da der Deflator das Jahr 1962 als Basis hat, sind die Realwerte in DM mit Kaufkraft von 1962 ausgedrückt.

dieselbe Menge nachfragen, wenn sich ihr Einkommen und alle Güterpreise gleichmäßig erhöhen oder vermindern. Dies dürfte allerdings nur annäherungsweise unter der Bedingung zutreffen, daß sich der Geldwert langsam ändert. Ein zusätzlicher Vorteil dieses Verfahrens ist, daß das Gleichlaufen von Einkommen und Preisen (Multikollinearität), das sich durch anhaltende Geldwertänderungen einstellt und die Isolierung ihrer Einflüsse auf die Nachfrage erschwert, vermindert wird.

Das Verfahren der Regressionsrechnung soll hier nicht weiter erörtert werden, weil es darüber zahlreiche Lehrbücher und Erfahrungsberichte von Spezialisten gibt (vgl. die Literaturhinweise im Anhang). Wer diese Verfahren benutzen will, muß sich eingehend damit befassen oder mit einem Spezialisten auf diesem Gebiet zusammenarbeiten. Der Wirtschaftswissenschaftler (hier der Marktforscher) sollte sich stets darüber im klaren sein, daß die statistisch-mathematischen Verfahren nur ein – allerdings wertvolles – Arbeitshilfsmittel sind. Ihre Anwendung darf für ihn nicht zum Selbstzweck werden.

1.5.2 Schätzung der Größenordnungen von Nachfrageelastizitäten

Bevor man mit der Anwendung statistisch-mathematischer Methoden in der Nachfrageanalyse beginnt, soll man sich stets klarmachen, welche Tatbestände im jeweils vorliegenden Fall logischerweise Einfluß auf die Nachfrage haben können und wie stark dieser Einfluß sein könnte. Das Ergebnis der Überlegungen überprüft man dann zweckmäßigerweise an Hand von graphischen Darstellungen der Variablen und von Streuungsdiagrammen. Die Übung im Erkennen und Beurteilen der logischen Zusammenhänge kann manche aufwendige Rechenarbeit ersparen und vor falscher Interpretation von Rechenergebnissen bewahren. Häufig ist das statistische Material nicht für die Auswertung mit verfeinerten Methoden geeignet, oder es mangelt an der dafür notwendigen Zeit; dann kann man sich schon allein auf Grund solcher Überlegungen und an Hand bestimmter Kriterien eine Vorstellung von der Größenordnung der Elastizitäten verschaffen.

Die beiden wichtigsten Kriterien für die Schätzung der Höhe der Einkommenselastizität sind der Sättigungsgrad und der Anteil der Aufwendungen für das betrachtete Gut an der Konsumsumme. Mit steigendem Sättigungsgrad sinkt ceteris paribus die Elastizität der Nachfrage in bezug auf das Einkommen (vgl. Übersicht 3). Güter, deren Bedarf bei der großen Mehrzahl der Haushaltungen völlig gesättigt ist, bezeichnet man – wie schon erwähnt – als inferiore Güter; die Einkommenselastizität der Nachfrage nach ihnen ist schwach positiv bis schwach negativ. Geringe Sättigung des Bedarfs bedeutet, daß die Güter noch stark begehrt werden, und hat im allgemeinen hohe Einkommenselastizität zur Folge. Eine Ausnahme, die für bestimmte Agrarprodukte wichtig ist, machen hierbei lebenswichtige Güter (oder solche, die von der Masse der Haushaltungen für unentbehrlich gehalten werden). Ist der Bedarf nur ungenügend gedeckt, so reagiert die Nachfrage nach ihnen auf sinkendes Einkommen wenig elastisch; die notwendigen Einsparungen werden zunächst bei weniger dringlichen Bedürfnissen vorgenommen.

Bei hohem Anteil der Aufwendungen für ein Gut an der Konsumsumme ist die Einkommenselastizität der Nachfrage ceteris paribus geringer als bei niedrigem. Bei hohem Anteil der Aufwendungen an der Konsumsumme erfordern schon geringe relative Mengenänderungen hohe Aufwandsänderungen. Infolgedessen kann bei steigendem Einkommen die Nachfragemenge relativ nicht so stark erhöht werden wie bei Gütern mit geringerem Anteil an der Konsumsumme, und bei sinkendem Einkommen genügt schon eine mäßige relative Nachfragesenkung, um die notwendige Einsparung zu erreichen.

Auch für die Schätzung der Preiselastizität sind der Sättigungsgrad und die Bedeutung des Aufwandes für das Budget der Haushaltungen wichtige Kriterien; außerdem spielen aber auch der Grad der Substituierbarkeit und die Verwendungskoppelung eine Rolle. Ein steigender Sättigungsgrad mindert die Preiselastizität und umgekehrt; auch hier ist aber auf die Ausnahme bei lebensnotwendigen Gütern hinzuweisen. Mit wachsendem Anteil der Aufwendungen an der Konsumsumme steigt die Preiselastizität, weil Preisänderungen stärker ins Gewicht fallen und umgekehrt. Leichte Substituierbarkeit erhöht die Preiselastizität. Selbst inferiore Güter mit schwacher Bedeutung für das Budget können also preiselastisch nachgefragt werden, wenn sie leicht substituierbar sind. Dabei muß die Substitution nicht nur technisch möglich, sondern auch wirtschaftlich sinnvoll sein; das heißt, der Preis des Substitutes darf bei gleichem Gebrauchswert nicht über dem des zu ersetzenden Gutes liegen. Schließlich wird die Preiselastizität gemindert, wenn ein Gut nur mit anderen Gütern gekoppelt verwendet wird.

Übersicht 2
Beispiele für das Deflationieren von Einkommens- und Preisreihen[1])

Jahr	Preisindex d. Lebenshaltung 1962=100	Verfügbares Einkommen je Kopf		Verbraucherpreis für Schweinefleisch		Verbraucherpreis für Rindfleisch		Verbraucherpreis für Brathähnchen	
		nominal DM	real[2]) DM	nominal DM/kg	real[2]) DM/kg	nominal DM/kg	real[2]) DM/kg	nominal DM/kg	real[2]) DM/kg
1951	84,9	1 582	1 863	4,04	4,76	3,70	4,36	5,24	6,17
1952	86,7	1 755	2 024	4,01	4,63	4,20	4,84	5,69	6,56
1953	85,1	1 920	2 256	3,95	4,64	3,97	4,67	5,78	6,79
1954	85,3	2 071	2 428	4,23	4,96	4,12	4,83	5,86	6,87
1955	86,7	2 236	2 579	3,91	4,51	4,33	4,99	5,83	6,72
1956	88,9	2 476	2 785	4,19	4,71	4,57	5,14	6,07	6,83
1957	90,7	2 669	2 943	4,23	4,66	4,66	5,14	6,13	6,76
1958	92,7	2 893	3 121	4,15	4,48	4,75	5,12	6,11	6,59
1959	93,6	3 074	3 284	4,56	4,87	5,16	5,51	5,76	6,15
1960	94,9	3 325	3 504	4,51	4,75	5,24	5,52	5,52	5,82
1961	97,1	3 667	3 777	4,68	4,82	5,35	5,51	5,27	5,43
1962	100,0	3 959	3 959	4,74	4,74	5,44	5,44	5,00	5,00
1963	103,0	4 181	4 059	4,96	4,82	5,57	5,41	5,28	5,13
1964	105,4	4 543	4 310	5,24	4,97	6,13	5,82	5,34	5,07
1965	109,0	4 999	4 586	5,28	4,84	6,82	6,26	5,21	4,78
1966	112,8	5 279	4 680	5,69	5,04	7,02	6,22	5,29	4,69
1967	114,4	5 377	4 700	5,46	4,77	6,88	6,01	4,66	4,07
1968	116,1	5 765	4 966	4,84	4,17	6,69	5,76	4,06	3,50
1969	119,3	6 379	5 347	5,15	4,32	6,91	5,79	4,02	3,37
1970	123,7	6 988	5 649	5,47	4,42	7,11	5,75	4,00	3,23
1971	130,4	7 713	5 915	5,33	4,09	7,21	5,53	3,87	2,97
1972	137,9	8 524	6 181	5,67	4,11	8,24	5,98	3,84	2,79
Veränderung 1972 gegen 1951 (%)	+62,4	+438,8	+231,8	+40,3	—13,7	+122,7	+37,2	—26,7	—54,8

[1]) Es handelt sich um Zeitreihen von Durchschnittswerten für die BR Deutschland. — [2]) Einkommen bzw. Preise in DM mit Kaufkraft von 1962. Nominaleinkommen bzw. -preis (vorhergehende Spalte) dividiert durch den entsprechenden Wert des Preisindex (Spalte 2) und multipliziert mit 100.

Übersicht 3

Merkmale für die Schätzung der Einkommens- und der Preiselastizität der Nachfrage

Merkmale	Elastizität der Nachfrage in bezug auf	
	Einkommen	Preis des Gutes
Sättigung des Bedarfs		
hoch	niedrig	niedrig
gering	hoch[1]	hoch[1]
Anteil der Aufwendungen an der Konsumsumme		
hoch	niedrig	hoch
niedrig	hoch	niedrig
Grad der Substituierbarkeit		
hoch	—	hoch
niedrig	—	niedrig
Verwendung mit anderen Gütern gekoppelt		
ja	—	gering
nein	—	hoch

[1] Ausnahme: Die Nachfrage nach unentbehrlichen (lebenswichtigen) Gütern reagiert bei ungenügender Bedarfsdeckung wenig elastisch auf Einkommenssenkungen und Preiserhöhungen.

Die wesentlichen Bestimmungsgründe für die Höhe der Kreuz-Preiselastizitäten sind in Übersicht 4 aufgeführt. Auf Preisänderungen bei Substituten reagiert die Nachfrage natürlich um so stärker, je höher der Grad der Substituierbarkeit ist, also je ähnlicher sich die beiden Güter in der Verwendung sind und je dichter sie in der Präferenzskala der Haushaltungen beieinander stehen. Die Nachfrage reagiert um so schwächer, je höher der Anteil der Aufwendungen für das betrachtete Gut an der Konsumsumme ist, denn bei gleicher Kreuz-Preiselastizität müssen um so größere Mengen substituiert werden. Auch das Gewicht der Aufwendungen für das Substitut im Budget der Haus-

Übersicht 4

Merkmale für die Schätzung der Kreuz-Preiselastizität der Nachfrage

Merkmale	Elastizität der Nachfrage in bezug auf Preisänderungen bei	
	Substituten	Komplementärgütern
Grad der Substituierbarkeit		
hoch	hoch	—
gering	niedrig	—
Grad der Verwendungskoppelung		
hoch	—	hoch
niedrig	—	niedrig
Anteil der Aufwendungen für das betrachtete Gut an der Konsumsumme		
hoch	niedrig	hoch
gering	hoch	niedrig
Anteil der Aufwendungen für das Substitut bzw. Komplementärgut an der Konsumsumme		
hoch	hoch	hoch
gering	niedrig	niedrig

haltungen ist wichtig. Je größer es ist, um so höher ist die Kreuz-Preiselastizität, weil die Preisänderungen beim Substitut für den Haushalt zunehmend ins Gewicht fallen. Letztlich ist das Verhältnis der Ausgabevolumen für beide Produkte maßgebend: Sind die Aufwendungen für das Gut a im Verhältnis zur Konsumsumme groß und die Aufwendungen für das Substitut b relativ klein, so haben Preisänderungen bei b nur einen geringeren Effekt auf die mengenmäßige Nachfrage nach a als bei umgekehrtem Größenverhältnis. So können z. B. Preisänderungen bei Geflügelfleisch die Nachfrage nach Rindfleisch nicht so stark beeinflussen wie umgekehrt.

Bei Komplementärgütern nimmt die Kreuz-Preiselastizität natürlich mit dem Grad der Verwendungskoppelung zu; je notwendiger also ein Gut zur Ergänzung eines anderen ist, um so stärker wirken sich Preisänderungen bei dem einen Gut auf die Nachfrage des anderen Gutes aus. Die Kreuz-Preiselastizität steigt mit zunehmendem Anteil der Aufwendungen sowohl für das in Betracht stehende als auch für das komplementäre Gut an der Konsumsumme, weil Preisänderungen beim Komplementärgut in beiden Fällen stärker ins Gewicht fallen. Entscheidend ist natürlich auch, in welchem Verhältnis beide Produkte zusammen verwendet werden. Je größer die Aufwendungen für das Komplementärgut im Verhältnis zu denen für das betrachtete Gut sind, um so höher ist die Kreuz-Preiselastizität. So reagiert z. B. die Nachfrage nach Zucker stärker auf Preisänderungen bei Kaffee als die Nachfrage nach Kaffee auf Preisänderungen bei Zucker.

1.5.3 Abnehmende Bedeutung der Nachfrageelastizitäten bei hohem Volkswohlstand

Es wurde bereits mehrfach darauf hingewiesen, daß die Elastizität der Nachfrage in bezug auf das Einkommen und die Preise mit steigender Sättigung des Bedarfs geringer wird. Mit anderen Worten: Der Einfluß der ökonomischen Bestimmungsfaktoren der Nachfrage nimmt mit steigendem Wohlstand ab. Bei dem Wohlstandsniveau, das in den wirtschaftlich hoch entwickelten Industriestaaten besteht, ist er für die Nachfrage nach vielen Gütern nur noch gering. Zu diesen Gütern gehören die meisten Nahrungsmittel. Unter anderem ist das der Fall, weil der Aufnahme von Nährstoffen physisch enge Grenzen gesetzt sind. Elastisch im ursprünglichen Sinne der Definition – Elastizitätskoeffizient größer als 1 – wird in den Ländern mit hohem Wohlstand schon seit längerem praktisch kein Nahrungsmittel mehr nachgefragt; Einkommenselastizitäten der Nachfrage über +0,5 sind hier seltene Ausnahmen; oft sind sie nur dadurch bedingt, daß mit dem Produkt stark begehrte Dienstleistungen gekoppelt sind.

Während der Einfluß der ökonomischen Faktoren Einkommen und Preise auf die Nachfrage nach Nahrungsmitteln bei steigendem Wohlstand geringer wird, gewinnen andere, die Bedarfsstruktur stark mitbestimmende Einflüsse, wie die Vorstellungen vom Gesundheitswert, der Geschmack und die schon erwähnte Verbindung mit Dienstleistungen, gleichzeitig stark an Bedeutung. Bei manchen Produkten – so z.B. bei der Butter – haben Änderungen der Bedarfsstruktur bereits größeren Einfluß auf die Nachfrage als Einkommen und Preise. Die Zahl solcher Produkte nimmt mit steigendem Wohlstand zu.

Da aber nur die ökonomischen Faktoren quantifizierbar sind und statistisch erfaßt werden können, die anderen Einflußgrößen aber nicht, wird die Ermittlung von Nachfrageelastizitäten bei höherem allgemeinen Wohlstand immer schwieriger; denn der Einfluß eines Faktors auf die Nachfrage nach einem Gut kann nur von anderen Einflußfaktoren isoliert und quantifiziert werden, wenn alle wichtigen Einflußfaktoren quantifizierbar und auch tatsächlich quantifiziert, d.h. statistisch erfaßt sind. Mit der Schwierigkeit der Ermittlung von Nachfrageelastizitäten nimmt deren Zuverlässigkeit und somit auch ihre praktische Bedeutung ab.

1.6 Über die Bedeutung der Markttransparenz und des Verbraucherverhaltens für die Nachfrage nach Agrarprodukten

Nur wenn folgende drei Voraussetzungen gegeben sind, wird die Nachfrage nach Nahrungsmitteln durch die Konsumentenpreise nachhaltig beeinflußt:
– Preisänderungen müssen von den Käufern, bei Nahrungsmitteln also vor allem von den Hausfrauen, erkannt werden;
– sie müssen von den Käufern berücksichtigt werden;
– sie müssen auf breiter Basis, d.h. an möglichst vielen Orten und Verkaufsstellen, erfolgen.

Das Angebot an Nahrungsmitteln muß also zunächst für die Käufer »transparent« (durchsichtig, überschaubar) sein. Die einzelne Hausfrau muß jederzeit die Preise mehrerer Anbieter eines bestimmten Produktes kennen und sie vergleichen können. Vergleichen kann sie nur Preise, die für die gleiche Mengeneinheit und die gleiche Qualität gelten. Sie muß also über eine Warenkenntnis verfügen, die es ihr erlaubt, Qualitätsvergleiche anzustellen und Qualitätsunterschiede richtig zu bewerten. Diese Voraussetzungen sind aber in der Wirtschaftswirklichkeit kaum jemals vollständig erfüllt.

Nahrungsmittel werden von den Haushaltungen im allgemeinen fast täglich und in relativ kleinen Mengen eingekauft. Schon aus diesem Grunde ist es dem Käufer nicht möglich, vor jedem Kauf die Preise mehrerer Anbieter festzustellen und zu vergleichen. Solcher Zeitaufwand macht sich nur bei umfangreicheren Käufen, die in größeren Zeitabständen getätigt werden (wie z.B. bei der Anschaffung eines Anzuges, eines wertvollen Einrichtungsgegenstandes oder eines Kraftwagens), bezahlt. Lebensmittelkäufe sind dagegen meistens eine Routineangelegenheit; sie werden es um so mehr, je weniger Zeit die Hausfrauen wegen mangelnder Hilfskräfte im Haushalt oder wegen Erwerbstätigkeit auf den Einkauf verwenden können. Die Hausfrau ist dann praktisch gezwungen, die benötigten Dinge in den Geschäften in der Nähe ihrer Wohnung einzukaufen. Ist nicht gerade eine Markthalle, ein Wochenmarkt oder ein »shopping center« in näherer Umgebung, so ist die Zahl der erreichbaren Anbieter ohnehin sehr klein. Das gilt besonders für Waren, die noch großenteils in Spezialgeschäften angeboten werden, wie vor allem Frischfleisch, Backwaren, Milch, Gemüse und Obst. Preisvergleiche werden daher nur verhältnismäßig selten angestellt, nur dann nämlich, wenn sich der Preis eines Gutes plötzlich sehr stark ändert oder wenn der Käufer durch Werbung auf ein besonders preiswertes Angebot in erreichbarer Entfernung aufmerksam gemacht wird.

Bei nicht standardisierten Waren kann einen exakten Preisvergleich nur vornehmen, wer Qualitätsunterschiede erkennen und beurteilen kann. Für einen beträchtlichen Teil der Käufer trifft das sicher nicht oder nur mit erheblicher Einschränkung zu. Vermutlich ist der Anteil der Hausfrauen mit mangelhafter Warenkenntnis noch im Steigen begriffen, weil der beruflichen Ausbildung der weiblichen Jugend mehr und mehr der Vorrang vor der hauswirtschaftlichen Ausbildung eingeräumt wird und weil die jungen Frauen in den ersten Ehejahren vielfach noch beruflich tätig bleiben.

Die moderne Form des Angebots – vorverpackte Ware und vollständiges Lebensmittelsortiment im Selbstbedienungsladen – verbessert in mancher Hinsicht die Markttransparenz für den Käufer, mindert sie aber in anderer Hinsicht. Von Vorteil ist, daß der Käufer eine umfangreiche Auswahl von Waren vor sich hat und seine Kaufentscheidung treffen kann, ohne dem unmittelbaren Einfluß des Verkäufers ausgesetzt zu sein. Nachteilig wirkt sich vielfach die Verpackung aus; die Ware ist nicht sichtbar, und häufig gelten die angegebenen Preise für ungleiche Mengen. Offensichtlich erfolgt das Abpacken unterschiedlicher Mengen zum Teil in der Absicht, den Preisvergleich zu erschweren.
Zusammenfassend ist festzustellen, daß die Markttransparenz für einen erheblichen Teil der Letztkäufer von Nahrungsmitteln aus mehreren Gründen unzureichend ist. Wenn der Käufer die Qualität des Angebots nicht beurteilen kann, weil die Ware verpackt ist oder weil ihm die erforderliche Warenkenntnis fehlt, bevorzugt er oft das teuerste Angebot, in der Annahme, daß es das qualitativ beste sei. Diese bei vielen Kaufentscheidungen zu beobachtende Notlösung wird vielfach fälschlich als mangelndes Preisbewußtsein oder gar als Snobismus ausgelegt. Allerdings nimmt das Preisbewußtsein mit steigendem Wohlstand ab; vor allem bei den täglichen, meistens kleineren Einkäufen werden die Preise natürlich um so weniger beachtet, je größer die für den Konsumenten verfügbaren Mittel sind, was ja auch in dem Rückgang der Preiselastizität der Nachfrage bei zunehmendem Wohlstand mit zum Ausdruck kommt. Die Tatsache, daß preisgünstige Sonderangebote starke Zugkraft haben und daß sich besonders die erfolgreichen Kaufleute dieses Mittels bedienen, läßt jedoch darauf schließen, daß nach wie vor ein sehr großer Teil der Käufer bestrebt ist, seine Lebensmittel preiswert einzukaufen, durch mangelnde Markttransparenz aber behindert ist, dies folgerichtig zu tun.
Für die Landwirtschaft ist ungenügende Markttransparenz auf seiten der Konsumenten in mehrerer Hinsicht ungünstig. Ist der Markt für die Letztkäufer nicht transparent, so ist der Wettbewerb zwischen den Letztanbietern (Einzelhändlern) unvollkommen. Es bilden sich keine einheitlichen Preise an allen oder wenigstens an der Mehrzahl der Verkaufsstellen, denn die Anbieter können unterschiedliche Preise für gleichwertige Ware verlangen, wenn es die Käufer nicht zu kontrollieren vermögen. Notwendige Preisänderungen, insbesondere Preissenkungen, setzen sich nur träge durch. Die Konsumenten müssen für die Gesamtheit der gekauften Güter unter solchen Umständen mehr zahlen als bei ausreichender Transparenz. Wem diese Mehraufwendungen der Konsumenten zugute kommen, hängt von der Konstellation auf den vorgelagerten Märkten ab. Nur wenn die Anbieter auf diesen Märkten eine überlegene Stellung haben, wäre der Einzelhandel gezwungen, diese Mehraufwendungen der Konsumenten teilweise oder ganz weiterzugeben. Es spricht sehr wenig dafür, daß etwaige Mehraufwendungen der Konsumenten bis zu den Landwirten weitergegeben werden.
Mangelnde Übersicht der Konsumenten über das Angebot an Nahrungsmitteln und unzureichende Warenkenntnis erweitern also im allgemeinen die Spanne zwischen den Erzeugerpreisen und den Verbraucherpreisen (Vermarktungsspanne). Inwieweit sich dies in unangemessen hohen Gewinnen oder in unnötigen Kosten der Vermarktungsunternehmungen niederschlägt, hängt von den jeweiligen Verhältnissen ab und ist für den Landwirt von geringem Interesse. Eine höhere Vermarktungsspanne bedeutet höhere Konsumentenpreise und beeinträchtigt die Nachfrage, soweit sie preiselastisch ist.
Das ist jedoch nicht der einzige Nachteil überhöhter Vermarktungsspannen. Je höher die Spanne ist, um so geringer ist im allgemeinen die Elastizität der Nachfrage, wenn man sie auf den Erzeugerpreis bezieht; nur wenn die Spanne einen gleichbleibenden

Prozentsatz vom Preis ausmacht, ist die Elastizität in beiden Stufen gleich. Aber bei den meisten Agrarprodukten dürften die Vermarktungskosten je Einheit (Stückkosten) ziemlich konstant, insbesondere unabhängig von der Höhe des Preises sein[1]. Entspräche die Vermarktungsspanne stets den Vermarktungskosten, so wäre bei allen normalerweise in Betracht kommenden Preisen eines Produktes mit einer annähernd festen Stückspanne zu rechnen. Der Erzeugerpreis läge stets um den gleichen Betrag unter dem Verbraucherpreis. Die auf den Erzeugerpreis bezogene Nachfragekurve (Ne in Abb. 8, linke Seite) verliefe also unterhalb der auf den Verbraucherpreis bezogenen Nachfragekurve Nv, und zwar parallel zu ihr im Abstand der Distributionsspanne sp. Eine bestimmte Änderung der Angebotsmenge ($m_2 - m_1$ in Abb. 8, links) würde also eine gleiche absolute Änderung beim Erzeugerpreis und beim Verbraucherpreis hervorrufen ($p_{v1} - p_{v2} = p_{e1} - p_{e2}$). Die relative Änderung des Erzeugerpreises ist infolgedessen erheblich stärker als die des Verbraucherpreises, und zwar ist sie um so größer, je niedriger der Erzeugerpreis im Verhältnis zum Verbraucherpreis ist, das heißt: je höher der Anteil der Vermarktungsspanne am Endpreis ist. Mit dem Anteil der Vermarktungsspanne sinkt mithin die Preiselastizität und steigt die Preisflexibilität, bezogen auf den Erzeugerpreis. Angebots- und Nachfrageschwankungen wirken sich also um so stärker auf den Erzeugerpreis aus, je höher der Anteil der Vermarktungsspanne am Endpreis ist; das Preisrisiko der Produzenten wird größer.

Ist der Wettbewerb im Bereich der Vermarktung wegen unzureichender Markttransparenz für die Konsumenten oder aus anderen Gründen mangelhaft, so können die Vermarktungsunternehmungen überdies die Konsumentenpreise auf einem hohen Niveau mehr oder weniger stabilisieren und durch Angebots- oder Nachfrageänderungen bedingte Schwankungen der Produzentenpreise ganz oder teilweise in der Spanne auffangen. Die Spanne steigt dann also mit sinkendem Preis nicht nur relativ, sondern auch absolut; bei steigendem Preis wird sie absolut kleiner (vgl. Abb. 8, rechte Seite). Bei solchem Verhalten der Vermarktungsunternehmungen schwankt der Erzeugerpreis auch

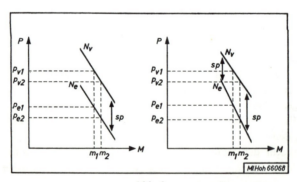

Abb. 8

[1]) Die direkt preisabhängigen Kosten sind meistens von geringer Bedeutung. Bei der im allgemeinen geringen Preiselastizität der Nachfrage nach Argrarprodukten ändert sich die Umsatzmenge relativ schwächer als der Preis. Mithin ändern sich auch die Stückkosten infolge unterschiedlicher Aufteilung der Festkosten auf die einzelnen Waren des Sortiments schwächer als der Preis. Außerdem handelt es sich in der Vermarktung von Erzeugnissen mit großen Saisonschwankungen der Mengen überwiegend um Mehrprodukte-Unternehmen, die ihre Festkosten größtenteils auf die gesamte, in ihrer Zusammensetzung zwar wechselnde, in ihrem Volumen aber weitgehend ausgeglichene Umsatzmenge umlegen können.

absolut stärker als der Verbraucherpreis. Das Preisrisiko der Produzenten wird stark erhöht.
Es liegt mithin im Interesse der Landwirtschaft, daß der Markt für die Konsumenten ihrer Erzeugnisse transparent ist. Leider hat sie aber nur einen sehr geringen Einfluß darauf.

1.7 Die Entwicklung der Gesamtnachfrage nach Agrarprodukten in der Bundesrepublik Deutschland und ihre Triebkräfte

Als wichtigste Bestimmungsgründe der Nachfrage nach Agrarprodukten sind genannt worden:
- die Bevölkerungszahl,
- die Bedarfsstruktur der Bevölkerung,
- das Einkommen der Verbraucher (die Konsumsumme),
- die Nahrungsmittelpreise.

Die Entwicklung dieser vier Faktoren soll nunmehr im einzelnen betrachtet werden, um ihren Einfluß auf die Nachfrage in Vergangenheit, Gegenwart und Zukunft übersehen zu können.

1.7.1 Bevölkerungsentwicklung

In der Bundesrepublik Deutschland (einschl. West-Berlin) lebten 1970 60,7 Mill. Menschen; das sind 10,5 Mill. mehr als 1950. Die Zahl der potentiellen Nachfrager nach Agrarprodukten hat also in der jüngsten Vergangenheit beträchtlich zugenommen. Die durchschnittliche jährliche Zuwachsrate zwischen 1950 und 1970 betrug 1%. Zwischen den beiden Weltkriegen (1922 bis 1938) betrug die jährliche Wachstumsrate der Bevölkerung im Deutschen Reich (Gebietsstand von 1937) nur 0,6%. In den letzten 20 Jahren vor dem 1. Weltkrieg (1894 bis 1914) war sie mit 1,4% allerdings noch größer als zwischen 1950 und 1970, und in den 20 Jahren nach der Reichsgründung (1874 bis Anfang der 90er Jahre) war sie etwa ebensogroß.
Die verhältnismäßig starke Bevölkerungszunahme nach dem 2. Weltkrieg beruhte allerdings nur zu 58% auf dem Überschuß der Geburten über die Sterbefälle, also auf natürlichem Bevölkerungswachstum. Mehr als 40% der Bevölkerungszunahme sind auf Wanderungsgewinn zurückzuführen, während vor dem 1. Weltkrieg und zwischen beiden Weltkriegen Wanderungsverluste zu verzeichnen waren, die allerdings nur vor der Jahrhundertwende größeres Ausmaß erreichten. Der hohe Wanderungsgewinn von jährlich etwa 225000 Personen im Durchschnitt der 20 Jahre zwischen 1950 und 1970 hatte wechselnde Ursachen. Bis 1960 spielte die Zuwanderung aus der sowjetisch besetzten Zone die ausschlaggebende Rolle. Aber schon Ende der 50er Jahre begann die Einwanderung von Gastarbeitern – vorwiegend aus südeuropäischen Ländern – zu steigen; seit Errichtung der Berliner Mauer im Jahre 1961 war sie für den hohen Wanderungsgewinn entscheidend.
Für die Beurteilung der weiteren Entwicklung der Bevölkerungszahl ist zunächst wichtig, daß die Zahl der Geburten und damit der Geburtenüberschuß seit Ende der 60er Jahre stark zurückgegangen ist. 1972 waren erstmals mehr Sterbefälle als Lebendgeburten zu verzeichnen. Wenn die altersspezifische Geburtenhäufigkeit unverändert wie im Jahre

1972 bliebe, so würde in dem Jahrzehnt zwischen 1970 und 1980 nach Berechnungen des Statistischen Bundesamtes[1]) kein natürliches Bevölkerungswachstum mehr zu verzeichnen sein, sondern die Bevölkerung würde ohne Zuwanderung von außen um mehr als 200 000 abnehmen. Nach der Entwicklung im Jahre 1973 ist jedoch ein weiterer Rückgang der altersspezifischen Geburtenhäufigkeit wahrscheinlich, sodaß die Zahl der Sterbefälle in den 70er Jahren die der Geburten um weit mehr als 200 000, möglicherweise um ein Mehrfaches dieser Zahl, übersteigen wird. Ob die Bevölkerung zunimmt oder abnimmt, hängt somit voraussichtlich allein von der Außenwanderungsbilanz ab. Daß sich der Wanderungsgewinn in dem bisherigen Umfang auf längere Sicht fortsetzt, ist ungewiß und nicht sehr wahrscheinlich. Unter anderem hängt das von der wirtschaftlichen Entwicklung in der BR Deutschland und in den anderen europäischen Ländern sowie vor allem in den Heimatländern der Gastarbeiter ab. Es ist also nicht zu erwarten, daß sich die relative Bevölkerungszunahme im bisherigen Tempo fortsetzt. Die Jahreszuwachsraten dürften in der übersehbaren Zeit erheblich kleiner sein als 1% wie im Durchschnitt der 50er und 60er Jahre. Vermutlich werden sie im Durchschnitt der 70er Jahre zwischen 0 und 0,4% liegen. Die Nachfrage nach Agrarprodukten erhält also in den 70er Jahren erheblich schwächere Impulse durch Bevölkerungszunahme als in den 50er und 60er Jahren.

1.7.2 Bedarfsstruktur

Der Umfang des Nährstoffbedarfs der Bevölkerung – in Kalorien und Eiweiß ausgedrückt – wird weitgehend, jedoch nicht allein von objektiven, z. T. meßbaren Tatbeständen bestimmt; mit welchen Nahrungsmitteln der Nährstoffbedarf befriedigt wird, unterliegt dagegen weitgehend der subjektiven Entscheidung.
Die Höhe des Nährstoffbedarfs ist individuell sehr verschieden. Sie hängt hauptsächlich vom Körpergewicht, vom Alter und von der körperlichen und geistigen Beanspruchung der Menschen ab. Ein körperlich schwer arbeitender Mann braucht fast doppelt soviel Nährstoffe wie ein Erwachsener mit sitzender Arbeitsweise, und vier- bis fünfmal soviel wie ein Kind im ersten Lebensjahr. Kinder, also noch im Wachstum befindliche Menschen, brauchen relativ mehr Eiweiß in der Nahrung als Erwachsene.
Der durchschnittliche Nährstoffbedarf je Kopf der Bevölkerung wird also vom Altersaufbau des Volkes sowie vom Umfang und der Art der Erwerbstätigkeit beeinflußt. Bei normaler Verteilung der Bevölkerung auf die beiden Geschlechter ist er um so höher
– je größer der Anteil der im erwerbsfähigen Alter stehenden Personen an der Gesamtbevölkerung ist und
– je stärker die Inanspruchnahme der Erwerbstätigen, und zwar hauptsächlich die physische Inanspruchnahme, ist.
Der Anteil der 15- bis 65jährigen an der Bevölkerung des Deutschen Reiches lag vor dem 1. Weltkrieg bei etwa 60%. Er stieg zwischen den beiden Weltkriegen infolge des Rückgangs der Geburtenhäufigkeit und des Anteils der unter 15jährigen bis auf 69% (vgl. Übersicht 5). In den 50er Jahren lag er im Bundesgebiet bei 67% und ging in den 60er Jahren auf weniger als 64% zurück.

---

[1]) W. Linke und G.-R. Rückert, Modelle zur voraussichtlichen Bevölkerungsentwicklung bis 1985. Wirtschaft und Statistik 2/1973, S. 82ff und 6/1973, S. 341ff.

Übersicht 5
Änderungen im Altersaufbau der Bevölkerung des Deutschen Reichs und der Bundesrepublik Deutschland[1])

Jahr	von der Gesamtbevölkerung stehen ... % im Alter von		
	unter 15 Jahren	15 bis unter 65 Jahren	65 Jahren und darüber
1871	34,4	61,0	4,6
1890	35,1	59,8	5,1
1910	34,2	60,8	5,0
1925	25,8	68,5	5,8
1939	23,3	68,9	7,8
1950	23,3	67,3	9,2
1961	21,7	67,2	11,1
1970	23,2	63,6	13,2
1970	24,5[3])	62,3[4])	13,2
1980[2])	21[3])	64[4])	15

[1]) Ab 1950 Bundesgebiet, vorher jeweiliges Gebiet des Deutschen Reichs. — [2]) Vorausberechnung des Statistischen Bundesamtes (ohne Berücksichtigung eines Wanderungsgewinns). — [3]) Unter 16 Jahre. — [4]) 16 bis unter 65 Jahre.

Quelle: Statistisches Jahrbuch für das Deutsche Reich 1937. Berlin 1937; Statistisches Jahrbuch für die Bundesrepublik Deutschland. Stuttgart, Köln; Wirtschaft und Statistik 1973, S. 344.

Übersicht 6
Kalorien- und Nährwertgehalt des Nahrungsverbrauchs im Deutschen Reich und in der Bundesrepublik Deutschland je Kopf und Tag

Jahr	Kalorien	Eiweiß (g)		Reinfett (g)	Kohlenhydrate (g)
		insgesamt	tierischer Herkunft		
Deutsches Reich[1])					
1909/13	2951	.	.	.	.
1924	2730	.	.	.	.
1928	3014	.	.	.	.
1932	2853	.	.	.	.
1934/36	2902	75	42	97	397
Bundesrepublik Deutschland[2])					
1935/38	3068	86,6	44,3	112,1	436,7
1950/51	2884	78,2	37,6	103,2	420,0
1955/56	3011	80,1	44,4	122,0	399,5
1960/61	2983	80,3	48,3	126,7	382,8
1965/66	2917	80,1	51,0	130,5	357,4
1970/71	3022	83,0	55,0	141,9	354,0
1972/73	2980	82,5	54,9	139,5	349,9

[1]) Nach H. VON DER DECKEN: Entwicklung der Selbstversorgung Deutschlands mit landwirtschaftlichen Erzeugnissen. Berichte über Landwirtschaft *138*. Sonderheft. Berlin 1938. — [2]) Statistisches Jahrbuch über Ernährung, Landwirtschaft und Forsten 1965. Statistischer Monatsbericht 12/73.

Relativ noch stärker ist die Erwerbsquote – d.i. der Anteil der Erwerbspersonen an der Bevölkerung – zurückgegangen, nämlich von 47,7% auf 43,9%. In den 70er Jahren ist jedoch keine so große Veränderung zu erwarten.

Die körperliche Inanspruchnahme der Erwerbstätigen ist laufend zurückgegangen und dürfte auch weiterhin abnehmen, denn in allen Wirtschaftsbereichen werden die Menschen durch den Einsatz von mechanischer Energie und Maschinen mehr und mehr von körperlicher Arbeit entlastet. Gleichzeitig wachsen aber die Ansprüche an die geistige Leistungsfähigkeit und an die Konzentrationsfähigkeit der Erwerbstätigen.

Über die Versorgung der Bevölkerung der Bundesrepublik Deutschland mit Nährstoffen unterrichten die Übersichten 6 und 7.

Übersicht 7

Soll-Zufuhr (Bedarf) und Ist-Zufuhr (Verbrauch) an Energie und Nährstoffen in der Bundesrepublik Deutschland um 1970 je Kopf und Tag

Energie, Nährstoffe	Einheit	Soll-Zufuhr[1])	Ist-Zufuhr[2])	Ist in % des Soll
Energie	cal	2 660	3 022	114
Eiweiß insgesamt	g	77	83,0	108
Eiweiß, tierisch	g	40	55,0	138
Fett	g	80	141,9	177
Kohlenhydrate	g	395	354,0	90

[1]) Deutsche Gesellschaft für Ernährung. Ernährungsbericht 1972. S. 53. Alle Werte sind auf der Basis der eingekauften Rohware (Verbraucherstufe) berechnet, schließen also die Verluste im Haushalt mit ein. — [2]) Vgl. Übersicht 6.

Es ist nicht anzunehmen, daß der durchschnittliche Verzehr an Nahrungsenergie den physiologischen Bedarf wesentlich überschreiten wird, weil dies bei den meisten Menschen zu einer den Gesundheitsvorstellungen und dem Schönheitsideal unserer Zeit widersprechenden und daher gefürchteten Verfettung führt. Möglicherweise steigen aber die Verluste (der Anteil des Abfalls) bei wachsendem Wohlstand, so daß der Kaloriengehalt der verbrauchten (gekauften) Nahrung schwächer zurückgeht als der Bedarf und der tatsächliche Verzehr; es ist auch denkbar, daß der Verbrauch aus diesem Grund überhaupt nicht weiter abnimmt und vielleicht sogar leicht steigt. Hiernach ist der Bedarf an Nahrungsenergie bei einem Verbrauch von 2 900 bis 3 000 Kalorien je Kopf und Tag, wie er seit 1950 zu verzeichnen ist, reichlich gedeckt.

Die Ergebnisse einer Projektion der Nachfrage nach den einzelnen wichtigen Nahrungsmitteln[1]) lassen keine wesentliche Änderung des Kaloriengehaltes des Nahrungsverbrauchs je Kopf in den 70er Jahren erwarten, wohl aber einen fortschreitenden Wandel in der Zusammensetzung der Nahrung und somit der Quellen der Nahrungsenergie (vgl. Abb. 9).

Der physiologische Bedarf an Eiweiß ist ebenfalls voll gedeckt. Der Verbrauch hat sich zunehmend von pflanzlichem zu tierischem Eiweiß verlagert (vgl. Abb. 10). Obwohl die Aufnahme von hochwertigem Eiweiß tierischer Herkunft bereits größer ist als der phy-

[1]) R. Plate und G. Neidlinger, Agrarmärkte und Landwirtschaft im Strukturwandel der 70er Jahre. Analyse und Projektion für die Bundesrepublik Deutschland. Hiltrup 1971.

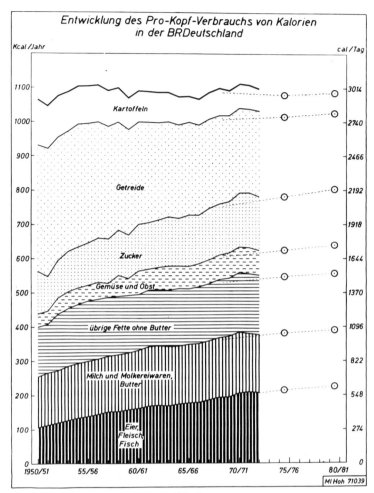

Abb. 9

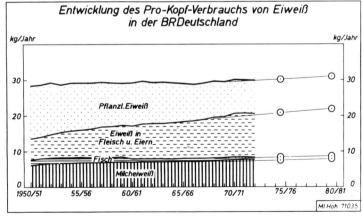

Abb. 10

siologische Bedarf, dürfte der Verbrauch doch noch weiter zunehmen. Der Verbrauch von tierischem Eiweiß ist allein in Form von Fleisch und Eiern, dagegen nicht in Form von Milcherzeugnissen und Fisch gestiegen, wie Abb. 10 zeigt. Fleisch genießt offensichtlich eine hohe Präferenz bei den Konsumenten, und der Verzehr von tierischem Eiweiß über den physiologischen Bedarf hinaus wird vorerst nicht durch Rücksicht auf Aussehen und Gesundheit begrenzt.

Dem Fleisch ein- und aufgelagert sind jedoch erhebliche Mengen Fett. Mit dem Fleischverbrauch ist infolgedessen auch der Fettverbrauch in »unsichtbarer« Form kräftig gestiegen, wie Abb. 11 zeigt. Der Je-Kopf-Verbrauch von Fett in allen anderen Formen zusammengenommen stagniert seit Mitte der 50er Jahre, wobei der Butterverbrauch bis in die erste Hälfte der 60er Jahre auf Kosten des Margarineverbrauchs leicht ausgeweitet worden ist. Der Fettverzehr insgesamt übersteigt bereits erheblich den physiologischen Bedarf. Da Fett sehr energiereich ist und die Aufnahme von Nahrungsenergie durch den physiologischen Bedarf begrenzt wird, ist der Verzehr von Kohlenhydraten stark eingeschränkt worden (vgl. Abb. 12). Der hohe Fettverzehr beginnt aber bereits Furcht vor Gesundheitsschäden auszulösen, und es wird zunehmend schwieriger, den Verzehr von Kohlenhydraten weiter einzuschränken, da dies dem körperlichen Wohlbefinden abträglich ist und er bereits beträchtlich unter dem »Soll« liegt. Hieraus ergibt sich der Wunsch der Konsumenten sowohl nach fettarmem Fleisch als auch nach Ersatz der kohlenhydratreichen pflanzlichen Nahrungsmittel (vor allem Zerealien in allen Formen sowie Kartoffeln) durch nährstoffarme, aber vitaminreiche Gemüse- und Obstarten. Das Bestreben, die Aufnahme von »sichtbaren« Fetten zugunsten des Verzehrs von dem in Fleisch und Eiern enthaltenen »unsichtbaren« Fett einzuschränken, ist bereits deutlich erkennbar und dürfte sich in den 70er Jahren stärker durchsetzen.

Die wichtigsten Ergebnisse der bisherigen Überlegungen über die Bedarfsstruktur können wie folgt zusammengefaßt werden:

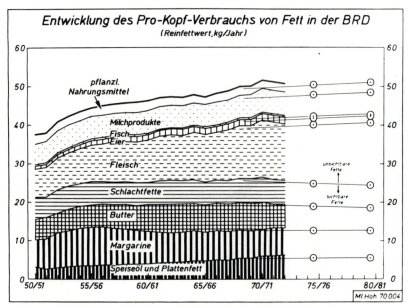

Abb. 11

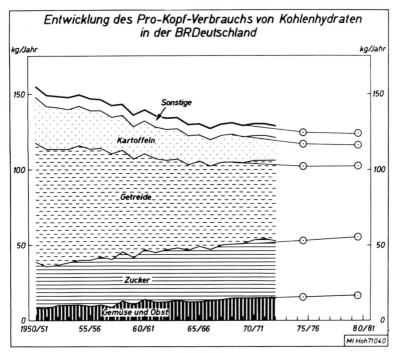

Abb. 12

Der physiologische Bedarf an Nahrungsenergie (Kalorien) ist in der BR Deutschland gedeckt. Im Hinblick auf die zu erwartende Entwicklung der Inanspruchnahme der Bevölkerung durch Erwerbstätigkeit ist mit einem langsamen Rückgang dieses Bedarfs je Kopf der Bevölkerung zu rechnen. Aus gesundheitlichen und ästhetischen Gründen wird die Aufnahme von Nahrungsenergie den physiologischen Bedarf nicht wesentlich überschreiten. Dagegen ist es denkbar, daß der Kaloriengehalt der nachgefragten (gekauften) Nahrungsmittel etwas höher bleiben wird als der physiologische Bedarf, weil mit zunehmendem Wohlstand der Anteil des »Abfalls« wächst.

Der physiologische Bedarf an Eiweiß insgesamt ist ebenfalls gedeckt. Der Anteil des Eiweißes tierischer Herkunft übersteigt den physiologischen Bedarf jedoch schon beträchtlich. Er ist offensichtlich weiter im Steigen, vor allem weil der Fleischverzehr eine hohe Präferenz genießt und die Aufnahme von tierischem Eiweiß über den physiologischen Bedarf hinaus vorerst nicht – wie die Aufnahme von Nahrungsenergie – durch gesundheitliche und ästhetische Rücksichten gehemmt wird.

Der Verzehr von Fett ist bereits erheblich höher als der physiologische Bedarf. Trotzdem hat er offensichtlich weiter steigende Tendenz, weil mit zunehmendem Fleischgenuß zwangsläufig auch die Aufnahme von Fett zunimmt. Durch den Versuch, die Energieaufnahme in den Grenzen des physiologischen Bedarfs zu halten, steigen die mageren Fleischarten und -teile in der Präferenzskala der Konsumenten, während die fettreichen sinken. Außerdem wird der Ausgleich des Energiehaushalts des Körpers durch verminderten Verzehr von Kohlenhydraten angestrebt. Das bedeutet ein Absinken der kohlenhydratreichen pflanzlichen Nahrungsmittel (vor allem Zerealien, Kartoffeln) und ein Aufsteigen der nährstoffarmen, vitaminreichen pflanzlichen Nahrungsmittel (Gemüse,

Obst) in der Präferenzskala der Konsumenten. Auf weitere Sicht wird der Ausgleich des Energiehaushaltes vermutlich auch stärker in der Senkung des Verzehrs an »sichtbaren« Fetten, der schon seit Mitte der 50er Jahre stagniert (vgl. Abb. 11), gesucht werden. Diese Tendenz ist bei den oberen Einkommensschichten schon deutlich erkennbar. Unter den drei Gruppen von »sichtbaren« Fetten – nämlich Butter, Pflanzenfette (die überwiegend in Form von Margarine angeboten und nachgefragt werden) und Schlachtfette – hat die Butter bis 1963 eindeutig eine Präferenz genossen. Seither ist sie jedoch in der Bedürfnisskala erheblich gesunken. Sie wird daher von der Tendenz zur Einschränkung des Verbrauchs an »sichtbaren« Fetten stark betroffen. Die andere Komponente der Milch, das Milcheiweiß (in seinen verschiedenen Verwendungsformen zusammengenommen), steht ohnehin nicht hoch in der Präferenzskala der Verbraucher.

Aus diesen Überlegungen ergibt sich die Rangfolge der großen Nahrungsmittelgruppen in der Bedarfsstruktur (Präferenzskala) der Konsumenten in der BR Deutschland:

Fleisch;
Gemüse und Obst;
Milch und Milcherzeugnisse, auch Eier;
kalorienreiche pflanzliche Produkte.

Jede dieser Gruppen umfaßt zahlreiche Einzelprodukte, die sich nach Nährwert, Geschmack und Qualität stark unterscheiden. Die Stellung der einzelnen Produkte in der Präferenzskala ist daher weit gestreut. So besteht z. B. für mageres Bratfleisch vom Rind eine hohe Präferenz, während fettes Schweinefleisch erheblich weniger begehrt ist. In der zweiten Gruppe haben bestimmte Feingemüsearten und Tafelobst eine Vorzugsstellung in der Bedarfsstruktur, während Grobgemüse und Wirtschaftsobst weit unten in der Bedarfsskala, auf ähnlich niedriger Stufe wie die kalorienreichen pflanzlichen Nahrungsmittel stehen.

1.7.3 Verbrauchereinkommen und Nahrungsmittelpreise

In welchem Umfang die Haushaltungen ihren Bedarf befriedigen können, hängt – wie schon grundsätzlich dargelegt wurde – von ihren Einkommen und von den Güterpreisen ab. Das gilt natürlich auch für den Bedarf an Nahrungsmitteln. Der physiologische Bedarf, also die Nährstoffmenge, die zur Erhaltung der Gesundheit und der Leistungsfähigkeit benötigt wird, ist bei dem in der BR Deutschland erreichten Volkswohlstand voll gedeckt, doch läßt er sich in sehr verschiedener Weise befriedigen; dabei ist es wichtig zu wissen, daß der Preis der Nährstoffeinheit in den einzelnen Nahrungsmitteln sehr unterschiedlich ist. Wie bereits dargelegt wurde, besteht darüber hinaus die Möglichkeit, die verschiedenen Nährstoffe bis zu einem gewissen Grade auch abweichend vom physiologischen Bedarf zu kombinieren, ohne daß dadurch Ernährungsschäden eintreten.

Der Bedarf an Nahrungsenergie kann verhältnismäßig billig durch Zerealien (Mehl, Mischbrot), durch Zucker sowie durch Pflanzen- und Schlachtfette (Margarine, Plattenfett, Öl, Schmalz) gedeckt werden. 1000 Kalorien kosteten 1972 in Form dieser Nahrungsmittel nur 0,30 bis 0,50 DM. In der Speisekartoffel kosteten 1000 Kalorien fast 0,70 DM. In Form der beiden wichtigsten Milcherzeugnisse – Butter und Trinkmilch – kosteten 1000 Kalorien 1,10 bis 1,35 DM. Wer die Milch als Joghurt in Kleinpackungen kaufte, mußte allerdings schon über 3,50 DM für 1000 Kalorien ausgeben, d.i. mehr als bei Eiern (2,40 DM) und Brathuhn (3,00 DM) und etwa ebensoviel wie bei Bratenfleisch vom Schwein. In den teuersten Fleischarten (Rinderfilet und Kalbskeule) kosteten 1000 Kalorien etwa 11,50 DM, also das 20- bis 30fache wie in den billigsten Formen.

Ähnlich weit gestreut sind die Möglichkeiten zur Deckung des Eiweißbedarfs in der Nahrung. Schon die billigen Kalorienträger Brot und Kartoffeln enthalten verhältnismäßig viel wertvolles pflanzliches Eiweiß. Bewertet man den Kaloriengehalt mit den Kosten der Kalorie in den billigsten Energieträgern (Brot, Zucker und Margarine) und bezieht den Rest des Preises auf das Eiweiß, so ergibt sich für 100g tierisches Eiweiß in Form von Magerquark ein Preis von 1,15 DM. In der Trinkmilch und im Schnittkäse (z.B. Edamer) kosteten 100g Milcheiweiß 1972 2,40 bis 2,70 DM, in Form von Joghurt dagegen etwa 6,60 DM. Preiswert war tierisches Eiweiß auch in Form von Eiern und Brathuhn (3,10 bis 3,20 DM/100g), erheblich teurer dagegen als Bratfleisch vom Rind und Schwein (7,60 bis 8,20 DM) und besonders vom Kalb (etwa 10,40 DM/100g).

Schon diese wenigen Angaben lassen erkennen, daß man den physiologisch notwendigen Nährstoffbedarf bei den gegebenen Preisen mit sehr unterschiedlichem Aufwand decken kann, selbst wenn man berücksichtigt, daß die Ernährung auch abwechslungsreich sein muß, um Appetit und Leistungsfähigkeit zu erhalten. Dementsprechend bewegen sich die Entscheidungsmöglichkeiten der Konsumenten in weiten Grenzen. Von dieser Entscheidungsmöglichkeit machen die Haushaltungen Gebrauch, indem sie die Ernährungsweise ihrem Einkommen und den Preisverhältnissen nach Maßgabe ihrer Präferenzskala anpassen. Bei steigenden Einkommen erhöhen sich ceteris paribus ihre Aufwendungen für die Ernährung und umgekehrt, obwohl sich die aufgenommene Nährstoffmenge nicht wesentlich ändert. Es werden nur billigere Nährstoffe durch teurere ersetzt und umgekehrt. Entsprechendes gilt für den Fall von Preisänderungen bei Nahrungsmitteln. Bei steigenden Nahrungsmittelpreisen wird man, Konstanz der sonstigen Bedingungen vorausgesetzt, auf billigere Nährstoffträger ausweichen, bei sinkenden Nahrungsmittelpreisen zu teureren Nährstoffträgern übergehen, soweit diese stärker begehrt werden.

Für die Landwirtschaft ist dies von entscheidender Bedeutung, weil davon die Nachfrage nach ihren Leistungen betroffen wird. Bei den stärker begehrten, teureren Nährstoffträgern handelt es sich einerseits um tierische Veredelungserzeugnisse, andererseits um verhältnismäßig nährstoffarme Sonderkulturerzeugnisse. Bei der Erzeugung von Viehprodukten entstehen erhebliche Veredelungsverluste an Nährstoffen, wie Abb. 13 zeigt. Von den im Futter enthaltenen Energie- und Eiweißmengen erscheinen nach SCHÜRCH im Endprodukt nur folgende Anteile wieder:

	Kalorien %	*Eiweiß* %
bei der Milchproduktion	27–36	37–43
bei der Schweineproduktion	30	20
bei der Eierproduktion	12–19	30–42
bei der Schlachtrinderproduktion	11	10
bei der Schlachtgeflügelproduktion	6	26

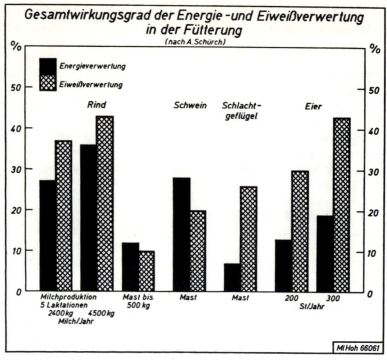

Abb. 13¹)

Der Wirkungsgrad der Energie- und Eiweißverwertung ist also von Tierart zu Tierart unterschiedlich, durchweg aber sehr gering. Allerdings müssen einige Einschränkungen gemacht werden; bei den Futtermitteln handelt es sich nur zum Teil um Produkte, die auch für die menschliche Ernährung unmittelbar verwendet werden könnten; bei der Milch- und Schlachtrinderproduktion werden überwiegend »absolute«, d. h. für die menschliche Ernährung ungeeignete Futtermittel eingesetzt. Weiter ist zu berücksichtigen, daß das tierische Eiweiß physiologisch höherwertig ist als das im Futter enthaltene pflanzliche Eiweiß, und daß tierisches Eiweiß für die menschliche Ernährung in bestimmtem Umfang erforderlich ist. Von Veredelungsverlusten kann daher nur gesprochen werden, soweit Futtermittel, die auch der Direkternährung der Menschen dienen könnten, zur Erzeugung von tierischen Nahrungsmitteln verwendet werden, und soweit Eiweiß tierischer Herkunft über den physiologischen Bedarf hinaus verzehrt wird.
Neben den Veredelungsverlusten ist der erhebliche Aufwand an Arbeit und Kapital zu berücksichtigen, der bei der Umwandlung von Bodenprodukten in Viehprodukte erfor-

---

¹) Nach persönlicher Mitteilung von Herrn Professor Dr. A. SCHÜRCH. Vgl. auch A. SCHÜRCH: Über den Wirkungsgrad der Stoff- und Energieumwandlung durch das landwirtschaftliche Nutztier. Schweizerische Landwirtschaftliche Monatshefte, Nr. 42, Bern 1964.

derlich ist. Werden in der menschlichen Ernährung Nährstoffe pflanzlicher Herkunft durch solche tierischer Herkunft ersetzt, so steigt also die Nachfrage nach den Leistungen aller drei in der Landwirtschaft eingesetzten Produktionsfaktoren – Boden, Arbeit und Kapital. Das gleiche ist der Fall beim Übergang vom Verzehr energiereicher pflanzlicher Nahrungsmittel (Zerealien, Kartoffeln) zum Verzehr energiearmer Gemüse- und Obstarten; denn bei Gemüse beträgt der Ertrag an Nahrungsenergie (Kalorien) je Flächeneinheit nur etwa zwei Fünftel bis ein Viertel des Nährstoffertrages von Getreide und Kartoffeln. Außerdem ist der Aufwand an Arbeit und Kapital je Flächeneinheit und je erzeugte Kalorie im Gemüsebau erheblich größer als im Getreidebau.

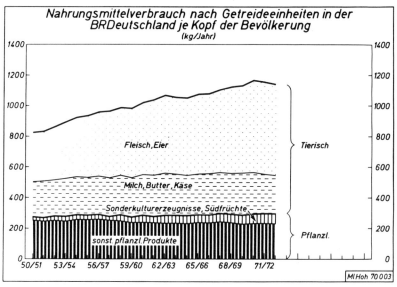

Abb. 14

In Abb. 14 ist dargestellt, wie sich der durchschnittliche Nahrungsverbrauch – in Getreideeinheiten ausgedrückt – je Kopf der Bevölkerung zwischen 1950/51 und 1972/73 entwickelt hat. Die Getreideeinheit (GE) ist ein ungefähres Maß für die Bodenleistung, die in den einzelnen Produkten enthalten ist. Das Schaubild zeigt also lediglich, wie der Je-Kopf-Verbrauch an Bodenprodukten, ausgedrückt in Getreidewert, bei praktisch unverändertem Energiegehalt des Nahrungsverbrauchs (vgl. Abb. 9) durch Änderung der Ernährungsweise gestiegen ist. Der erhöhte Aufwand an Arbeit und Kapital, der durch den Veredelungsprozeß und durch den vermehrten Verbrauch von energiearmen Sonderkulturerzeugnissen entsteht, kommt dabei nicht zum Ausdruck. Der Je-Kopf-Verbrauch ist von rd. 824 kg GE im Jahre 1950/51 auf 1143 kg GE im Jahre 1972/73 gestiegen. Der Verbrauch von Bodenprodukten – in Getreidewert ausgedrückt – war also 1972/73 je Kopf der Bevölkerung fast 40% höher als 1950/51. Die Verbrauchszunahme ist praktisch allein in Form von Viehprodukten, und zwar in Form von Fleisch und Eiern, erfolgt. Der Verbrauch in Form pflanzlicher Nahrungsmittel ist nahezu unverändert geblieben, wobei allerdings eine Verlagerung von den energiereichen Nahrungsmitteln (Zerealien, Kartoffeln, Zucker, Fetten) zu den energiearmen Sonderkulturerzeugnissen (einschließlich Südfrüchten) erfolgte.

Nun sind freilich der Verbesserung der Ernährung Grenzen gesetzt. Auch das Bedürfnis nach den begehrten, zunächst also noch hoch in der Präferenzskala stehenden Nahrungsmitteln, wird mit steigenden Einkommen der Konsumenten mehr und mehr gesättigt. Der Wunsch nach weiterer Verbesserung der Ernährung verliert an Dringlichkeit und tritt in der Rangfolge hinter andere Bedürfnisse zurück. Die Aufwendungen für Nahrungsmittel erhöhen sich infolgedessen nicht so stark wie die Einkommen; der Anteil der Nahrungsmittelausgaben an der Konsumsumme sinkt mit steigendem Einkommen. Diese Tatsache ist schon seit etwa 100 Jahren als *Engelsches Gesetz* bekannt (benannt nach dem Statistiker ERNST ENGEL). Inwieweit dieses »Gesetz« auch heute noch Gültigkeit hat, zeigt Abb. 15. Hierbei ist zu beachten, daß die Aufwendungen für Nahrungs- und Genußmittel zusammengefaßt dargestellt sind. Die Aufwendungen für Nahrungsmittel allein, die leider nicht gesondert ausgewiesen werden, sind noch schwächer gestiegen, und ihr Anteil an den Gesamtaufwendungen ist noch stärker gesunken als die für Nahrungs- und Genußmittel zusammen.

Dort ist dargestellt, wie sich die Käufe der inländischen privaten Haushalte, getrennt nach 5 Gütergruppen, in der Zeit von 1950 bis 1971 entwickelt haben. Es handelt sich um Realwerte, ausgedrückt in DM mit Kaufkraft von 1962[1]). Der Jahresbetrag der Gesamtaufwendungen ist von 1677 DM im Jahre 1950 auf 5049 DM im Jahre 1971, also um

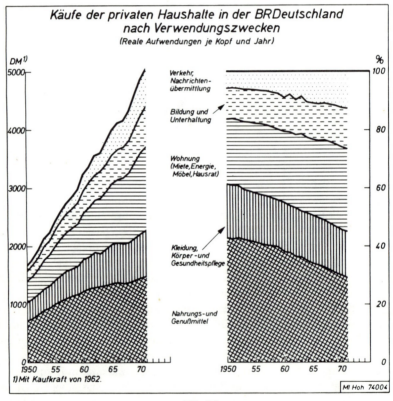

Abb. 15

[1]) Die Nominalwerte wurden mit dem Preisindex der Lebenshaltung mit Basis 1962 deflationiert.

201 % gestiegen. Die Ausgaben für Nahrungs- und Genußmittel wurden dabei von 720 DM auf 1477 DM, also um 105%, erhöht; ihr Anteil an der Konsumsumme ist von 43% auf 29% zurückgegangen. Die Aufwendungen für Nahrungsmittel allein (ohne Genußmittel), die leider nicht gesondert ausgewiesen werden, sind ohne Frage noch schwächer gestiegen, und ihr Anteil an den Gesamtaufwendungen ist stärker zurückgegangen. Weiter ist zu berücksichtigen, daß die von den Haushaltungen gekauften Nahrungsmittel im Laufe der betrachteten Zeit zunehmend komplementäre Leistungen (höhere Stufe der Zubereitung, bessere Aufmachung usw.) enthielten. Die Aufwendungen für die Leistungen der Landwirtschaft allein (also ohne die komplementären Distributionsleistungen) sind also noch schwächer gestiegen.

Das *Engelsche Gesetz* besagt im Grunde genommen nichts anderes, als daß die Einkommenselastizität der Nachfrage nach sämtlichen Nahrungsmitteln zusammengenommen kleiner als $+1$ ist. Ceteris paribus wird die Einkommenselastizität mit wachsendem Wohlstand und mit infolgedessen zunehmender Befriedigung des Bedürfnisses nach Verbesserung der Ernährung kleiner. Um 1970 dürfte sie zwischen $+0,25$ und $+0,3$ gelegen haben.

Wie sich das reale Volkseinkommen je Kopf der Bevölkerung seit Mitte des vorigen Jahrhunderts entwickelt hat, ist aus Abb. 16 zu ersehen. In der ersten Hälfte der 50er Jahre des vorigen Jahrhunderts lag es bei 750 DM mit Kaufkraft von 1962. Es stieg fast ununterbrochen bis zum Beginn des 1. Weltkriegs; in den letzten Jahren vor Kriegsbeginn erreichte es rd. 1850 DM. Die durchschnittliche jährliche Zunahme betrug in diesem Zeitraum 1,5%. Zuwachsraten von wenig über 2,5% gab es nur über kurze Zeiträume, so z. B. zwischen 1875 und 1885, in der zweiten Hälfte der 90er Jahre und von 1906 bis 1910. Zwischen dem Beginn des Ersten Weltkrieges und dem Ende des Zweiten Weltkrieges war im ganzen genommen kein wesentlicher Einkommenszuwachs zu verzeichnen. Dem Wohlstandswachstum in den 20er und 30er Jahren standen starke Einkommensrückschläge in den beiden Kriegen und in der Weltwirtschaftskrise um 1930 gegenüber. Um 1950 lag das durchschnittliche Volkseinkommen je Kopf in der BR Deutschland bei 2000 DM mit Kaufkraft von 1962. Seither ist es anhaltend in einem zuvor kaum gekannten Tempo gestiegen, 1972 betrug es 7460 DM mit Kaufkraft von 1962. Die durchschnittliche jährliche Zuwachsrate betrug zwischen

1950 und 1972   6,1%,

und zwar zwischen

1950 und 1955	9,8%,	1965 und 1970	5,0%,
1955 und 1960	6,3%,	1970 und 1971	3,4%,
1960 und 1965	4,5%,	1971 und 1972	2,3%.

Als wichtigste Ursachen dieses schnellen Wirtschaftswachstums sind anzusehen:
– Große Produktivitätsgewinne durch technische und organisatorische Fortschritte in der gesamten »westlichen« Welt, die weitgehend auf intensiver Forschung und schneller Anwendung der Forschungsergebnisse beruhten;
– zunehmende internationale Arbeitsteilung;
– eine Wirtschaftspolitik, die von größerer Erfahrung in der Anwendung des wirtschaftspolitischen Instrumentariums ausging und das Wirtschaftswachstum bewußt begünstigte;
– die Tatsache, daß die BR Deutschland nach dem Kriege durch den Zustrom von etwa

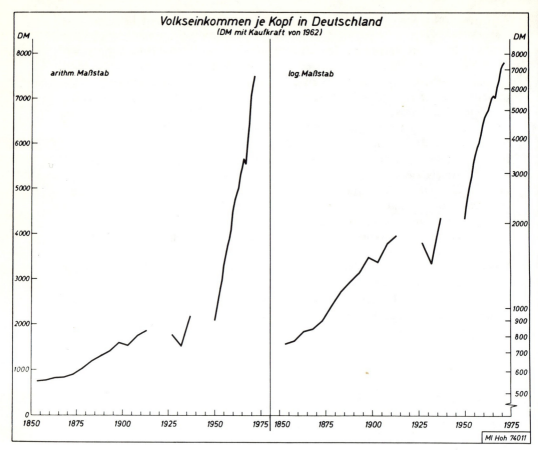

Abb. 16

15 Mill. Flüchtlingen aus Ost- und Mitteldeutschland über eine große Reserve an fähigen, zu außergewöhnlichen Leistungen bereiten Unternehmern und Arbeitskräften verfügte.

Das überaus schnelle Wohlstandswachstum hat die Entwicklung der Nachfrage nach Nahrungsmitteln außerordentlich begünstigt, vor allem bis in die 2. Hälfte der 50er Jahre hinein, als die Wachstumsraten besonders groß und die Einkommenselastizität der Nachfrage nach Nahrungsmitteln noch relativ hoch war. Dazu kam – wie schon ausgeführt – eine beträchtliche Bevölkerungszunahme von durchschnittlich etwa 1% je Jahr, die zu einem erheblichen Teil durch die laufende Zuwanderung von Flüchtlingen aus Mitteldeutschland, später von Gastarbeitern, bedingt war.

In der übersehbaren Zukunft werden diese Bestimmungsgründe der Nachfrage nach Nahrungsmitteln, und somit nach Agrarprodukten, voraussichtlich nicht mehr so günstig sein. Sowohl die Bevölkerungszunahme als vermutlich auch der reale Einkommenszuwachs je Kopf werden relativ geringer sein als bisher. Vor allem ist die Einkommenselastizität der Nachfrage bei dem erreichten Ernährungsstand nur noch gering; sie wird weiterhin abnehmen.

Die Entwicklung der Preise für Nahrungsgüter und ihr Einfluß auf die Gesamtnachfrage nach Leistungen der Landwirtschaft lassen sich nicht über einen so weiten Zeitraum zurückverfolgen wie die Einkommensentwicklung. Erst nach dem 1. Weltkrieg wurde in Deutschland ein Preisindex der Lebenshaltung (»Reichsindexziffern für die Lebenshaltungskosten«) erstellt. Das Wägungsschema (»der Warenkorb«), das diesem Preisindex zugrunde lag, wurde im Laufe der Zeit (vor allem nach dem 2. Weltkrieg) mehrmals der sich ändernden Lebenshaltung angepaßt. Neue Güter wurden aufgenommen, bei den alten wurden z. T. andere Qualitäten berücksichtigt und die Gewichte verändert. Infolgedessen sind die Indizes der Preise über längere Zeiträume nicht voll vergleichbar. Immerhin gibt aber dieses Material einen wohl zutreffenden Überblick über die große Linie der Entwicklung der Preise für Nahrungsgüter.

Betrachtet man den Verlauf des Teilindex »Ernährung«, also des gewogenen Durchschnitts der Preise der gebräuchlichen Nahrungsgüter, im Verhältnis zum Durchschnitt der Preise sämtlicher Lebenshaltungsgüter, indem man den Teilindex »Ernährung« mit

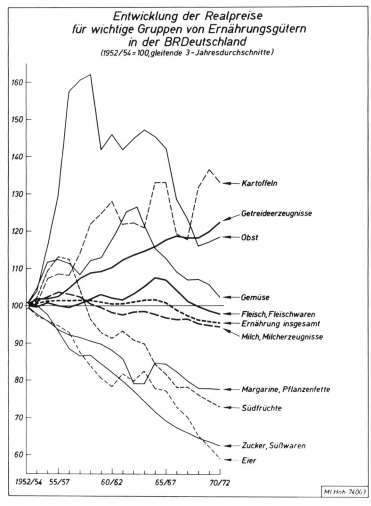

Abb. 17

dem Gesamtpreisindex der Lebenshaltung deflationiert, so ergibt sich folgendes: Die Nahrungsgüter insgesamt waren in den 1920er Jahren real etwas teurer (ca. 4 bis 8%) als kurz vor dem 1. Weltkrieg; ab 1930 stellte sich aber das alte Realpreisniveau wieder ein. Nach dem 2. Weltkrieg waren die Nahrungsgüter zunächst relativ billig. Alle wichtigen Lebensmittel waren preisgebunden; die Nahrungsmitteleinfuhr wurde subventioniert. Die Preise hatten jedoch keinen Einfluß auf die Nachfrage, denn der Bezug von Lebensmitteln war rationiert. Nach Aufhebung der Bewirtschaftung und nach schrittweiser Einstellung der Einfuhrsubventionierung stellte sich Anfang der 50er Jahre wieder das alte Realpreisniveau für Nahrungsmittel ein. Es hat sich bis Mitte der 60er Jahre nur unwesentlich geändert. Nach Anpassung der deutschen Agrarpreise an das gemeinsame Niveau der EWG in den Jahren 1967 und 1968 sind die Ernährungsgüter im Durchschnitt real um etwa 5% billiger geworden (vgl. Abb. 17); ihre Nominalpreise sind seither weniger gestiegen als das allgemeine Preisniveau, gemessen am Preisindex der Lebenshaltung. Im ganzen haben Änderungen des realen Verbraucherpreisniveaus der Ernährungsgüter also nur einen im Vergleich zur Einkommensänderung geringen Einfluß auf die Nachfrage gehabt.

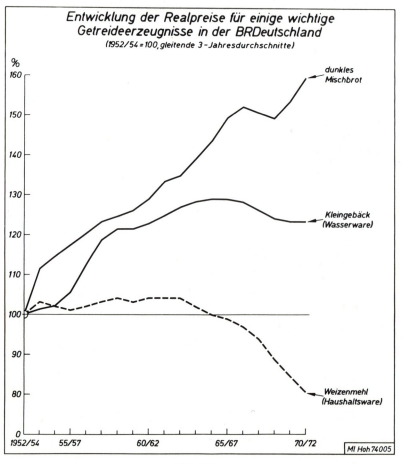

Abb. 18

Allerdings hat sich das Gefüge der Nahrungsmittelpreise beträchtlich geändert, wie Abb. 17 erkennen läßt. Wichtige Gruppen von Nahrungsmitteln sind gegenüber der ersten Hälfte der 50er Jahre real teurer, andere real billiger geworden. Von den kalorienreichen Produkten (Energieträgern) sind Kartoffeln und Getreideerzeugnisse hauptsächlich durch Erhöhung der Vermarktungsspanne erheblich teurer geworden, während die Preise für Zucker und inferiore Speisefette real kräftig gesunken sind. Von den Nahrungsmitteln tierischer Herkunft sind Fleisch und Fleischwaren zeitweise – vor allem in der Mitte der 60er Jahre – real etwas teurer gewesen, Anfang der 70er Jahre waren sie aber etwas billiger als in der ersten Hälfte der 50er Jahre. Milch und Milcherzeugnisse zusammengenommen sind für den Verbraucher seit der zweiten Hälfte der 50er Jahre in der großen Linie real etwas billiger geworden. Der Realpreis für Eier ist außerordentlich stark gesunken. Von den kalorien- und eiweißarmen Nahrungsmitteln sind die Südfrüchte erheblich billiger geworden, während Frischobst und Frischgemüse zeitweise stark im Preis gestiegen sind und auch Anfang der 70er Jahre real noch teurer waren als Anfang der 50er Jahre.

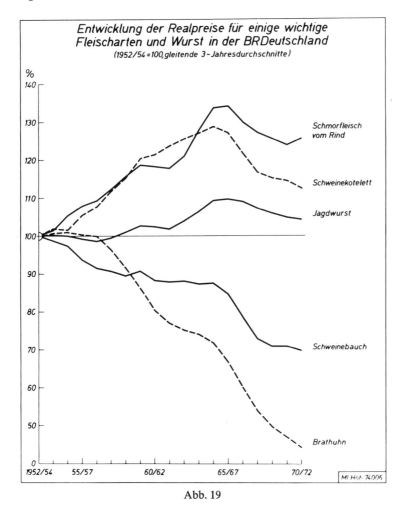

Abb. 19

Die Realpreise der in Abb. 17 zu Gruppen zusammengefaßten Einzelprodukte haben sich z.T. auch sehr unterschiedlich entwickelt. So ist z.B. in der Gruppe »Getreideerzeugnisse« das Mischbrot besonders stark im Preis gestiegen; dunkles Mischbrot war Anfang der 70er Jahre real fast 60% teurer als 1952/54 (vgl. Abb. 18). Kleingebäck hat sich weit weniger verteuert, und Haushaltsmehl war sogar fast 20% billiger.

Weit auseinandergezogen haben sich auch die Einzelpreise in der Produktgruppe »Fleisch und Fleischwaren«, wie die in Abb. 19 dargestellten Beispiele zeigen. Schmorfleisch vom Rind ist real erheblich im Preis gestiegen, Bratfleisch vom Schwein weniger stark, der fette Schweinebauch ist dagegen 30% billiger und der reale Brathuhnpreis ist sogar auf weniger als die Hälfte des Standes von 1952/54 gesunken.

In der Gruppe »Milch und Milcherzeugnisse« war die Preisentwicklung ebenfalls sehr unterschiedlich (vgl. Abb. 20). Butter war Anfang der 70er Jahre real fast 20% billiger als 1952/54, Trinkmilch dagegen – allerdings bei höherem Fettgehalt – mehr als 25% teurer. Die Preise für Käse und Quark sind sogar um über 40% gestiegen. Produkte wie Joghurt sind ohne Frage noch wesentlich stärker im Preis gestiegen, doch gibt es darüber leider keine zuverlässigen Aufzeichnungen.

Die starken Änderungen des Gefüges der Verbraucherpreise für Nahrungsgüter seit der ersten Hälfte der 50er Jahre haben zweifellos die Nachfrage nach den einzelnen Erzeug-

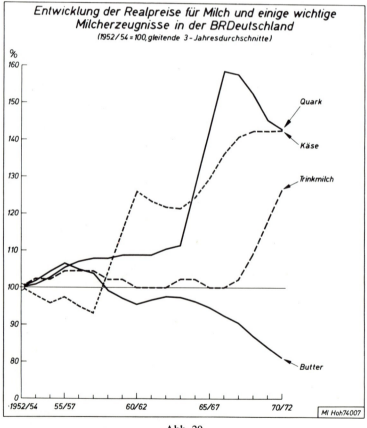

Abb. 20

nissen erheblich beeinflußt. Da aber innerhalb jeder der drei großen Gruppen Energieträger, Eiweißträger und Vitaminträger ein Teil der Produkte teurer, ein anderer billiger geworden ist und sich das reale Verbraucherpreisniveau der Ernährungsgüter insgesamt nicht erheblich verändert hat, dürfte dies keinen wesentlichen Einfluß auf die Nachfrage nach Nahrungsmitteln insgesamt, verstanden als Volumen der landwirtschaftlichen Leitungen, gehabt haben.

1.8 Schlußfolgerungen

Aus den Betrachtungen über die Nachfrage nach Agrarprodukten, ihre Bestimmungsgründe und deren Entwicklungstendenzen ergibt sich u. a. folgendes:
- Die Nachfrage nach Agrarprodukten insgesamt reagiert in der BR Deutschland nur noch wenig elastisch auf Einkommensänderungen, besonders auf Einkommenserhöhungen. Die Einkommenselastizität dürfte zwischen $+0,2$ und $+0,3$ liegen.
- Die Einkommenselastizität der Nachfrage nach den einzelnen Agrarprodukten ist recht unterschiedlich. Teils ist sie positiv, überschreitet aber bei kaum einem der mengenmäßig bedeutenden Erzeugnisse noch den Wert $+0,5$; teils ist sie negativ.
- Die Preiselastizität der Nachfrage nach Agrarprodukten ist im ganzen genommen gering, wenn auch von Produkt zu Produkt ebenfalls unterschiedlich. Höhere Preiselastizitäten als $-0,4$ sind durch leichte Substituierbarkeit bedingt.

Schon diese Erkenntnisse für sich allein erlauben einige Schlußfolgerungen, die für die Beurteilung der Lage der Landwirtschaft und ihrer Entwicklungsmöglichkeiten von grundsätzlicher Bedeutung sind.

Die geringe und bei Wohlstandssteigerung noch weiter abnehmende Einkommenselastizität der Gesamtnachfrage nach Nahrungsmitteln in Verbindung mit Bevölkerungsstagnation oder nur schwachem Bevölkerungswachstum begrenzt die Entwicklung der Nachfrage nach landwirtschaftlichen Leistungen, also die Absatzmöglichkeiten der Landwirtschaft, außerordentlich eng. Die Absatzmöglichkeiten der Landwirtschaft steigen unter diesen Bedingungen erheblich langsamer als die Einkommenserwartungen der in der Landwirtschaft Tätigen; denn diese orientieren sich selbstverständlich an den Einkommensverhältnissen in den anderen Wirtschaftsbereichen und steigen ungefähr wie das reale Volkseinkommen je Kopf. In dieser Lage können wachsende Einkommensansprüche für eine feste Zahl von landwirtschaftlich Tätigen nicht mehr durch Verbesserung der Arbeitsproduktivität und Mehrproduktion befriedigt werden, wie dies z. B. bis zum 1. Weltkrieg bei noch hoher Einkommenselastizität der Nachfrage nach Agrarprodukten und stärkerem Bevölkerungswachstum der Fall war. Während damals nur der Geburtenüberschuß der landwirtschaftlichen Bevölkerung in anderen, nichtlandwirtschaftlichen Wirtschaftsbereichen seine Existenzgrundlage suchen mußte, muß unter den jetzigen Bedingungen die Zahl der landwirtschaftlich Tätigen laufend abnehmen, wenn ihr Einkommen mit der allgemeinen Entwicklung Schritt halten soll; es müssen also in größerem Umfang Menschen, die bereits einen landwirtschaftlichen Beruf ausüben, aus diesem ausscheiden. Die Alternative wäre eine laufende – nicht nur einmalige – Erhöhung des realen Agrarpreisniveaus; sie läßt sich jedoch nicht verwirklichen, solange es möglich ist, die Arbeitsproduktivität in der Landwirtschaft durch Anwendung technischer Fortschritte wesentlich zu verbessern.

Die unterschiedliche Einkommenselastizität der Nachfrage nach den einzelnen wichtigen Agrarprodukten zeigt an, daß sich bei wachsendem Konsumenteneinkommen ein Wandel der Nachfragestruktur vollzieht, dem die deutsche Landwirtschaft bei der Entwicklung ihrer Produktion Rechnung tragen muß, wenn sie sich nicht aus ihrem Markt verdrängen lassen will. Die Nachfrage nach Viehprodukten steigt bei wachsendem Wohlstand erheblich schneller als die Nachfrage nach pflanzlichen Nahrungsmitteln. Letztere steigt nur etwa in dem Maße wie die Bevölkerungszahl, wobei sich eine langsame Umschichtung zugunsten bestimmter Sonderkulturerzeugnisse vollzieht. Der Zuwachs an Nachfrage nach Viehprodukten kommt praktisch allein dem Fleisch zugute und nicht der Milch und den Milcherzeugnissen. Da zur Erzeugung steigender Mengen von Fleisch mehr Bodenprodukte benötigt werden, geht die seit Jahren anhaltende Diskussion darüber, ob die Bodenproduktion oder die tierische Veredelung stärker durch die Markt- und Preispolitik (vornehmlich den Außenhandelsschutz) begünstigt werden sollte, am Kern des Problems vorbei. Es wäre falsch, das eine stärker als das andere zu schützen. Für die deutsche Landwirtschaft kommt es darauf an, soviel zu produzieren und es in der Form anzubieten, wie es die Nachfrage verlangt.

Die Preiselastizität der Nachfrage nach den meisten Nahrungsmitteln ist gering. Höhere Preiselastizitäten sind in der Regel nur durch Substitutionsmöglichkeiten bedingt. Faßt man die im weiteren Sinne unter sich vertretbaren Nahrungsmittel zu größeren Produktgruppen zusammen, so ergeben sich hierfür meistens Elastizitäten zwischen 0 und —0,4, bezogen auf die Verbraucherpreise. Bezieht man die Reaktion der mengenmäßigen Nachfrage auf Änderungen der Erzeugerpreise für Agrarprodukte, so ergeben sich noch erheblich schwächere Elastizitäten. Geringe Preiselastizität der Nachfrage nach ihren Produkten bedeutet, daß die Landwirte als Ganzes genommen ihr Einkommen nicht durch Erhöhung der Produktion (des Angebots) verbessern können, sofern die Nachfrage nicht durch Bevölkerungs- und Einkommenswachstum steigt; man sagt auch, »sie können nicht in die Mengenkonjunktur gehen«. Das Gegenteil ist vielmehr der Fall: Bei Verringerung des Angebots würden Umsatz und Einkommen der Landwirte steigen. Eine Beschränkung des Angebotes setzt jedoch voraus, daß das ausländische Angebot und der Wettbewerb zwischen den deutschen Landwirten weitgehend ausgeschaltet werden können. Aber weder das eine noch das andere ist möglich.

Geringe Preiselastizität bedeutet hohe Preisflexibilität; denn die Preisflexibilität ist der reziproke Wert der Preiselastizität (vgl. S. 11). Bei hoher Preisflexibilität haben schon schwache Angebots- (oder Nachfrage-)schwankungen starke Preisschwankungen zur Folge. Da sowohl die Witterungsabhängigkeit der landwirtschaftlichen Produktion als auch – wie später noch im einzelnen zu zeigen sein wird (vgl. S. 113 bis 121) – die Marktform (zersplittertes Angebot der Landwirtschaft) zu nur schwer vermeidbaren Angebotsschwankungen führt, sind die Agrarmärkte durch große Preisschwankungen gekennzeichnet. Das Preisrisiko der Landwirte ist daher besonders groß, wenn nicht wirksame Maßnahmen zur Marktstabilisierung ergriffen werden. Daraus ergibt sich die Frage nach der Möglichkeit und Zweckmäßigkeit preisstabilisierender Maßnahmen.

Mit diesen Hinweisen ist die Bedeutung der Nachfrageverhältnisse, insbesondere der Elastizitäten der Nachfrage, nur unvollständig gekennzeichnet. Ohne klaren Überblick über die Nachfrage, ihre Bestimmungsgründe und ihre Entwicklungstendenzen können weder der Markt- und Preispolitik sinnvolle Ziele gesetzt werden, noch können die Anwendungsbereiche und die Wirksamkeit des preispolitischen Instrumentariums richtig beurteilt werden. Die Bedeutung der Nachfrageverhältnisse hierfür wird erst in vollem Umfang sichtbar, wenn auch die Angebotsverhältnisse mit in Betracht gezogen werden.

2 Das Angebot an Agrarprodukten

Das Angebot an Agrarprodukten wird von den landwirtschaftlichen Unternehmungen bereitgestellt. Man spricht meistens von Landwirtschaftsbetrieben, weil in der Landwirtschaft die Betriebe in der Regel auch Unternehmenseinheiten sind. Die Produktionsunternehmungen treten auch als Nachfrager nach den für den Produktionsprozeß benötigten Gütern und nach Arbeitskräften auf, die sie von anderen Unternehmungen und von den Haushaltungen beziehen müssen. Hier sollen die landwirtschaftlichen Unternehmungen jedoch nur in ihrer Eigenschaft als Anbieter in Betracht gezogen werden.

Für Art und Menge der Güter, die von den Unternehmungen produziert und angeboten werden, sind zunächst die Zielsetzung der Unternehmen und ihre Verhaltensweisen maßgebend. Letztere werden weitgehend, wenn auch keineswegs allein, von den Konkurrenzverhältnissen bestimmt.

2.1 Zielsetzung der landwirtschaftlichen Unternehmer

In der Wirtschaftstheorie wird unterstellt, daß der Unternehmer in der Marktwirtschaft den größtmöglichen Gewinn (Gewinnmaximierung) anstrebt. Gewinn ist dabei definiert als die Differenz zwischen dem Umsatz (dem Verkaufswert der Absatzmenge) und den Kosten, die die Produktion und der Absatz dieser Menge verursachen. Exakt läßt sich der Gewinn natürlich erst feststellen, wenn die produzierten Güter verkauft und bezahlt worden sind. Gewinnmaximierung ist jedoch ein Ziel, das durch vorausschauende Planung der Produktion angestrebt wird. Je nachdem, ob dabei eine kürzere oder längere Zeit ins Auge gefaßt wird, kann diese Planung ein unterschiedliches Ergebnis zeitigen, was Art und Umfang der Produktion betrifft. Bei der Planung spielt eine besondere Rolle, wie die Produktions- und Marktrisiken eingeschätzt und bewertet werden. Für subjektive Entscheidungen besteht hier ein weiter Spielraum: Welche Risiken kann ein Unternehmer eingehen, ohne seine wirtschaftliche Existenz zu gefährden? Welche Risiken, die voraussichtlich nicht unmittelbar existenzgefährdend sind, ist er bereit zu übernehmen, um eine Gewinnchance zu nutzen? Den anzustrebenden maximalen Gewinn eines Unternehmens darf man daher nicht als eine nur nach objektiven Maßstäben festzulegende Größe auffassen.

Im Landwirtschaftsbetrieb ist schon die rein rechnerische Ermittlung des Gewinns schwierig, und zwar nicht nur in der Planung, sondern auch bei der nachträglichen Feststellung. Betrieb und Haushaltung sind in der Regel eng miteinander verbunden. Ein Teil der Produktion wird nicht verkauft, sondern dient unmittelbar der Lebenshaltung der Unternehmerfamilie im weitesten Sinne und z.T. auch der von Arbeitsgehilfen und deren Familien. Allerdings ist der Anteil des Eigenverbrauchs an der Bruttoproduktion in der BR Deutschland laufend zurückgegangen; in Getreideeinheiten gerechnet wurde er Anfang der 50er Jahre auf etwa 20%, 1970/71 noch auf 7% geschätzt. Der Wertanteil ist etwas höher; er betrug 1970/71 knapp 10%. Zur Entnahme von Erzeugnissen kommen noch zahlreiche Dienstleistungen des Landwirtschaftsbetriebes für den Haushalt und Entnahmen von Produktionsmitteln (z. B. Energie, Aufwendungen für Wohngebäude und dergleichen). Sämtliche Leistungen dieser Art müssen zum Umsatz des Betriebes gerechnet werden. Ihr Umfang wird aber sehr wahrscheinlich nur unvollständig festgestellt; eine entsprechende Buchhaltung fehlt in den meisten Betrieben. Noch schwieriger ist es, diese vielfältigen Sach- und Dienstleistungen richtig zu bewerten. Oft haben sie für den Haushalt einen anderen Wert als für den Betrieb. Welchen Wert mißt z. B. die Haushaltung dem selbsterzeugten Gemüse oder dem Hausschlachtungsschwein bei? Hier besteht ein weiter Spielraum für das subjektive Ermessen; denn dieser Wert kann vom Marktpreis abweichen. Welche Kosten entstehen andererseits dem Betrieb durch die Erzeugung dieser Produkte, wenn sie nicht für den Verkauf, sondern allein zur Eigenversorgung produziert werden? Welcher der beiden Werte soll in der Gewinnrechnung berücksichtigt werden? Betrachtet man als Gewinn den Nutzen, d. h. die Bedürfnisbefriedigung der bäuerlichen Familie – und das wird verständlicherweise meistens der Fall sein – so gehen in die Gewinnrechnung zu einem nicht geringen Teil subjektive Wertungen ein. Aus allen diesen Gründen ist es schwer, für einen bäuerlichen Familienbetrieb Umsatz, Kosten und Gewinn exakt zu errechnen, selbst wenn Buch geführt wird, was bekanntlich die Ausnahme ist.

Abgesehen hiervon stellt sich die Frage, ob und inwieweit Gewinnmaximierung (im Sinne der Maximierung der Bedürfnisbefriedigung) tatsächlich das angestrebte Ziel der Landwirte ist. Uneingeschränkt ist das offensichtlich nicht immer der Fall. Auf dem Land hat sich bis in die jüngste Vergangenheit und an vielen Orten noch bis in die Gegenwart hinein eine Art ständischer Gesellschaftsordnung erhalten. Es bestanden Lebenshaltungs-(Einkommens-)normen je nach Besitzstand; es lag fest, was dem Gutsbesitzer, dem Großbauern, dem Mittelbauern usw. »zustand«. War diese Norm erreicht, so gab man sich in der Regel damit zufrieden, da weiteres Gewinnstreben von der Gesellschaft verargt wurde.

Zur Aufrechterhaltung dieser überlieferten Gesellschaftsordnung hat höchstwahrscheinlich beigetragen, daß der Anteil der Menschen, die nach Reichtum und wirtschaftlichem Einfluß streben (also der »Unternehmernaturen«), unter den Bauern geringer als unter den Unternehmern der meisten anderen Wirtschaftsbereiche ist. Der ererbte Bodenbesitz ermöglichte bis vor kurzem auch Menschen ohne unternehmerische Fähigkeiten eine nach den herrschenden Normen befriedigende und vor allem gesicherte Existenz, schon wegen des hohen Selbstversorgungsgrades. Auch Erbrecht und Erbsitten haben die Auslese nicht gefördert.

Seit Ende des 2. Weltkrieges sind die Verhältnisse allerdings stark im Wandel. Dabei sind zwei Vorgänge von entscheidender Bedeutung:

– Das starke Wirtschaftswachstum und die ursächlich damit verbundene schnelle Vermehrung der Arbeitsplätze in den voll arbeitsteiligen Wirtschaftsbereichen.
– Die Entwicklung des Informationswesens und des Verkehrs.

Beides zusammen führt dazu, daß die Landwirtschaft nunmehr ohne Einschränkung mit den anderen Wirtschaftsbereichen um die menschliche Arbeitskraft konkurrieren muß. Zuvor war das nicht der Fall. Die Landwirtschaft bot den Arbeitskräften, die noch nicht in die voll arbeitsteilige Wirtschaft eingegliedert werden konnten, Beschäftigung und Unterhalt. Diese volkswirtschaftlich notwendige Funktion konnte sie nur bei teilweiser Aufrechterhaltung ihres hauswirtschaftlichen Charakters erfüllen, was ihr zu Unrecht häufig als Rückständigkeit ausgelegt worden ist. Noch 1926 hat FRIEDRICH AEREBOE in einem stark beachteten Vortrag über »Die Bevölkerungskapazität der Landwirtschaft« vor der Wiener Tagung des Vereins für Sozialpolitik den Standpunkt vertreten, daß es eine wesentliche Aufgabe der Landwirtschaft sei, möglichst vielen Menschen befriedigende Tätigkeit und auskömmlichen Lebensunterhalt zu bieten. Diese Aufgabe läuft jedoch nunmehr aus, und die Landwirtschaft wird voll in die arbeitsteilige Wirtschaft eingegliedert. Die Agrarproduktion wird spezialisiert, soweit es technisch möglich ist, und der Zusammenhang zwischen Betrieb und Haushalt wird zusehends lockerer.

Das schnelle Wirtschaftswachstum und das moderne Informations- und Verkehrswesen haben bewirkt, daß die Einkommensziele der Landwirte nicht mehr im Rahmen ihrer eigenen ländlichen Gesellschaft bestimmt werden, sondern sich an den Einkommensverhältnissen und an dem Lebensstandard in anderen Wirtschaftsbereichen orientieren. Die Forderung nach »paritätischem Einkommen« ist der sichtbare Ausdruck dieser Umorientierung.

Die volle Einbeziehung der Landwirtschaft in die volkswirtschaftliche Arbeitsteilung und das Streben nach »paritätischem« Einkommen stehen in einem engen, ursächlichen Zusammenhang. Beides zusammen führt zwangsläufig dazu, daß das in der Wirtschaftstheorie unterstellte Ziel der Unternehmer, nämlich Gewinnmaximierung, auch in der Landwirtschaft mehr und mehr Gültigkeit erlangt.

2.2 Über die Konkurrenzverhältnisse zwischen Anbietern und ihre Bestimmungsgründe

In der voll arbeitsteiligen Marktwirtschaft sind alle Wirtschaftseinheiten, also die Unternehmungen und die Haushaltungen, vom Markt abhängig. Als Markt in diesem Sinne sind sämtliche Austauschbeziehungen zwischen anbietenden und nachfragenden Wirtschaftseinheiten zu verstehen. Jede einzelne Unternehmung und Haushaltung ist beim Einkauf und beim Verkauf von den anderen am Markt beteiligten Wirtschaftseinheiten und deren Entscheidungen abhängig. Infolgedessen können ihre Preis- und Mengenentscheidungen nur aus dem Zusammenhang der »Tauschgruppe«, der sie angehören, erklärt werden.

Für das Verhalten der Anbieter sind zwei Dinge von wesentlicher Bedeutung: Das Verhalten der Nachfrager, d.h. deren Preis- und Mengenentscheidungen, und die Konkurrenzverhältnisse zwischen den Anbietern. Die Nachfrage nach Agrarprodukten und ihre Bestimmungsgründe, insbesondere die Preis-Mengenbeziehungen sind in Teil 1 dieses Bandes eingehend erörtert worden. Mithin sind noch die Konkurrenzverhältnisse zwischen den Anbietern zu behandeln.

Man hat zunächst die Konkurrenzverhältnisse unter Anbietern – und ebenso unter Nachfragern – allein aus der Struktur des Marktes zu erklären versucht. Nach der Zahl der Anbieter und Nachfrager unterschied man je drei Hauptmarktformen auf der Angebots- und auf der Nachfrageseite:

Angebotsseite: *Nachfrageseite:*

Monopol Es gibt nur einen Verkäufer am Markt. *Monopson* Es gibt nur einen Käufer am Markt.

Oligopol	Wenige Verkäufer teilen sich in den Markt.	*Oligopson*	Es gibt nur wenige Käufer am Markt.
Polypol	Es gibt viele Verkäufer am Markt.	*Polypson*	Es gibt viele Käufer am Markt.

Außer diesen Hauptmarktformen kann man sich natürlich zahlreiche Zwischenformen vorstellen. Im übrigen kann jede Marktform auf der Angebotsseite jeder Marktform auf der Nachfrageseite gegenüberstehen.

Diese schematische Gruppierung nach dem Zahlenverhältnis von Anbietern und Nachfragern führt jedoch zu keiner befriedigenden Erklärung der Konkurrenzverhältnisse. Diese sind von der Verhaltensweise der Anbieter und der Nachfragenden abhängig. Die Verhaltensweise wird aber nicht allein von der Zahl der Anbieter und Nachfrager bestimmt. So kann jemand Alleinanbieter eines exakt definierten, nach seiner Qualität genau beschriebenen Gutes (also z. B. von Frühwirsing, Klasse a, oder von frischem Spargel, 1. Sorte) sein, ohne daß es ihm möglich ist, sich wie ein Monopolist zu verhalten, weil es Anbieter von Substituten gibt. Zum Beispiel kann Frühwirsing, Kl. a, nicht nur durch Frühwirsing anderer Qualität, sondern auch durch andere Gemüse oder auch durch Gemüsekonserven ersetzt werden. Bei den Substituten kann es sich also um physisch völlig andersartige Güter handeln, die aber letzten Endes den gleichen Zweck erfüllen.

Für das Verhalten eines Anbieters ist also nicht maßgebend, ob er Monopolist oder Oligopolist im Sinne der oben gegebenen Definition ist, sondern ob er sich als solcher fühlt. Seine subjektive Einschätzung der Konkurrenzverhältnisse ist maßgebend, nicht allein der objektive Tatbestand. Schon allein die Furcht vor dem Auftreten von Konkurrenten und vor dem Aufkommen von Substituten kann einen Anbieter, der tatsächlich Monopolist ist, verhindern, sich wie ein solcher zu verhalten. Die Frage, ob der Zugang zum Markt für neue Anbieter offen, beschränkt oder geschlossen ist, und die Frage der möglichen, aber noch gar nicht vorhandenen Substitutionskonkurrenz sind also für das Verhalten sehr wichtig.

Erich Schneider definiert die drei Hauptmarktformen nach der Verhaltensweise der Anbieter wie folgt:

– Ein Anbieter verhält sich *monopolistisch,* wenn er damit rechnet, daß sein Absatz allein davon abhängt, welchen Preis er festsetzt und wie die Käufer bei dem von ihm gesetzten Preis disponieren. Er rechnet also nicht damit, daß die Preise anderer Anbieter einen Einfluß auf den Absatz des in Frage stehenden Gutes haben könnten.

– Ein Anbieter verhält sich *oligopolistisch,* wenn er damit rechnet, daß sein Absatz auch vom Preis anderer Anbieter abhängt, und wenn er glaubt, daß der andere oder die anderen Anbieter mit ihren Preisen auf Preisänderungen, die er selbst vornimmt, reagieren.

– Ein Anbieter verhält sich *polypolistisch,* wenn er damit rechnet, daß sein Absatz nicht allein von dem von ihm gesetzten, sondern auch vom Preis anderer Anbieter abhängt; er glaubt jedoch nicht, daß der oder die anderen Anbieter ihren Preis ändern, wenn er selbst eine Preisänderung vornimmt.

Der Unterschied zwischen den beiden Klassifizierungssystemen liegt auf der Hand:
Die Einteilung der Marktformen nach Zahl und Größe der Anbieter bzw. Nachfrager ist einfach, weil sie von objektiven, relativ leicht meßbaren Tatbeständen ausgeht. Sie erlaubt aber nur vage Aussagen über die tatsächlichen Konkurrenzverhältnisse.

Die Gliederung nach der Verhaltensweise beruht auf subjektiven Merkmalen, nämlich darauf, wie der Betreffende die Konkurrenzverhältnisse einschätzt. Die Verhaltensweise kann jedoch nur nachträglich exakt festgestellt werden. Eine Vorhersage ist recht unsicher. Deshalb ist die Ermittlung der Marktstruktur nach Zahl und Größe der Anbieter nicht wertlos. Sie erlaubt immerhin eine Vermutung über die Verhaltensweise. Bei einer großen Anzahl kleiner Anbieter ist polypolistische Verhaltensweise wahrscheinlich; bei einer kleinen Zahl relativ großer Anbieter darf man erwarten, daß sie sich oligopolistisch verhalten. Ist nur ein Anbieter vorhanden, der Zugang zum Markt geschlossen, und die Wahrscheinlichkeit gering, daß Substitute aufkommen, so dürfte sich dieser Anbieter normalerweise monopolistisch verhalten.

Konkurrenz zwischen Anbietern herrscht nur, wenn jeder von ihnen glaubt, daß sein Absatz nicht allein von dem von ihm gesetzten Preis und dem Verhalten der Käufer, sondern auch von dem Verhalten anderer Anbieter abhängig ist, also bei oligopolistischer und polypolistischer Verhaltensweise. Die von den anderen Anbietern angebotenen Güter brauchen dabei nicht physisch identisch mit dem Gut des ersten Anbieters zu sein; es kann sich auch um Substitute handeln.

Der Grad der Konkurrenz, der zwischen Anbietern herrscht, wird durch zahlreiche Faktoren beeinflußt. Der höchste Konkurrenzgrad besteht, wenn folgende Voraussetzungen gegeben sind.

Auf seiten der Anbieter:
- Der Zugang neuer Anbieter zum Markt ist frei[1]).
- Die Gewinnmöglichkeiten sind für die potentiellen Anbieter erkennbar.
- Die Mobilität sowohl der vorhandenen als auch der potentiellen Anbieter ist nicht durch außerökonomische Motive beeinträchtigt.
- Der Markt ist für die Anbieter transparent; d. h. die Anbieter müssen die Bedingungen kennen, zu denen ihre Ware derzeit gehandelt wird.

Auf seiten der Käufer:
- Die Käufer verhalten sich indifferent gegenüber den Anbietern. Es besteht also keine Präferenz gegenüber einem der Anbieter; kein Anbieter wird aus persönlichen oder sonstigen Gründen (z. B. weil er besser erreichbar ist oder zeitiger liefern kann) bevorzugt. Im allgemeinen sind diese Bedingungen nur auf organisierten Märkten restlos erfüllt.
- Die Käufer sehen die Güter aller Anbieter als ökonomisch identisch, als »homogen« an. Sie müssen also die Güter beurteilen können.

---

[1]) Der Zutritt neuer Anbieter zum Markt kann u. a. aus folgenden Gründen erschwert oder unmöglich sein:
- Die Aufnahme des Produktionsprozesses erfordert sehr viel Kapital; infolgedessen haben nur sehr kapitalkräftige Unternehmungen Zugang zur Produktion.
- Für die Produktion wird ein Produktionsmittel benötigt, das nur beschränkt vorhanden ist (z. B. der Boden).
- Für die Produktion sind Kenntnisse und Fertigkeiten erforderlich, die sich nicht jedermann erwerben kann, weil dies zu schwierig ist oder weil sie durch Patente geschützt sind.
- Die Aufnahme einer Produktion oder einer Dienstleistung kann durch Gesetz gesperrt oder von Voraussetzungen abhängig gemacht werden (z. B. Nachweis einer Ausbildung oder bestimmter Fertigkeiten; Vorhandensein von Einrichtungen).
- Infolge intensiver Werbung genießt das Erzeugnis eines Anbieters eine so hohe Präferenz bei den Verbrauchern, daß andere Anbieter nur sehr schwer Absatz finden.

– Der Markt ist für die Käufer transparent; d. h. die Käufer müssen die Verkaufsbedingungen der für sie in Betracht kommenden Anbieter kennen.

Wenn die Voraussetzungen auf seiten der Käufer gegeben sind, kann es nur *einen* Preis für alle Anbieter eines Gutes geben; denn wenn ein Anbieter billiger anbieten würde als die anderen, würden sich sämtliche Käufer zunächst ihm zuwenden.

Liegt polypolistisches Verhalten vor, sind die genannten Voraussetzungen auf seiten der Käufer im wesentlichen erfüllt und sind die Marktanteile der Anbieter so klein, daß der einzelne den Marktpreis mit seinem Angebot nicht merkbar beeinflussen kann, so ist der Marktpreis für den einzelnen Anbieter ein Datum.

Mithin bleibt ihm nur zu entscheiden übrig, durch welchen Umfang der Produktion und des Verkaufs er bei dem gegebenen Preis den maximalen Gewinn erzielen kann. Er paßt also die anzubietende Gütermenge dem für ihn gegebenen Preis an. Man bezeichnet ihn daher als *Mengenanpasser*.

Es liegt auf der Hand, daß in der Wirtschaftswirklichkeit kaum jemals alle oben genannten Voraussetzungen für eine uneingeschränkte Konkurrenz erfüllt sind. Der denkbar höchste Konkurrenzgrad ist daher wohl niemals anzutreffen, doch kann der Grad der Konkurrenz zwischen Anbietern außerordentlich unterschiedlich sein.

2.3 Die Konkurrenzverhältnisse in der Landwirtschaft der BR Deutschland

Gewisse Anhaltspunkte für die Beurteilung der Verhaltensweise der Landwirte und der Konkurrenz zwischen ihnen bietet die Struktur des Marktes auf der Angebotsseite. Wichtige Merkmale der Angebotsstruktur sind

die Zahl der Unternehmen,
der durchschnittliche Umsatz der Unternehmen,
die Streuung der Marktanteile.

1972 gab es in der BR Deutschland rd. 1,14 Mill. landwirtschaftliche Betriebe mit einer landwirtschaftlich genutzten Fläche (LF) von 0,5 ha und mehr. Die Verkaufserlöse betrugen 1971/72 36,0 Mrd. DM. Der Umsatz unter Einrechnung der Naturalentnahmen (Produktionswert des Bereichs Landwirtschaft) belief sich auf 39,7 Mrd. DM. Der durchschnittliche Verkaufserlös je Betrieb betrug mithin etwa 31 500 DM. Die Zahl der Betriebe ist also sehr groß, der durchschnittliche Umsatz und der durchschnittliche Verkaufserlös (Marktleistung) sind sehr klein.

Die Marktleistungen der einzelnen Betriebe sind allerdings sehr unterschiedlich. Rund 500 000 Betriebe (44 %) haben eine LF von weniger als 5 ha. Auf sie entfallen höchstens 10 % der Verkaufserlöse. Weitgehend handelt es sich um Nebenerwerbs- und Zuerwerbsbetriebe, bei denen die Selbstversorgung im Vordergrund steht und die Marktleistung gering ist. Läßt man diese Betriebe außer Betracht und setzt 90 % der Verkaufserlöse zu den restlichen 640 000 Betrieben in Beziehung, so ergibt sich eine durchschnittliche Marktleistung von rd. 50 600 DM im Jahr 1971/72. Auch das ist noch sehr wenig. Selbst der Umsatz und der Marktanteil der flächengroßen Betriebe sind nicht hoch. Großunternehmen im eigentlichen Sinne gibt es in der Landwirtschaft der BR Deutschland praktisch nicht.

Da der Grad der Spezialisierung gering ist und selbst bei fortschreitender Betriebsvereinfachung relativ gering bleiben wird, gilt dieses Bild, das sich bei Betrachtung der Gesamtumsätze ergibt, cum grano salis auch für die Märkte der einzelnen Agrarprodukte.

Sowohl auf dem Agrarmarkt als Ganzes genommen, als auch auf den Teilmärkten der einzelnen Agrarprodukte bietet also eine große Zahl relativ kleiner Unternehmen an. Der Struktur nach handelt es sich um Polypole mit »atomistischer« Konkurrenz. Diese Feststellung gilt auch für den Fall, daß die Grenzen der BR Deutschland gegen jegliche Einfuhr von Agrarprodukten hermetisch abgeschlossen würden, die große Zahl der potentiellen Anbieter im Ausland also völlig ausgeschaltet wäre.

Für die Konkurrenzverhältnisse und die Verhaltensweise ist von wesentlicher Bedeutung, ob der Zugang zur Produktion offen oder beschränkt ist, d. h. ob und unter welchen Bedingungen neue Unternehmungen die Produktion aufnehmen und bestehende Unternehmen ihre Produktionskapazität erhöhen können.

Der Zugang zur bodenabhängigen Produktion ist in Deutschland erheblich erschwert, weil es schon seit den 70er Jahren des vorigen Jahrhunderts keine größeren Bodenreserven mehr gibt, die für die landwirtschaftliche Nutzung geeignet wären. Bei relativ geringen Zu- und Abgängen war die landwirtschaftliche Nutzfläche innerhalb der jeweiligen Staatsgrenzen sogar leicht rückläufig. Außerdem wird der Zugang von Nichtlandwirten zur Bodenproduktion durch das Grundstücksverkehrsgesetz erschwert. Bodenabhängig ist vor allem die Produktion von Verkaufsfrüchten auf dem Ackerland und bis zu einem gewissen, allerdings abnehmenden Grad auch der Teil der Viehproduktion, der noch weitgehend auf wirtschaftseigenen Futtermitteln beruht (Schaf-, Schlachtrinder- und Milchproduktion).

Die Auswirkungen der Produktionsbegrenzung infolge mangelnder Bodenvorräte wurden jedoch durch Steigerung der Bodenerträge, durch bessere Ausnutzung der Futtermittel sowie durch Mechanisierung der Zugkraft erheblich gemildert. So ist die Produktion von Bodenerzeugnissen je ha LF im heutigen Bundesgebiet nahezu dreimal so groß wie 1870 im Deutschen Reich. Die Erzeugung von Nahrungsmitteln aus eigener Bodenproduktion je ha LF ist infolge der Einsparung von Zugviehfutter (Substitution der im Betrieb erzeugten durch zugekaufte Energie) und infolge rationellerer Verwertung des Futters in der Nutztierhaltung sogar noch erheblich stärker gestiegen. Die starke Steigerung der Bodenerträge, die sich seit Mitte der 60er Jahre vollzogen hat, zwingt sogar zur Einschränkung der landwirtschaftlich genutzten Fläche im EWG-Raum. Die Wirkung der Begrenzung der nutzbaren Bodenfläche auf die Konkurrenzverhältnisse in der Erzeugung von Bodenprodukten ist somit in diesem Raum vorerst praktisch aufgehoben. Zudem war die ausländische Konkurrenz – abgesehen von Kriegszeiten – niemals völlig ausgeschaltet; sie ist nur durch Einfuhrregulierung oder -erschwerung mehr oder weniger behindert worden. In den Kriegsjahren, in denen nicht nur die Agrareinfuhr zum Erliegen kam, sondern auch die Bodenerträge zurückgingen, wurde die Ausnutzung der Bodenknappheit durch Bewirtschaftung der Agrarerzeugnisse und Preisbindung verhindert.

Es ist jedoch festzuhalten, daß der begrenzte Bestand an nutzungsfähigem Boden den Zugang zur bodenabhängigen Produktion in der Regel erschwert und damit den Wettbewerb auf diesem Teilgebiet der Agrarproduktion vermindert hat.

Für die bodenunabhängige Produktion gilt das nicht. Hierzu gehört die Viehproduktion, soweit sie allein mit marktgängigen Futtermitteln betrieben werden kann (Schweine-, Geflügel- und Eierproduktion). Sinngemäß muß man auch die Erzeugnisse des Gartenbaus und der meisten Sonderkulturen dazu rechnen. Im Verhältnis zum Umsatz beanspruchen sie nur eine geringe Bodenfläche. Daher ist der Zugang neuer Unternehmen zu diesen Zweigen der gärtnerischen Produktion leichter als zur landwirtschaftlichen Bodenproduktion. Vor allem können bestehende Unternehmen die gärtnerische auf Kosten der landwirtschaftlichen Produktion erweitern; allerdings erfordert dies in der Regel größere Investitionen. Wegen des leichteren Zugangs zur Produktion herrscht in den vom Bodenbesitz unabhängigen oder wenig abhängigen Zweigen der Agrarproduktion schärfere Konkurrenz als in der stark bodenabhängigen Produktion. Bei stärkerem Wettbewerb setzt sich u. a. der technische Fortschritt schneller durch als bei schwächerem Wettbewerb.

Eine Zugangsbeschränkung durch Geheimhaltung von Produktionsverfahren oder Patentschutz gibt es in der Landwirtschaft praktisch nicht. Lediglich die Vermehrung und der Vertrieb von Pflanzenzüchtungen (Sorten) genießen einen Rechtsschutz, auch erfordert die Anwendung moderner Züchtungsmethoden großen Kapitaleinsatz. Letzteres trifft für die Tierzüchtung ebenfalls zu, in vollem Umfang bisher allerdings nur für die Geflügelzüchtung. Saatgut und Küken sind jedoch vom Standpunkt der Mehrzahl der Landwirte aus betrachtet Produktionsmittel und keine Erzeugnisse. Eine von Einzelunternehmen getragene Forschung wie in der Industrie gibt es in der Landwirtschaft nicht; infolgedessen ist auch die Möglichkeit zur Begründung von Patentrechten von vornherein gering. Die wissenschaftliche Forschung wird einerseits von Institutionen der öffentlichen Hand betrieben, deren Ergebnisse jedermann zur Verfügung stehen. Andererseits treiben auch die Produktionsmittelindustrien (Dünger-, Pflanzenschutz-, Futtermittel-, Maschinenindustrie) Forschung, deren Ergebnisse in der Landwirtschaft verwendbar sind. Normalerweise haben die betreffenden Industrien großes Interesse daran, die Forschungsergebnisse in und mit ihren Produkten möglichst vielen Landwirten nahezubringen.

Dazu kommt, daß die Landwirte im allgemeinen zu einem intensiven Erfahrungsaustausch mit ihren Berufskollegen bereit sind. Zu diesem Zweck, wie überhaupt zur Verbreitung des technischen Fortschritts, haben sie zahlreiche Vereinigungen gegründet, deren größte und einflußreichste die Deutsche Landwirtschafts-Gesellschaft ist. Die landwirtschaftliche Fachpresse bringt laufend Beiträge von praktischen Landwirten, in denen sie ihre Erfahrungen mitteilen. Der Landwirt betrachtet seinen Berufskollegen und Nachbarn also überhaupt nicht als Konkurrenten; allenfalls werden die ausländischen Produzenten in ihrer Gesamtheit als Konkurrenz empfunden, gegen die man den Staat zu Hilfe ruft. Dies mag z. T. aus der Tradition zu erklären sein; in der Zeit der Hauswirtschaft bestand tatsächlich keine Konkurrenz zwischen den Landwirten. Hauptsächlich ist es aber eine Auswirkung der polypolistischen, atomistischen Struktur des Angebots. Der einzelne Landwirt kann den Preis für seine Produkte nicht beeinflussen; er muß ihn als ein Datum hinnehmen, das von dem anonymen Markt gesetzt wird. Da das für seine Berufskollegen ebenso zutrifft, sieht er in ihnen nicht seine Konkurrenten, sondern eher Leidensgefährten, die ebenfalls dem Diktat des anonymen Marktes unterworfen sind.

In anderen Wirtschaftsbereichen wird z. T. mit Erfolg versucht, den Zugang weiterer Unternehmen zum Markt zu erschweren, indem man durch intensive Werbung dem eigenen Produkt in den Augen der potentiellen Käufer eine starke Vorzugsstellung gibt. Auch das gibt es in der Landwirtschaft praktisch nicht, da der einzelne Landwirt nicht in der Lage ist, mit Erfolg für seine Produkte zu werben. Die Mittel, die er für Werbung bereitstellen könnte, sind zu gering und seine Produkte unterscheiden sich zu wenig von denen anderer Produzenten.

Auch auf seiten der Käufer sind die Voraussetzungen für einen hohen Konkurrenzgrad gegeben. Die Hauptabnehmer der Agrarprodukte (die Erfassungs- und Verarbeitungsunternehmungen) verhalten sich im allgemeinen indifferent gegenüber den anbietenden Landwirten. Sie können die ihnen angebotene Ware beurteilen, meistens sogar besser als die Landwirte selbst. Die Produkte der einzelnen Landwirte sind weitgehend vertretbar, vor allem wenn sie in Güte- oder Handelsklassen eingereiht werden, was schon in erheblichem Umfang geschieht. Die Markttransparenz ist für die Abnehmer der Agrarprodukte gut. Sie ist laufend durch den Ausbau der Produktions-, Außenhandels- und Vorratsstatistik, sowie durch Organisierung von Märkten, einwandfreie Preisermittlung und regelmäßige Marktberichterstattung verbessert worden. Wenn auch noch vieles zu wünschen übrig ist, so kann man doch sagen, daß die Markttransparenz für die Abnehmer landwirtschaftlicher Produkte in Deutschland auf einem vergleichsweise hohen Stand ist. Innerhalb begrenzter Regionen und auf organisierten Märkten besteht mithin ein sehr hoher Grad der Konkurrenz. Zwischen den Regionen bestehen lediglich größere Unterschiede hinsichtlich der Verkehrslage (der Bezugs- und Absatzkosten). Beim Direktverkauf an Konsumenten von verbrauchsfertigen Agrarprodukten, wie Speisekartoffeln, Eier, Gemüse, Obst und Wein, sind die Voraussetzungen für hochgradigen Wettbewerb allerdings großenteils nicht gegeben; dieser Absatz spielt jedoch im ganzen genommen nur eine untergeordnete Rolle.

Zusammenfassend sind folgende Tatsachen, die für die Beurteilung der Konkurrenzverhältnisse in der Landwirtschaft bestimmend sind, festzuhalten:
– Nach Zahl und Größe der Anbieter liegt ein Polypol mit atomistischer Konkurrenz vor.
– Der Zugang zur bodenabhängigen Produktion ist wegen des begrenzten Bestandes an nutzungswerten Bodenflächen innerhalb des Staatsgebietes beschränkt. Die Beschränkung wird aber durch Ertragssteigerung, Substitution und sparsamere Verwendung von Agrarprodukten im Zuge des technischen Fortschritts sowie durch die Möglichkeit der Einfuhr aus Ländern mit größeren Boden- und Ertragsreserven stark gemildert; im EWG-Raum ist sie in jüngster Zeit sogar völlig kompensiert worden.
– Im übrigen ist der Zugang zur landwirtschaftlichen Produktion offen. Insbesondere bestehen keine Zugangserschwerungen durch Geheimhaltung von Produktionsverfahren, Patentschutz oder Werbung.
– Auf seiten der Abnehmer sind die Bedingungen für hochgradige Konkurrenz weitgehend gegeben.

Alles zusammengenommen läßt darauf schließen, daß sich die Landwirte wie Mengenanpasser verhalten; alle Beobachtungen bestätigen dies.

2.4 Produktions- und Gewinnplanung der Unternehmen bei unterschiedlichen Konkurrenzverhältnissen[1])

Es sei unterstellt, daß die Maximierung des Gewinns das Ziel der Unternehmen ist, was in der Mehrzahl der Fälle auch annähernd zutreffen dürfte. Der Gewinn einer Unternehmung ergibt sich aus dem Umsatz abzüglich der Kosten, die für die Herstellung und den Vertrieb der dem Umsatz zugrunde liegenden Gütermenge aufgebracht worden sind. Der Umsatz ist das Produkt aus der abgesetzten Menge und dem für die Gütereinheit erzielten Preis. Also

$$U = m \cdot p$$

In der Regel steigen die Kosten nicht proportional der Ausbringungsmenge m. Der Kostenverlauf kann bei steigender Ausbringung sehr verschiedene Formen annehmen.

---

[1]) Die theoretischen Grundlagen der Produktions- und Gewinnplanung der Unternehmen werden hier nur soweit behandelt, wie es erforderlich ist, um typische Verhaltensweisen der Landwirte, vor allem wenn sie von denen der meisten anderen Unternehmer abweichen, zu erklären. Wer sich eingehender damit beschäftigen will, sei auf die Lehrbücher der Wirtschaftstheorie verwiesen.

Um den Einfluß der Konkurrenzverhältnisse auf die Art der Produktions- und Gewinnplanung im Prinzip darzulegen, genügt jedoch die Betrachtung des Normalfalls. Normalerweise ist ein Teil der Kosten unabhängig von der Ausbringung, jedenfalls innerhalb eines bestimmten Zeitraums und innerhalb der bestehenden Produktionskapazität des Betriebes. Man bezeichnet solche Kosten bekanntlich als Festkosten oder fixe Kosten. Andere Kosten sind vom Umfang der Ausbringung abhängig. Man bezeichnet sie als variable Kosten. Wenn nicht produziert wird, sind sie definitionsgemäß gleich Null. Mit anlaufender Produktion steigen sie in der Regel zunächst ziemlich rasch. Dann kommt eine Phase, in der sie schwächer steigen als die Ausbringung. Später, wenn sich das Gesetz des abnehmenden Ertragszuwachses geltend macht, beginnen die variablen Kosten wieder rascher zu steigen als die Ausbringung. Graphisch läßt sich dies wie in Abb. 21 darstellen.

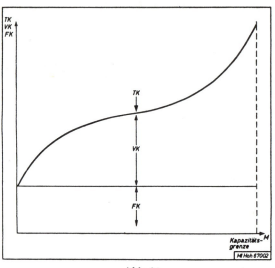

Abb. 21

Wenn man die Gesamtkosten TK (Totalkosten) durch die Zahl der ausgebrachten Einheiten dividiert, erhält man die durchschnittlichen Stückkosten. Die durchschnittlichen Stückkosten sind bei geringem Ausstoß recht hoch, weil sich die Festkosten FK auf nur wenig produzierte Einheiten verteilen. Sie fallen dann mit zunehmender Ausbringung schnell ab, weil sich die Festkosten auf mehr und mehr Einheiten verteilen und weil die variablen Kosten VK nicht entsprechend der Ausbringung steigen. Schließlich erreichen aber die Stückkosten ein Minimum und beginnen wieder zu steigen, nachdem die Verringerung der fixen Kosten nicht mehr ins Gewicht fällt und die variablen Kosten rascher als die Ausbringung steigen (Gesetz vom abnehmenden Ertragszuwachs). Die Kurve der durchschnittlichen Stückkosten DK verläuft also etwa wie in Abb. 22.
Schließlich kann man noch die Zunahme der Gesamtkosten feststellen, die durch die Ausbringung der jeweils nächsten Einheit entsteht. Diese zusätzlichen Kosten bezeichnet man als Grenzkosten GK. Die Grenzkostenkurve verläuft bei der unterstellten Entwicklung der variablen Kosten ebenso wie die Durchschnittskostenkurve U-förmig. Sie sinkt jedoch zunächst schneller und erreicht ihr Minimum bereits bei einem geringeren Ausstoß als diese. Solange die Grenzkosten – wenn auch schon steigend – noch geringer sind als

die durchschnittlichen Stückkosten, sinken letztere weiter. Erst wenn die Grenzkosten höher sind als die durchschnittlichen Stückkosten, beginnen diese zu steigen. Die Grenzkostenkurve schneidet daher die Durchschnittskostenkurve in deren Tiefpunkt.

Ein Unternehmer, der Gewinnmaximierung anstrebt, muß sich zunächst eine Vorstellung davon machen, welche Mengen er bei unterschiedlichen Preisen absetzen kann. Trägt man die Beziehungen zwischen Preis und Absatzmenge in einem Koordinatensystem ab, so erhält man die Preis-Absatz-Kurve *PA* des Unternehmens.

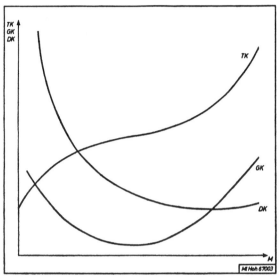

Abb. 22

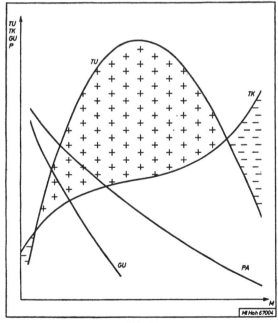

Abb. 23

Die Preis-Absatz-Kurve von Unternehmen mit größerem Marktanteil verläuft im allgemeinen von links oben nach rechts unten; eine Erhöhung des Absatzes ist nur zu sinkenden Preisen möglich (vgl. Abb. 23).

Weiß der Unternehmer, wie seine Preis-Absatz-Kurve verläuft, so kann er sich auch den Umsatz bei unterschiedlicher Absatzmenge errechnen ($U = m \cdot p$). Steigt die Absatzmenge m, so bewirkt dies tendenziell eine Steigerung des Umsatzes; gleichzeitig bewirkt aber der in der Regel mit steigender Menge fallende Preis p tendenziell ein Sinken des Umsatzes. Welche der beiden Kräfte stärker ist, d. h. ob der Umsatz größer oder kleiner wird, hängt vom Verlauf der Preis-Absatz-Kurve, d. h. von der Elastizität der Nachfrage nach dem Erzeugnis des Unternehmens ab.

Der Umsatz steigt, solange die Nachfrage nach dem Erzeugnis des Unternehmens elastisch ist, also solange der Elastizitätskoeffizient – vom Vorzeichen abgesehen – größer als 1 ist; die Absatzmenge steigt dann nämlich relativ stärker als der Preis sinkt. Dagegen fällt der Umsatz, wenn die Nachfrage unelastisch ist, wenn also der Elastizitätskoeffizient kleiner als 1 wird, weil dann der Preis relativ stärker fällt als die Absatzmenge zunimmt.

Der Umsatz wird also, wenn wir einen größeren Bereich von Menge und Preis betrachten, zunächst stark, dann schwächer steigen, einen Kulminationspunkt erreichen und danach wieder sinken. Die Umsatzkurve TU verläuft also im Prinzip so wie in Abb. 23.

Der Gesamtumsatz TU (Totalumsatz) ist aber nur einer der beiden Faktoren, die den Gewinn G bestimmen. Der andere Faktor sind die Kosten; also

$$G = TU - TK.$$

Aus Abb. 23 ist ersichtlich, daß es bei geringem Ausstoß und Absatz eine Zone mit Verlust gibt; die Kosten sind höher als der Umsatz. Dann nimmt der Umsatz stärker zu als die Kosten steigen. Es beginnt die Gewinnzone. Der Gewinn wächst zunächst; er nimmt aber schließlich wieder ab und verkehrt sich in einen Verlust, weil der Umsatz fällt und die Kosten weiter steigen, allmählich sogar stärker zu steigen beginnen. Innerhalb der Gewinnzone gibt es offensichtlich einen Punkt, bei dem der Gewinn im Maximum ist. Er ist dort zu suchen, wo der senkrechte Abstand zwischen der Umsatz- und der Kostenkurve am größten ist, d. h. wo die Tangenten an beide Kurven parallel verlaufen.

Für das Unternehmen, das nach Gewinnmaximierung strebt, gilt es, diesen Punkt zu ermitteln. Er liegt bei der Absatzmenge, deren letzte Einheit eine Erhöhung des Umsatzes bringt, die gerade noch die Mehrkosten deckt, welche die Bereitstellung dieser letzten Angebotseinheit verursacht. Das Gewinnmaximum ist also gegeben, wenn

Grenzkosten = Grenzumsatz

sind.

Dieser Punkt läßt sich auch graphisch ermitteln. Er liegt dort, wo sich die Grenzkostenkurve und die Grenzumsatzkurve schneiden (vgl. Abb. 24).

Die Grenzumsatzkurve GU fällt von links oben nach rechts unten, weil der Grenzumsatz mit steigender Absatzmenge abnimmt; denn bei jeder Einheit, die zusätzlich abgesetzt werden soll, muß unter sonst gleichbleibenden Bedingungen ein Preisnachlaß gewährt werden. Dieser Preisnachlaß betrifft nicht nur die zusätzliche Einheit, sondern sämtliche abzusetzende Einheiten; die Zahl der Einheiten, für die der Preisnachlaß gewährt werden muß, wird aber von Mal zu Mal größer. Dies führt letzten Endes dazu, daß der Grenzumsatz negativ wird; die nächste Einheit fügt weniger zum Umsatz zu, als die Preissenkung für alle bisherigen Einheiten den Umsatz vermindert. Die Grenzumsatzkurve reicht also in den 2. Quadranten des Koordinatensystems hinein.

Durch den Schnittpunkt der Grenzumsatzkurve *GU* mit der Grenzkostenkurve *GK* ist also die Produktions- und Verkaufsmenge bestimmt, bei der das Unternehmen den höchsten Gewinn erzielt. Man bezeichnet sie deshalb als optimale Menge (*om* in Abb. 24). Der bei dieser Angebotsmenge erzielte Preis heißt optimaler Preis *(op)*. Er ist durch den Schnittpunkt der Linie *om* mit der Preis-Absatz-Kurve bestimmt. Die durchschnittlichen Stückkosten liegen bei der Ausstoßmenge *om* zwar über dem erreichbaren Minimum, aber der Abstand zwischen dem optimalen Preis *op* und den Durchschnittskosten *dk* – das ist der Gewinn je Stück – ist hier so groß, daß das Produkt aus Stückgewinn und Absatzmenge (der Gesamtgewinn) sein Maximum erreicht. Bei abnehmendem Ausstoß steigt der Gewinn je Stück zwar zunächst noch weiter, aber durch die Abnahme der Stückzahl sinkt der Gesamtgewinn. Andererseits sinkt der Gewinn je Stück mit zunehmendem Ausstoß so schnell, daß der Gesamtgewinn trotz steigender Stückzahl geringer wird.

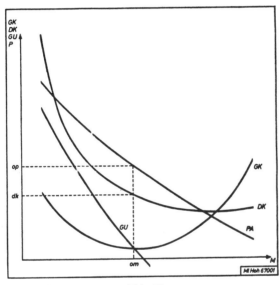

Abb. 24

Diese Art der Produktions- und Gewinnplanung ist für Unternehmungen möglich, die sich auf ihren Absatzmärkten wie Monopolisten verhalten können. Um richtig zu planen, müssen sie den Verlauf ihrer Preis-Absatz-Kurve kennen; diese ist für den Monopolisten mit der makroökonomischen Nachfragekurve identisch. Außerdem müssen sie Verschiebungen der Nachfragekurve nach rechts oder links, die in der Planungsperiode zu erwarten sind, berücksichtigen. Da sie diese Daten nur annäherungsweise schätzen können, werden sie im allgemeinen den maximalen Gewinn auch nur annäherungsweise erreichen.

Grundsätzlich kann diese Art der Produktions- und Gewinnplanung auch von Oligopolisten praktiziert werden, also von Unternehmungen, die sich zwar nicht monopolistisch verhalten können, aber einen so großen Marktanteil haben, daß eine Veränderung ihrer Angebotsmenge den Marktpreis für ihr Produkt merkbar beeinflußt. Für solche Unternehmungen ist die Planung jedoch dadurch erheblich erschwert, daß sie außer dem Verhalten der Käufer ihrer Produkte auch die Reaktion der Konkurrenten auf ihre eigene Preissetzung berücksichtigen müssen. Die sich daraus ergebenden mannigfaltigen Verhaltensweisen und die entsprechenden Möglichkeiten der Gewinnplanung können hier nicht erörtert werden. Auf jeden Fall ist eine der monopolistischen ähnliche Produktions- und Gewinnplanung für Oligopolisten nur so lange möglich, wie sie durch stillschweigende oder organisierte Übereinkunft sich gegenseitig bestimmte Marktanteile zuerkennen oder sich auf bestimmte Preise einigen. Bricht ein Preiskampf um Marktanteile aus, so verzichten Unternehmungen zeitweilig bewußt teilweise oder vollkommen auf Gewinn oder nehmen sogar einen Verlust in Kauf. Sie hoffen, auf diese Weise Konkurrenten zur Aufgabe der Produktion zu zwingen, um hernach ihre Gewinnplanung unter günstigeren Voraussetzungen gestalten zu können.

Kampf um Marktanteile bricht im allgemeinen aus, wenn Überkapazitäten vorhanden sind und sich Unternehmungen anderen überlegen fühlen, weil sie mit niedrigeren Kosten arbeiten und/oder Verluste über einen längeren Zeitraum als die Konkurrenten zu ertragen vermögen. Zu Überkapazitäten kann es in einem Wirtschaftszweig aus vielerlei Ursachen kommen, so z. B.

- durch Schrumpfung der Nachfrage. Beispiele: Die Nachfrage nach Mehl geht mit steigendem Wohlstand zurück (negative Einkommenselastizität); die Nachfrage nach Kohle kann nachlassen, weil Kohle durch Erdöl und Erdgas substituiert wird. So sind Überkapazitäten im Mühlengewerbe und im Kohlebergbau entstanden.
- durch technischen Fortschritt (Entwicklung neuer kostengünstigerer Produktionsverfahren). Neue Produktionskapazitäten werden mit dem Ziel errichtet, Produzenten, die noch nach älteren Verfahren, also kostenungünstiger produzieren, aus dem Markt zu verdrängen.
- durch Überschätzung der Nachfrageentwicklung.
- durch Unterschätzung der Investitions- und Produktionspläne der Konkurrenz (auch bei richtiger Einschätzung der Nachfrageentwicklung durch sämtliche Unternehmen).
- durch staatliche Förderung der Investitionen in einem bestimmten Wirtschaftszweig (direkte Subventionierung, Steuerbegünstigung usw.).

Überkapazitäten sind daher nicht selten. Mitunter verschwinden sie in verhältnismäßig kurzer Zeit wieder. Das ist z. B. der Fall, wenn die Produktionsanlagen auch für einen anderen als den ursprünglich gedachten Zweck eingesetzt werden können oder sich mit nicht zu hohen Aufwendungen dafür herrichten lassen, oder wenn die Nachfrage stark steigt und in eine zunächst aus einer der beiden zuletzt genannten Ursachen zu große Produktionskapazität bald hineinwächst.

Überkapazität allein braucht allerdings – wie schon gesagt – nicht zum Preiskampf um Marktanteile zu führen. Fühlen sich die Unternehmen etwa gleich stark, so versuchen sie bei Vorhandensein von Überkapazitäten die Produktion und das Angebot durch Absprache annähernd gleichmäßig in allen Unternehmungen zu beschränken. Bei Einschränkung des Ausstoßes unter die optimale Menge steigen die Stückkosten jedoch schneller als der Preis. Sämtliche Unternehmungen müssen sich also mit einem Gewinn begnügen, der unter dem Maximum liegt. Sind starke Produktionseinschränkungen notwendig, so verlieren sämtliche Unternehmungen oder ein großer Teil von ihnen ihren Gewinn vollkommen oder erleiden sogar laufend Verluste. Da dieser Zustand nicht längere Zeit hindurch erträglich ist, versucht man sich über die Stillegung ganzer Betriebe und die Umlegung des ihren Eigentümern entstehenden Kapitalverlustes auf sämtliche

Unternehmungen zu einigen (so z. B. in der Mühlenindustrie und im Steinkohlenbergbau).

Für die Unternehmungen, die unter hochgradiger polypolistischer Konkurrenz stehen, also für die sogenannten Mengenanpasser, wird der optimale Ausstoß ebenfalls durch den Punkt bestimmt, in dem der Grenzumsatz gerade noch die Grenzkosten deckt. Ihre Planung unterscheidet sich jedoch von der der anderen Unternehmungen in entscheidender Weise, weil sie den Marktpreis als Datum hinnehmen müssen. Keiner der Anbieter hat die Möglichkeit, den Marktpreis durch Änderung seines Angebots zu beeinflussen; sein Marktanteil ist hierfür zu gering. Aus der Sicht des einzelnen Anbieters (Produzenten) ist die Nachfrage nach seinen Erzeugnissen infolgedessen unendlich elastisch. Jede Menge, die er zu erzeugen und anzubieten in der Lage ist, kann er zum Marktpreis absetzen. Seine Preis-Absatz-Kurve verläuft mithin waagerecht in Höhe des herrschenden Marktpreises p (vgl. Abb. 25).

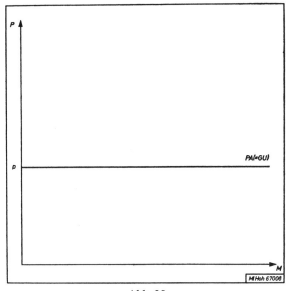

Abb. 25

Der Umsatz des Mengenanpassers steigt mithin stetig mit der abgesetzten Menge. Seine Umsatzkurve verläuft als Gerade (vgl. Abb. 26). Bei der größten Menge, die er anbieten kann, erzielt er auch den höchsten Umsatz.

Da für jede zusätzlich angebotene Einheit der gleiche Preis erzielt wird, ist

Grenzumsatz = Preis.

Die Grenzumsatzkurve ist also identisch mit der Preis-Absatz-Kurve in Abb. 25. Der Gewinn des Mengenanpassers erreicht infolgedessen sein Maximum, wenn die Grenzkosten gerade noch durch den Preis gedeckt werden. Die optimale Menge wird durch den Schnittpunkt der Preislinie (= Preis-Absatz-Kurve) mit der Grenzkostenkurve bestimmt (vgl. Abb. 27).

Ob bei optimaler Ausstoßmenge ein Gewinn entsteht, hängt allein vom Marktpreis ab, auf den der Mengenanpasser keinen Einfluß hat. Ein Gewinn entsteht nur, wenn der

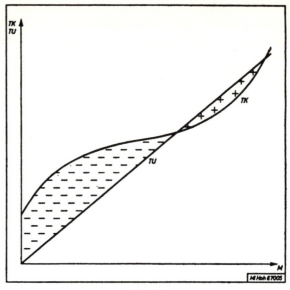

Abb. 26

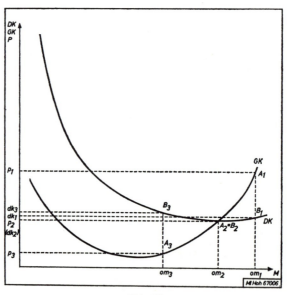

Abb. 27

Preis über dem Minimum der durchschnittlichen Stückkosten liegt. Beim Preis p_1 ist om_1 der optimale Ausstoß (vgl. Abb. 27). Er wird durch den Schnittpunkt A_1 der Preislinie p_1 mit der Grenzkostenkurve GK bestimmt. Die durchschnittlichen Stückkosten sind bei diesem Ausstoß dk_1. Sie werden durch den Schnittpunkt B_1 der Mengenlinie om_1 mit der Durchschnittskostenkurve DK bestimmt. Der Gewinn entspricht der rechteckigen Fläche, die durch die Geraden p_1 und dk_1 sowie durch die Ordinate und die Strecke $A_1 B_1$ begrenzt wird. Er ist maximal, denn bei zunehmender Menge steigen die durchschnittlichen

Stückkosten so stark, daß der Gewinn abnimmt, und bei abnehmender Menge sinken die Stückkosten zwar zunächst langsam, aber die Wirkung der rückläufigen Menge auf den Gewinn überwiegt; bei weiterem Rückgang beginnen zudem die Stückkosten wieder zu steigen.

Sinkt der Preis auf p_2, so daß die Preislinie die Grenzkostenkurve und die Stückkostenkurve in deren Schnittpunkt trifft, so entsteht kein Gewinn mehr. Die durchschnittlichen Stückkosten dk_2 sind im Minimum, denn die Grenzkostenkurve schneidet die Stückkostenkurve bekanntlich in deren Tiefpunkt, und sie entsprechen genau dem Preis. Obwohl kein Gewinn entsteht, ist om_2 der optimale Ausstoß; denn sowohl bei größerer als auch bei kleinerer Menge wären die Stückkosten höher als der Preis; es entstände also ein Verlust. Man nennt den Preis, der gerade noch die durchschnittlichen Stückkosten deckt, die *Gewinnschwelle*.

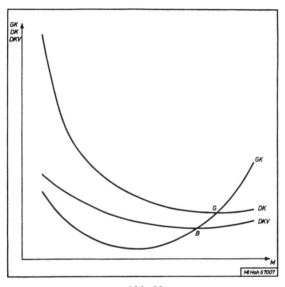

Abb. 28

Sinkt der Preis unter p_2 auf p_3, so entsteht auf jeden Fall ein Verlust. Trotzdem bleibt auch dann der Ausstoß, bei dem der Preis den Grenzkosten entspricht, zunächst noch die optimale Menge. Wird weniger produziert, so steigen die Stückkosten schnell an, so daß der Gesamtverlust wächst. Wird mehr produziert, so sinken zwar die Stückkosten, aber die Menge steigt relativ schneller, so daß der Gesamtverlust ebenfalls größer wird. Bei der Menge om_3 ist also der Verlust im Minimum.

Das gilt allerdings nur, solange der Preis über den durchschnittlichen variablen Stückkosten liegt, also noch einen Teil der Festkosten deckt. Sinkt der Preis so tief, daß auch die variablen Kosten nicht mehr voll gedeckt werden, so würde der Verlust bei Aufrechterhaltung der Produktion größer als bei Stillegung sein. In diesem Falle wäre die Ausstoßmenge, die sich ergibt, wenn der Preis gerade noch die Grenzkosten deckt, nicht mehr optimal. Man nennt den Preis, der gerade noch die durchschnittlichen variablen Stückkosten deckt, das *Betriebsminimum*. Er wird durch den Schnittpunkt der Grenzkostenkurve und der Kurve der variablen Durchschnittskosten bestimmt (B in Abb. 28). Das Betriebsminimum liegt um so tiefer, je höher der Anteil der Festkosten und je niedriger der Anteil der variablen Kosten an den Gesamtkosten ist. Die Zuordnung der einzelnen Kosten zu den Festkosten und den variablen Kosten liegt allerdings zum Teil im Ermessen des Unternehmers.

Ein Unternehmer wird also im allgemeinen zunächst weiterproduzieren, auch wenn die durchschnittlichen Stückkosten nicht mehr voll gedeckt werden. Er wird dies tun, solange der Preis noch einen Teil der durchschnittlichen Festkosten deckt. Deckt der Preis nur noch die variablen Kosten, so ist der Verlust gleich den Festkosten; der Verlust ist also gleich groß, ob weiterproduziert oder stillgelegt wird. Erst wenn der Preis auch die variablen Kosten nicht mehr voll deckt, ist der Verlust bei Stillegung geringer als bei Weiterproduktion. Diese Überlegung gilt allerdings zunächst nur für befristete Zeit.

Ein Unternehmer, der zu Preisen verkaufen muß, die unter den durchschnittlichen Stückkosten liegen, aber noch einen Teil der Festkosten decken, wird im allgemeinen nur weiterproduzieren, wenn er erwartet, daß die Preise eines Tages wieder über die Gewinnschwelle steigen. Erfüllt sich diese Erwartung nicht, so wird er in der Regel zu produzieren aufhören, wenn die vorhandenen Produktionseinrichtungen anderweitig besser genutzt werden können oder wenn sie so weit verbraucht sind, daß größere Ersatzinvestitionen notwendig werden würden. Unter sonst gleichbleibenden Bedingungen wird das gesamtwirtschaftliche Angebot also zunächst nur wenig eingeschränkt, wenn der Preis die Kosten aller an der Produktion beteiligten Unternehmungen nicht mehr voll deckt, aber noch über dem Betriebsminimum der Grenzproduzenten liegt. Erst wenn Unternehmungen aus der Produktion auszuscheiden beginnen, geht das Angebot stärker zurück.

Im landwirtschaftlichen Familienbetrieb wird oft auch weiterproduziert, wenn die Preise unter die Gewinnschwelle sinken, aber die für die Aufrechterhaltung der Produktion unbedingt notwendigen Ausgaben noch decken. Neben den kalkulatorischen Kosten (Zinsen für Eigenkapital, Bodenrente, Abschreibungen) gehören vor allem auch wesentliche Teile des Lohnanspruchs der Familie des Unternehmers zu den nicht unbedingt notwendigen Ausgaben. Die Kurve der notwendigen Ausgaben je produzierte Einheit verläuft unter diesen Umständen unterhalb der Kurve der variablen Stückkosten. Dementsprechend liegt auch das »Betriebsminimum« tiefer als bei Deckung der variablen Kosten. Besteht die Möglichkeit, die notwendigen Ausgaben z. T. durch Kreditaufnahme zu decken, so wird häufig auch bei noch niedrigeren Preisen geraume Zeit weiterproduziert. Das gilt allerdings nur für den Fall, daß der Durchschnitt der Preise sämtlicher Erzeugnisse, die im Betrieb produziert werden können, unter die Gewinnschwelle sinkt. Wenn nur der Preis eines einzelnen Produktes sinkt, besteht die Möglichkeit, auf andere Produktionszweige auszuweichen, in denen die vorhandenen Produktionsfaktoren besser verwertet werden.

2.5 Die Reaktion des Angebots von Agrarprodukten auf Preis- und Kostenänderungen (Angebotselastizität)

2.5.1 Reaktionszeit und Elastizität des Angebots

Aus der bisherigen Betrachtung ergibt sich, daß der Umfang der Produktion eines Gutes – und somit auch der Umfang des Angebots – durch den Preis und durch die Produktionskosten dieses Gutes bestimmt wird. Der Produktionsprozeß nimmt jedoch

Zeit in Anspruch; bei den meisten Agrarprodukten kann er zudem nur in bestimmten Jahreszeiten ablaufen. Infolgedessen spielt bei der Reaktion des Angebots auf Preis- und Kostenänderungen die Zeit eine entscheidende Rolle. Will man die Beziehungen zwischen Preisen und Produktionskosten einerseits und der Angebotsmenge andererseits untersuchen, so muß man also zuvor feststellen, welche Zeit für die Anpassung des Angebots an veränderte Preis- oder Kostenverhältnisse (Reaktionszeit) erforderlich ist.

Zunächst sind zwei Zeitabschnitte bei der Anpassung zu unterscheiden:
- der Zeitraum vor Beendigung der Produktionsperiode, die nach Änderung einer Preis- oder Kostensituation eingeleitet werden kann;
- die Zeit danach.

Der Umfang des Angebots, das in dem zuerst bezeichneten Zeitraum verfügbar ist, liegt weitgehend fest; jedenfalls kann er nicht mehr durch Produktionsausweitung oder -einschränkung beeinflußt werden. Nach diesem Zeitraum kann jedoch mehr oder weniger produziert und angeboten werden. In welchem Ausmaß das geschehen kann, ist wieder eine Frage der Zeit. Im Rahmen der vorhandenen Produktionskapazitäten kann die Erzeugung eines Gutes schon verhältnismäßig kurzfristig, nämlich bereits ab der nächsten Produktionsperiode, erhöht oder vermindert werden; das Ausmaß der möglichen Änderung des Ausstoßes ist jedoch meistens eng begrenzt. Langfristig ist dagegen der Spielraum für Produktionsänderungen sehr viel größer, weil Produktionsanlagen neu errichtet, erweitert oder stillgelegt werden können.

Im folgenden sollen dementsprechend drei Zeitabschnitte der Angebotsanpassung unterschieden werden, nämlich
- die *sofortige Anpassung,* das ist die Anpassung in einem Zeitraum, in dem das Angebot nicht mehr durch Änderung der Produktion beeinflußt werden kann;
- die *kurzfristige Anpassung,* das ist die Anpassung in einem Zeitraum, in dem das Angebot bereits durch Änderung der Produktion im Rahmen der bestehenden Produktionskapazitäten verändert werden kann;
- die *langfristige Anpassung,* das ist die Anpassung des Angebots in einem Zeitraum, in dem die Produktion auch durch Schaffung neuer sowie Erweiterung, Veränderung und Stillegung vorhandener Produktionsanlagen verändert werden kann.

2.5.2 Das sofort verfügbare Angebot

Die Menge eines Agrarprodukts, die der landwirtschaftliche Betrieb sofort und bis zur Beendigung der nächsten Produktionsperiode bereitstellen kann, ist – von witterungsbedingten Ertragsschwankungen und dgl. abgesehen – weitgehend schon bei der Einleitung des bereits abgeschlossenen oder noch laufenden Produktionsprozesses festgelegt worden; sie kann gar nicht oder nur wenig verändert werden, je nachdem, ob es sich um ein leicht verderbliches, nicht lagerfähiges Erzeugnis oder um ein auch unter einfachen Verhältnissen stapelfähiges Produkt handelt.

Die Menge eines leicht verderblichen Produkts, die ein Produktionsunternehmen in dieser Zeit anbieten kann, ist völlig starr; *sie kann weder durch den Preis noch durch die Kosten, zu denen sie künftig erstellt werden kann, beeinflußt werden.* Theoretisch besteht zwar die Möglichkeit, daß der Produzent einen Teil der verfügbaren Menge vernichtet oder inferior verwendet (z. B. Gemüse verfüttert), um das Angebot zu vermindern und einen höheren Preis zu erzielen. Als Mengenanpasser ist aber der einzelne Landwirt dazu meistens nicht in der Lage; denn sein Marktanteil ist so klein, daß er durch Beschränkung seines Angebots den Preis nicht merkbar beeinflussen kann. Er wird daher anbieten, solange der Preis noch die Ernte- und Vertriebskosten deckt. Stellt man die Beziehungen zwischen Preis und Angebotsmenge graphisch dar, so ergibt sich eine Angebotskurve wie A_{s1} in Abb. 29, nämlich eine senkrecht zur Abszisse verlaufende Gerade.

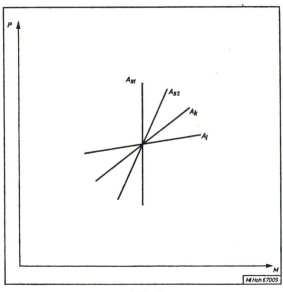

Abb. 29

Die Angebotskurve des gesamten Wirtschaftszweiges ergibt sich durch Addition der Angebotskurven aller einzelnen Produzenten. Sie verläuft bei leicht verderblichen Pro-Produkten infolgedessen ebenfalls senkrecht zur Abszisse wie A_{s1} in Abb. 29. Lediglich wenn die Möglichkeit besteht, solche Produkte durch besondere, meistens kostspielige Behandlung, wie Kühllagerung, Tiefgefrieren und sonstiges Konservieren, mehr oder weniger lange Zeit lagerfähig zu machen, kann das sofort verfügbare Angebot etwas elastischer werden. In der Regel sind jedoch nur größere Verarbeitungsunternehmungen in der Lage, solche Lagerhaltung zu betreiben, weil die hierfür erforderlichen Einrichtungen meistens erst rentabel sind, wenn sie in größeren Einheiten betrieben und kontinuierlich genutzt werden. Inwieweit solche Lagerhaltung dazu beitragen kann, das unverzügliche Angebot elastischer zu machen, hängt von der technisch möglichen Lagerzeit, von den Kosten der Konservierung und der Lagerhaltung sowie von den Qualitätsveränderungen des Produktes bei Konservierung und Lagerung ab.

Bei Produkten, die ohne kostspielige Vorkehrungen gestapelt werden können, besteht für den einzelnen landwirtschaftlichen Betrieb die Möglichkeit, Lagerhaltung zu betreiben. Je nach der Größe seines Lagers, die nicht nur von den vorhandenen technischen Möglichkeiten, sondern u. a. auch von seiner Liquiditätslage abhängt, kann der einzelne Landwirt seine Angebotsmenge variieren. Bei hohem Preis wird er das Lager verkleinern, bei niedrigem Preis wird er das Lager halten, jedoch nur, wenn Hoffnung auf einen höheren, die Lagerhaltungskosten deckenden Preis in der technisch möglichen

Lagerzeit besteht. In diesem Zusammenhang können auch die Produktionskosten, und zwar die künftigen, das sofort verfügbare Angebot beeinflussen. Kann die Produktion in der nächsten Produktionsperiode offenbar allgemein nur zu höheren Kosten erstellt werden, und wird deshalb ein kleineres Angebot sowie ein höherer Preis erwartet, so wird u. U. das sofort verfügbare Angebot zurückgehalten.

Die Sofort-Angebotskurve des einzelnen landwirtschaftlichen Unternehmens für gut lagerfähige Produkte wird also etwas nach rechts geneigt sein, wie z. B. A_{s2} in Abb. 29. Das gleiche gilt für die Sofort-Angebotskurve des gesamten Wirtschaftszweiges. Da sich auch Vermarktungsunternehmungen und u. U. auch Spekulanten an der Lagerhaltung (oder an ihrem Risiko) beteiligen können, ist das Gesamtangebot an Stapelprodukten oft noch etwas elastischer als das Angebot der Gesamtheit der Produzenten.

Die Spekulation aller an der Lagerhaltung Beteiligten kann allerdings dazu führen, daß das Angebot bei steigendem Preis zunächst abnimmt, weil ein weiteres Steigen des Preises erwartet wird und erst nach Überschreiten einer Preisschwelle stärker zunimmt. Entsprechend kann bei sinkendem Preis das Angebot in der Furcht vor weiterem Preisfall zunächst stark zunehmen und erst später zurückgehen.

Schaltet sich der Staat in großem Umfang in die Lagerhaltung ein, so kann das sofort verfügbare Angebot sehr elastisch werden. Das ist z. B. auf dem Getreidemarkt der EWG der Fall. Die staatlichen Vorratsstellen für Getreide kaufen jede ihnen angebotene Menge von Inlandsgetreide zu einem festgelegten Preis (Interventionspreis) und sind bereit, die Nachfrage zu einem etwas höheren Preis (Richtpreis) aus ihren Vorräten zu bedienen, sofern sie nicht durch Einfuhr befriedigt werden kann. Der Marktpreis kann sich also nur zwischen Interventionspreis und Richtpreis bewegen.

Zu den Agrarprodukten, deren sofort verfügbares Angebot völlig oder nahezu unelastisch auf den Preis reagiert, gehören Milch, Eier sowie zahlreiche Gemüse- und Obstarten. Etwas elastischer wäre das Sofort-Angebot von Getreide, wenn es nicht durch die staatliche Einfuhr- und Vorratspolitik hochelastisch gemacht würde. Eine Mittelstellung nimmt das Angebot vieler begrenzt lagerfähiger Agrarerzeugnisse ein, so z. B. das Angebot an Speisekartoffeln, Kopfkohl und Äpfeln, aber auch das Angebot von Schlachtvieh, dessen Verkaufs- und Schlachttermin in gewissen Grenzen vorgezogen oder hinausgeschoben werden kann.

Der Zeitraum bis zum Abschluß der nächsten Produktionsperiode, in dem der Landwirt überhaupt nicht oder doch nur äußerst schwach mit seiner Angebotsmenge auf eine Änderung der Marktlage reagieren kann, ist nur bei wenigen Agrarprodukten kürzer als ein Jahr; bei der Mehrzahl der Produkte beträgt er ein bis zwei Jahre, bei einigen Produkten sogar mehr. Während dieses Zeitraums ist der Landwirt mit seinem Angebot durch die Entscheidungen gebunden, die er schon bei Einleitung des Produktionsprozesses getroffen hat. Er muß also über den Umfang seines Angebots sehr langfristig im voraus disponieren. Seine Abnehmer brauchen dagegen ihre Dispositionen im allgemeinen nur erheblich kurzfristiger zu treffen und können sich daher veränderten Marktlagen entsprechend schneller anpassen. Bei dieser Konstellation werden die sich aus unvorhersehbaren kurzfristigen Änderungen der Marktlage ergebenden Risiken zum größten Teil auf den Landwirt abgewälzt. Sinkt also die Nachfrage, weil z. B. ein Substitut überreichlich angeboten wird, oder steigt das Angebot, weil z. B. überdurchschnittliche Erträge in einem für den Markt wichtigen Anbaugebiet erzielt worden sind, so muß in der Regel der Landwirt allein den Preisnachlaß hinnehmen, der erforderlich ist, um die erstellte Menge an die Konsumenten abzusetzen, während die Vermarktungsunternehmungen – von Ausnahmen abgesehen – ihre Spanne in absoluter Höhe aufrechterhalten, bei unzureichendem Wettbewerb sogar noch erhöhen können (vgl. Seite 32). Andererseits kommt aber auch hauptsächlich der Landwirt in den Genuß der Chancen, die sich aus einer unvorhergesehenen Nachfragesteigerung oder Angebotsminderung ergeben. Allerdings besteht in einem Einfuhrland für Agrarprodukte mit hohem Außenhandelsschutz, wie der BR Deutschland, im allgemeinen eher die Möglichkeit, ein knappes Angebot durch zeitweiliges Herabsetzen des Außenhandelsschutzes und verstärkte Einfuhr zu ergänzen, als ein zeitweilig überreichliches Angebot durch Ausfuhr zu vermindern. Die Risiken sind daher in der Regel häufiger als die Chancen.

2.5.3 Das kurzfristig und das langfristig verfügbare Angebot

2.5.3.1 *Grundsätzliches über die Wirkung von Preis- und Kostenänderungen auf die Produktion*

Wie schon dargelegt, kann die Erzeugung von Agrarprodukten schon in der auf eine Preisänderung folgenden Produktionsperiode erhöht oder vermindert werden. Als Mengenanpasser wird der Landwirt die Produktion eines Erzeugnisses erhöhen, wenn dessen Preis bei unveränderten sonstigen Bedingungen gestiegen ist und er weiterhin einen höheren Preis erwartet; umgekehrt wird er die Produktion einschränken, wenn der Preis gesunken ist und er weiterhin einen niedrigeren Preis erwartet. Wie stark er zweckmäßigerweise schon in der nächsten Produktionsperiode auf (erwartete) Preisänderungen reagiert, ergibt sich aus dem Verlauf des aufsteigenden Astes der Grenzkostenkurve (vgl. Abb. 28). Der Abschnitt der Grenzkostenkurve zwischen dem Betriebsminimum und der Kapazitätsgrenze wäre bei solcher Reaktionsweise identisch mit der Kurve des kurzfristig verfügbaren Angebots des Einzelbetriebes. Diese verläuft ohne Frage flacher als die Kurve des sofort verfügbaren Angebots (also z.B. wie A_k in Abb. 29). Noch flacher verläuft die Kurve des langfristig verfügbaren Angebots (z.B. wie A_l in Abb. 29), weil auf längere Sicht die Produktionskapazitäten verändert werden können, der Spielraum für eine Anpassung der Produktion an veränderte Preise mithin größer ist.

Ebenso wie auf den (erwarteten) Preis kann der Produzent mit der Erzeugung auf eine bereits eingetretene oder erwartete Kostenänderung reagieren. Sinken die Stückkosten um einen bestimmten Betrag, so bedeutet das eine Senkung der Angebotskurve um diesen Betrag; steigen die Stückkosten, so ist das gleichbedeutend mit einer entsprechenden Verschiebung der Angebotskurve nach oben (vgl. Abb. 31). Eine Stückkostensenkung bewirkt bei gegebener Angebotselastizität die gleiche Steigerung der Angebotsmenge wie eine Erhöhung des Produktpreises um den gleichen Betrag und umgekehrt. Der Vergleich der Abb. 30 und 31 macht das anschaulich.

2.5.3.2 *Über die Preiserwartungen der Landwirte*

Die Produzenten reagieren mit ihrer Produktion selbstverständlich nur auf Preis- und Kostenänderungen, wenn sie annehmen, daß diese von Bestand sind. Produktionsänderungen innerhalb der bestehenden Kapazitäten, also »kurzfristige« Produktions- und Angebotsanpassungen, werden nur vorgenommen, wenn die Produzenten erwarten, daß die veränderten Preis- oder Kostenverhältnisse mindestens bis nach Ablauf der

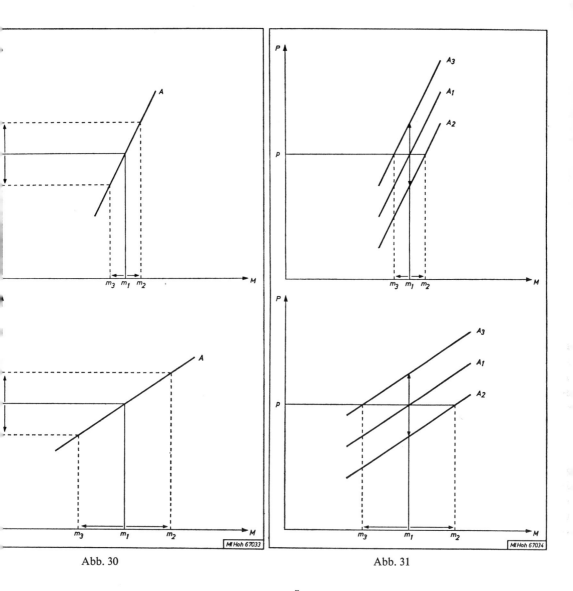

Abb. 30 Abb. 31

nächsten Produktionsperiode bestehen bleiben. Eine Änderung der Produktionskapazität, also eine »langfristige« Produktionsanpassung, erfordert die Anschaffung und/oder Stillegung dauerhafter Produktionsmittel und eine Änderung der Betriebsorganisation. Sie vollzieht sich daher nur unter dem Antrieb der Erwartung, daß bestimmte Preise oder Kosten mindestens so lange bestehen werden, bis sich diese Maßnahmen bezahlt gemacht haben. Dabei spielt natürlich eine entscheidende Rolle, mit welcher Sicherheit die Produzenten das langfristige Bestehen solcher Preise und Kosten erwarten zu können glauben.

Die einzelnen Landwirte betreiben im allgemeinen keine systematischen Markt- und Preisanalysen, auf Grund deren sie zu fundierten Vorstellungen über die zu erwartenden Preise ihrer Produkte und Produktionsmittel kommen könnten. Sie wären dazu auch kaum in der Lage. Meistens werden von ihnen nur preisbestimmende Faktoren registriert, die häufiger auftreten und stärkere Preisänderungen auszulösen pflegen, wie Saison- und Witterungseinflüsse. Die Informationen und Meinungen über die Preisaussichten, die von außen an die Landwirte herangetragen werden, sind oft widersprüchlich. Die meisten Landwirte in der BR Deutschland vermögen nicht zwischen wohlfundierten Informationen und oberflächlich gebildeten Meinungen zu unterscheiden. Diesem Mangel könnte abgeholfen werden, wenn sich die Berufsverbände, die das Vertrauen ihrer Mitglieder genießen, stärker um eine gutfundierte Marktanalyse oder doch wenigstens um die Verbreitung der Ergebnisse solcher Analysen bemühen würden; offensichtlich scheuen sie aber die damit verbundene Verantwortung. Unter diesen Umständen besteht für die große Mehrzahl der Landwirte nur die Möglichkeit, von dem Stand und der Entwicklung der Preise in der jüngeren Vergangenheit auf die Zukunft zu schließen. Alle Anzeichen sprechen dafür, daß dies tatsächlich weitgehend der Fall ist. Dabei spielt eine wesentliche Rolle, daß ein großer Teil der Landwirte glaubt, der Staat könne die Preise ihrer Produkte in beliebiger Weise regulieren und werde zumindest Preisrückgänge verhindern. Diese falsche Einschätzung der Möglichkeiten der staatlichen Agrarpreispolitik ist durch zahlreiche Äußerungen von praktischen Agrarpolitikern in Parlamenten, Regierungen und Verbänden gefördert worden.

2.5.3.3 *Die Bestimmungsgründe der Angebotselastizität bei Einzelprodukten*

Die Erzeugung der meisten Agrarprodukte erfolgt im Verbund. Nur wenige Produktionszweige, wie die Schlachtschweine-, Schlachtgeflügel- und Eiererzeugung mit marktgängigen Futtermitteln sowie z. T. der Feldgemüse- und der Handelsgewächsbau, stehen in keinem oder in einem nur verhältnismäßig losen Zusammenhang mit den übrigen landwirtschaftlichen Produktionszweigen.
Die Produktionszweige sind auf verschiedene Art miteinander verbunden:
– Bestimmte Produkte können nur gemeinsam miteinander erzeugt werden (»Koppelprodukte«), wobei das Mengenverhältnis meistens kurzfristig nicht wesentlich verändert werden kann. Die gemeinsam erzeugten Produkte können beide marktgängig (Verkaufsprodukte) sein, so z. B. Milch und Rindfleisch, Wolle und Schaffleisch, Eier und Suppenhühner. Es kann aber auch sein, daß nur eines der beiden Produkte marktgängig ist und das andere als Produktionsmittel für ein weiteres (marktgängiges oder nicht marktgängiges) Produkt dient, so z. B. Zuckerrübe und Rübenblatt als Futtermittel für Rauhfutterfresser, Getreide und Stroh als Futter und Streu in der Viehproduktion, Viehprodukte und Stalldung als Produktionsmittel für Bodenerzeugnisse usw.
– Die meisten Produktionszweige sind durch die Nutzung bestimmter Produktionsmittel miteinander verbunden. Die Nutzung kann dabei alternativ oder komplementär sein. So kann z. B. eine Ackerfläche in einem Jahr nur alternativ für den Anbau einer der verschiedenen Feldfrüchte genutzt werden. Im Laufe mehrerer Jahre ergänzen sich aber die Feldfrüchte in der Nutzung dieser Fläche. Die eine Frucht verbessert den Bodenzustand, was der nachfolgenden Frucht zugute kommt (»Vorfruchtwert«); hier liegt also komplementäre Nutzung vor. Ebenso können sich die verschiedenen Produktionszweige in der Ausnutzung der ständigen Arbeitskräfte, der Arbeitshilfsmittel und – seltener – der Gebäude ergänzen; aber sie können auch darum konkurrieren, nämlich wenn die Nutzungszeiten zusammenfallen.

– Schließlich ist darauf hinzuweisen, daß sich das Produktions- und Preisrisiko des Unternehmens mindert, wenn mehrere Produktionszweige nebeneinander betrieben werden.

Meistens sind die in einem landwirtschaftlichen Betrieb vereinigten Produktionszweige auf mehrere Arten miteinander verbunden, wie sich schon aus den aufgeführten Beispielen ergibt.

Bei verbundener Produktion kann nur ein Teil der Kosten den einzelnen Produktionszweigen eindeutig zugeordnet werden, die sogenannten Spezialkosten. Bei einem großen Teil der im landwirtschaftlichen Betrieb anfallenden Kosten handelt es sich um sogenannte Gemeinkosten, das sind Kosten, die den einzelnen Produktionszweigen nicht exakt zugeordnet werden können. Infolgedessen kann der Landwirt im Gegensatz zu den Produzenten, die nur ein Produkt herstellen oder die mehrere Produkte erzeugen, deren Produktion in keinerlei Beziehung zueinander steht, die Produktionskosten der Einzelprodukte nicht exakt berechnen. Er kann sich also keine klare Vorstellung von dem Verlauf der Kostenkurven seiner Einzelprodukte machen. Er behilft sich, indem er durch Vergleichsrechnung feststellt, bei welcher Kombination der Produktionszweige (Produktionsstruktur) er die gemeinsam genutzten Produktionsfaktoren am höchsten verwertet.

Ändert sich der Preis eines der von ihm erzeugten Produkte, so kann der Landwirt also auf zweierlei Weise darauf reagieren:

1. Er kann die speziellen Aufwendungen für dieses Produkt, soweit sie unmittelbaren Einfluß auf die Produktionsmenge haben, ändern;
2. er kann von den Produktionsmitteln, die im Verbund genutzt werden und deren Kosten nicht den einzelnen Produkten zugeordnet werden können, mehr oder weniger für dieses Produkt zu Lasten oder zu Gunsten der Erzeugung anderer Produkte einsetzen, also die Produktionsrichtung ändern.

Zu 1: Änderung der speziellen Intensität

Die wichtigsten Produktionsmittel, die unmittelbaren Einfluß auf den Bodenertrag oder die tierische Leistung haben und deren Kosten den einzelnen Produkten zugeordnet werden können, sind:

Saatgut,　　　　　　　　　　　marktgängige Futtermittel,
Handelsdünger,　　　　　　　hygienische Maßnahmen
Pflanzenschutzmittel,　　　　(Impfung, Wirkstoffgaben usw.).
Nutztiere,

Bei einem Teil dieser Produktionsmittel – so bei hochwertigem Saatgut und Tiermaterial, Pflanzenschutzmitteln und hygienischen Maßnahmen – besteht in der Regel nur die Alternative, sie in einem bestimmten Umfang oder überhaupt nicht anzuwenden. Die Verwendung dieser Mittel dürfte sich theoretisch mithin nur ändern, wenn der Preis die Rentabilitätsgrenze der Anwendung über- oder unterschreitet.

Anders liegen die Verhältnisse bei Anwendung der beliebig teilbaren Produktionsmittel, den Handelsdüngern und den Kraftfuttermitteln. Bei den Handelsdüngern ist auf Grund zahlreicher Versuchsergebnisse davon auszugehen, daß der Ertragszuwachs, der sich durch Aufwand jeweils einer weiteren Einheit ergibt – der Grenzertrag –, von einer bestimmten Aufwandshöhe an immer geringer wird, dann ganz ausbleibt und schließlich

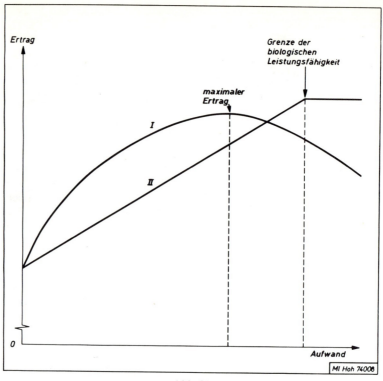

Abb. 32

in eine Ertragsminderung umschlägt (Gesetz vom abnehmenden Grenzertrag). Die Produktionsfunktion verläuft also – schematisch dargestellt – wie Kurve I in Abb. 32. Bis der maximale Ertrag erreicht ist, hängt die Höhe des optimalen Aufwands mithin von den Preisen des Produktionsmittels und des Produktes ab: Der Erlös für den Grenzertrag muß die Kosten des Grenzaufwands decken. Der exakte Verlauf der Produktionsfunktion ist allerdings nur sehr schwer zu ermitteln, da er nicht nur von Produkt zu Produkt, sondern auch je nach Standort, Klima und Grunddüngung unterschiedlich ist.
Bei den Kraftfuttermitteln haben steigende Aufwendungen, wenn die Nährstoffe *in harmonischer Kombination* geboten werden, nach dem heutigen Stand der Kenntnis etwa gleichbleibende Ertragszuwachsraten bis zur Grenze der biologischen Leistungsfähigkeit der Tiere in bezug auf die angestrebte Nutzungsrichtung. Die Produktionsfunktion verläuft also linear, wie in Abb. 32, Kurve II schematisch dargestellt ist. Sofern die Verwendung marktgängiger Futtermittel überhaupt rentabel ist, lohnt sich mithin ein Aufwand, der die biologische Leistungsfähigkeit des Tieres voll ausnutzt.
Ist die Rentabilitätsschwelle des Aufwandes von Handelsdüngern und Kraftfuttermitteln bereits weit überschritten, wie es z.B. in der BR Deutschland meistens der Fall ist, so müßte der Aufwand theoretisch bis zur Erreichung des maximalen Ertrages bzw. bis zur Grenze der biologischen Leistungsfähigkeit betrieben werden. Eine Erhöhung des Aufwandes wäre also bei Erweiterung der Preisrelation Produkt/Produktionsmittel nicht möglich. Eine Senkung des Aufwands wäre erst angebracht, wenn die Preisrelation ganz erheblich enger geworden ist. Unter solchen Verhältnissen müßte also das Angebot

weitgehend unelastisch auf Änderungen der Produkt- und Produktionsmittelpreise reagieren.

Das gilt natürlich nur, solange sich die Produktionsfunktion nicht ändert. Werden z. B. – was laufend geschieht – Pflanzen und Tiere gezüchtet, die mehr Nährstoffe in Leistungen umsetzen können, so liegt der maximale Ertrag bzw. die Grenze der biologischen Leistungsfähigkeit höher. Bei der unterstellten Bedingung, daß die Rentabilitätsschwelle der Anwendung schon weit überschritten ist, liegt mithin auch das Aufwandsoptimum höher. Setzt der vermehrte Einsatz unmittelbar mengenwirksamer Produktionsmittel größere Investitionen voraus, wie z. B. den Kauf oder die eigene Aufzucht von Rindvieh mit höheren Leistungsanlagen, so kann das Aufwandsoptimum nur im Zuge eines »langfristigen« Anpassungsvorganges angestrebt werden.

Schließlich ist es fraglich, ob die Landwirte Handelsdünger und Kraftfuttermittel stets optimal aufwenden und ob sie dazu überhaupt in der Lage sind.

Viele Landwirte kennen weder die Rentabilitätsschwelle der Anwendung der Produktionsmittel, noch die unter den Bedingungen ihres Betriebes optimalen Aufwandsmengen genau, denn die ohnehin schwierige Ermittlung dieser Werte ist durch Wetterschwankungen, stark unterschiedliche Leistungsanlagen der Nutztiere, unterschiedlichen Nährstoffgehalt des wirtschaftseigenen Futters und dergleichen noch erschwert. Sie wenden in der Regel unteroptimale Mengen auf. Erst im Zuge eines längerfristigen Lernprozesses »tasten« sich die meisten Landwirte an die optimalen Aufwendungen heran, die aber durch technische Fortschritte nach Art der oben beschriebenen laufend oder von Zeit zu Zeit steigen. Die Vermutung liegt nahe, daß sie durch stärkere Erhöhung eines Produktpreises oder durch stärkere Preissenkung bei einem Produktionsmittel veranlaßt werden, die Versuche mit höherem Aufwand zu intensivieren und umgekehrt.

Zu 2: Änderung der Produktionsrichtung

Die wichtigsten Produktionsmittel, die in der Regel vollständig oder zum Teil unter die Gemeinkosten fallen, sind:

der Boden,	zahlreiche Arbeitshilfsmittel,
die menschliche Arbeitskraft,	die Wirtschaftsgebäude,
die Zugkraft,	der Stalldung.

Die meisten von ihnen werden durch mehrere Produktionszweige komplementär genutzt, andere fallen als Koppelprodukt marktgängiger Erzeugnisse an (z. B. Stalldung). Durch diese Beziehungen ist weitgehend vorgegeben, in welchem Verhältnis die verschiedenen Produktionszweige bei gegebenen Preisrelationen an der Nutzung dieser Produktionsmittel zu beteiligen sind. Wie schon ausgeführt wurde, ist das Verhältnis der Produktionszweige optimal, wenn die Summe der Deckungsbeiträge aller Produktionszweige im Maximum ist, eine Änderung der Produktionsrichtung also keine Verbesserung des Betriebsergebnisses bringt. Ändert sich der Preis eines Produkts oder ändern sich seine Produktionskosten, so ändert sich auch das optimale Verhältnis der Produktionszweige im landwirtschaftlichen Betrieb. Einem bestimmten Gefüge der Produktpreise und der Produktionsmittelpreise entspricht also bei gegebenem Stand der Produktionstechnik eine bestimmte Produktionsstruktur und umgekehrt. Infolgedessen besteht eine gegenseitige Abhängigkeit der Preise der verschiedenen landwirtschaftlichen Produkte voneinander (»Interdependenz der Agrarpreise«).

Steigt der Preis eines Produkts oder fallen die Kosten seiner Herstellung, so ist die Produktion des Betriebes in Richtung dieses Erzeugnisses zu verlagern; von den im Verbund

genutzten Produktionsmitteln muß ein größerer Teil als vorher für die Erzeugung dieses Produkts und weniger für andere Produkte eingesetzt werden. In welchem Ausmaß das geschehen muß, wird bestimmt
- durch die Ansprüche, die die verschiedenen Produktionszweige an die gemeinsam genutzten Produktionsmittel hinsichtlich Ausmaß und Zeitpunkt der Inanspruchnahme stellen, und
- durch die Verwertungsmöglichkeit für etwaige Koppelprodukte.

Gibt es Produktionszweige im Betrieb, die sehr ähnliche Ansprüche an die gemeinsam genutzten Produktionsmittel nach Art, Umfang und Zeit stellen, so führen schon geringe Änderungen der Preis- oder Kostenverhältnisse zwischen den entsprechenden Produkten zu starken Änderungen der Produktionsrichtung; das Angebot reagiert bereits kurzfristig elastisch auf Preis- oder Kostenänderungen. Sind die Ansprüche mehrerer Produkte an die gemeinsam genutzten Produktionsmittel nahezu gleich, so kann es schon bei schwachen Preis- oder Kostenänderungen zur vollständigen Einstellung der Erzeugung der nunmehr weniger begünstigten Produkte zugunsten der Erzeugung der begünstigten kommen. Die Kurve des kurzfristigen Angebots verläuft flach.

Sind die Ansprüche der Produktionszweige an die gemeinsam genutzten Produktionsmittel sehr unterschiedlich, so erfordert eine Verlagerung der Produktionsrichtung im allgemeinen eine Änderung der Betriebsorganisation, u. U. auch größere Investitionen. Sie wird daher nur langfristig vollzogen; die Kurve des kurzfristigen Angebots verläuft dann steil.

Der Anfall von Koppelprodukten vermindert ceteris paribus die Elastizität des Angebots in bezug auf Preisänderungen, und zwar um so mehr, je höher der Wert des Koppelprodukts im Verhältnis zum Wert des betrachteten Gutes ist. Die ceteris-paribus-Klausel besagt hierbei u. a., daß sich der Preis des Koppelproduktes (bei marktgängigen Produkten) oder dessen Verwertungsmöglichkeit im Betrieb (bei marktgängigen und nicht marktgängigen Produkten) nicht ändert.

In der Regel sinkt jedoch der Preis (die Verwertungsmöglichkeit) des Koppelproduktes, wenn die Produktion erhöht wird, und steigt bei Verminderung der Produktion, wodurch die Angebotselastizität des Hauptprodukts zusätzlich gemindert wird.

Die wichtigsten *Ackerfrüchte* kann man in folgende Gruppen einteilen, die bei dem gegenwärtigen Stand der Produktionstechnik jeweils ähnliche Ansprüche an den Bodenzustand, die menschliche Arbeitskraft, die Zugkraft, die Arbeitshilfsmittel und die Versorgung mit Stalldung stellen:

1. Getreide (Anbaufläche in der BR Deutschland im Durchschnitt 1970/72 5,25 Mill. ha = 69,5% des Ackerlandes) und zwar
    die Wintergetreidearten   (2,75 Mill. ha = 36,5%),
    die Sommergetreidearten (2,3 Mill. ha = 33,0%);

2. Ölfrüchte und Leguminosen zur Körnergewinnung (123 000 ha = 1,6%);

3. Futterpflanzen einschl. Futterhackfrüchte (1,17 Mill. ha = 15,5%);

4. Verkaufshackfrüchte (Kartoffeln und Zuckerrüben, zusammen 0,87 Mill. ha = 11,5%);

5. Feldgemüse (131 000 ha = 1,7%).

Hierzu folgende Beispiele:

Ändert sich der Roggenpreis, so kann der Roggenanbau verhältnismäßig leicht zu Lasten oder zugunsten zunächst der anderen Wintergetreidearten, dann des Sommergetreides ausgedehnt oder eingeschränkt werden, weil die Ansprüche der Getreidearten an Bodenzustand, Arbeit, Zugkraft, maschinelle Ausrüstung, Gebäude und Stalldungversorgung sehr ähnlich sind. Der Wert des Koppelprodukts Stroh ist zwar bei den Getreidearten unterschiedlich, im ganzen aber gering im Verhältnis zum Wert der Körnerernte. Die Angebotselastizität in bezug auf den Preis ist also bei den einzelnen Getreidearten hoch, und zwar bereits kurzfristig. Analog ist es innerhalb der anderen Gruppen; allerdings sind hier die Ansprüche der einzelnen Früchte z. T. unterschiedlicher als bei den Getreidearten.

Auf Preis- oder Kostenänderungen bei einer gesamten Gruppe von Ackerfrüchten (z. B. aller Getreidearten) wird das Angebot kurzfristig weniger elastisch reagieren als auf Änderungen von Einzelpreisen, weil die Ansprüche an die Verbundleistungen von Gruppe zu Gruppe größere Unterschiede aufweisen als von Produkt zu Produkt innerhalb einer Gruppe. Bei einer Änderung der Getreidepreise würde der Getreidebau – wenn die Preise und Kosten aller anderen Ackerfrüchte unverändert bleiben – zunächst zugunsten oder zu Lasten der zweiten Gruppe (Ölfrüchte, Leguminosen) verändert werden, weil diese Gruppe mit ihren Ansprüchen an die Arbeitswirtschaft und das Inventar dem Getreidebau am nächsten kommt. Da diese Gruppe aber nur eine kleine Nutzfläche umfaßt und auch nur in einer beschränkten Zahl von Betrieben vertreten ist, sind die Austauschmöglichkeiten von vornherein begrenzt. Der Austausch mit der dritten Gruppe (Ackerfutterbau) ist dadurch erschwert, daß davon auch die Viehhaltung und der Anfall von Stalldung als Koppelprodukt der Viehproduktion betroffen wird; kurzfristig ist er daher praktisch kaum möglich. Die Gruppen vier und fünf sind in ihren Ansprüchen an die gemeinsam genutzten Produktionsmittel gegenüber dem Getreidebau so verschieden, daß eine Anbauverschiebung auf Grund kurzfristiger Preiserwartungen ebenfalls nicht vollzogen werden kann. Der Getreidebau insgesamt wird daher kurzfristig wenig preis- und kostenelastisch sein. Die Kurve des kurzfristigen Angebots verläuft steil. In längeren Zeiträumen vollziehen sich jedoch auch zwischen Gruppen von Bodenfrüchten, die so unterschiedliche Ansprüche an die gemeinsamen Produktionsfaktoren nach Art, Umfang und Zeitpunkt stellen, wie die Getreidearten einerseits sowie die Wechselfrüchte in den Gruppen 2 bis 5 andererseits erhebliche Verschiebungen im Anbauverhältnis. Die Kurve des langfristigen Angebots von Getreide verläuft also flacher als die des kurzfristigen. Der Austausch der Ackerbauprodukte der Gruppen 2 bis 5 durch Getreide wird jedoch vor allem aus Gründen der Fruchtfolge (komplementäre Nutzung des Bodens) erschwert, und zwar wird der Austausch um so schwieriger, je größer der Anteil des Getreides und je kleiner der Anteil der Wechselfrüchte bereits ist.

Die Produktion von Ölfrüchten reagiert dagegen schon kurzfristig elastischer, und zwar wegen der geringen Ausdehnung des Anbaus im Vergleich zum Getreide.

Der Ackerfutterbau ist wegen der engen Verbindung mit der Viehhaltung kurzfristig ziemlich starr, aber langfristig elastisch, da das Ackerfutter durch andere Futtermittel substituiert werden kann.

Der Anbauumfang von Verkaufshackfrüchten und Feldgemüse zusammen wird auf kurzfristige Preiserwartungen nicht elastisch reagieren, weil die Ansprüche an die Verbundleistungen wesentlich verschieden von denen der anderen Gruppen sind. Der Austausch zwischen beiden Gruppen ist jedoch wegen der Ähnlichkeit der Ansprüche leicht möglich; dies macht den Feldgemüsebau mit seinem geringen Anbauumfang kurzfristig sehr elastisch.

Zusammenfassend ist festzuhalten:
Der Anbau einer Ackerfrucht ist kurzfristig und langfristig um so elastischer,
- je mehr Ackerfrüchte mit ähnlichen Ansprüchen an die gemeinsam genutzten Produktionsmittel angebaut werden,
- je größer die Anbaufläche solcher Ackerfrüchte im Verhältnis zur Anbaufläche der betrachteten Pflanze ist,
- je weniger Koppelprodukte anfallen und je geringer der Wert etwaiger Koppelprodukte im Verhältnis zum Wert des betrachteten Produkts ist,
- je schwächer der Zusammenhang mit der Viehhaltung ist.

Änderungen der Produktionsrichtung, die den Kapitaleinsatz berühren und daher nur langfristig erfolgen, werden außerdem beeinflußt
- durch den Umfang der erforderlichen Investitionen bzw. der Stillegung von dauerhaften, anderweitig nicht verwendbaren Produktionsmitteln und in Zusammenhang damit,
- durch die Sicherheit, mit der das langfristige Bestehen der veränderten Preis- oder Kostenverhältnisse erwartet wird.

Die *Zweige der Viehhaltung* kann man nach ihren Ansprüchen an und ihren Leistungen für die gemeinsam genutzten Produktionsmittel zwei Hauptgruppen zuordnen:
- den Rauhfutterfressern (Milchviehhaltung, Rinderaufzucht, Rindermast, Schafhaltung),
- den Getreidefressern (Schweineaufzucht, Schweinemast, Mastgeflügelproduktion, Eierproduktion).

Die Haltung von *Rauhfutterfressern* ist durch die Verwertung nicht marktgängiger Futtermittel und durch die Stalldunglieferung eng mit den Zweigen der Bodennutzung verbunden. Zur Nutzung der Erträge des absoluten Grünlandes und der als Koppelprodukt von Verkaufsfrüchten anfallenden Rauh- und Saftfuttermittel ist die Haltung von Rauhfutterfressern unerläßlich. Dazu kommt, daß Viehbestände und Gebäude einen hohen Kapitalwert darstellen. Kurzfristig ist der Umfang der Haltung von Rauhfutterfressern daher sehr wenig elastisch. Auch der Austausch zwischen den verschiedenen Formen der Rauhfutterfresserhaltung ist kurzfristig nicht möglich. Im Einzelbetrieb ist er durch die unterschiedlichen Ansprüche an die Arbeitswirtschaft und die Gebäude sowie durch den hohen Wert der Viehbestände behindert, insgesamt scheitert er an der langsamen Vermehrbarkeit der Tiere.

Langfristig reagiert der Umfang der Haltung von Rauhfutterfressern insgesamt auf eine Einengung der Preis/Kostenrelation vermutlich schwächer als auf eine Erweiterung; denn die Betriebe mit absolutem Grünland sind praktisch zur Haltung von Rauhfutterfressern gezwungen, und andere Betriebe behalten sie wegen der Stalldungversorgung in gewissem Umfang bei, auch wenn sie dazu Ackerfutterbau betreiben müssen. Die Ausdehnung der Rauhfutterfresserhaltung wird in der BR Deutschland langfristig nur durch die erforderlichen Investitionen in Viehbestände und Gebäude gehemmt; die Futterversorgung bereitet dagegen keine Schwierigkeiten, da die Intensitätsreserven des absoluten Grünlandes groß sind und da die Verwendung von marktgängigen Futtermitteln, die sehr preiselastisch angeboten werden, weitgehend rentabel ist.

Der Übergang zwischen den verschiedenen Formen der Rauhfutterfresserhaltung und -nutzung, insbesondere zwischen den Formen der Rindernutzung (Milch, Mast, Aufzucht), kann sich langfristig verhältnismäßig leicht vollziehen, zumal sie im selben Betrieb nebeneinander betrieben werden können. Erschwert wird eine Änderung der Produktionsrichtung nur durch die erheblich höheren Arbeits- und Gebäudeansprüche des Milchviehs gegenüber den anderen Nutzungsformen der Rinderhaltung. Andererseits ist das Preisrisiko bei der Milchproduktion geringer als bei der Mast, weil bei Mager- und Schlachtvieh größere Preisschwankungen zu verzeichnen sind als bei Milch.

Die Haltung von *Getreidefressern* steht in einem verhältnismäßig losen Zusammenhang mit den übrigen Produktionszweigen der Landwirtschaft. Zwar ist die Schweinehaltung durch die Verwertung nicht marktgängiger Futtermittel (Hackfrüchte, Hinterkorn, Magermilch, Molke und dergleichen) mit anderen Produktionszweigen der Landwirtschaft (Getreidebau, Kartoffelbau, Milchviehhaltung) verbunden, jedoch nur in beschränktem Umfang; Anfang der 70er Jahre entfielen noch etwa 20% des Schweinefutters auf nicht marktgängige Futtermittel, der Anteil ist rückläufig. Als Stalldunglieferanten haben die Getreidefresser nur eine untergeordnete Bedeutung. Sie stehen mithin vor allem durch die Nutzung der menschlichen Arbeitskraft und der vorhandenen Gebäude mit den übrigen landwirtschaftlichen Produktionszweigen in Beziehung. Innerhalb der dadurch gesetzten Grenzen kann die Haltung von Getreidefressern wegen ihrer raschen Vermehrbarkeit und ihrer Kurzlebigkeit kurzfristig verändert werden, wenn marktgängige Futtermittel preiselastisch angeboten werden. Die Produktion von Schlachtschweinen, Schlachtgeflügel und Eiern hat sich infolgedessen bisher als kurzfristig recht elastisch erwiesen. Mit der zunehmenden Spezialisierung der landwirtschaftlichen Betriebe und der Tendenz zu gleichmäßiger Auslastung der Arbeitskräfte, zu der die steigenden Ansprüche an die Arbeitseinkommen zwingen, wird die kurzfristige Angebotselastizität vermutlich schwächer werden.

Die der Getreidefresserhaltung im Einzelbetrieb kurzfristig durch die vorhandenen Arbeitskräfte und Gebäude gesetzten Grenzen können langfristig erheblich erweitert werden. Gesamtwirtschaftlich bestehen solche Grenzen langfristig überhaupt nicht, da diese Produktionszweige nicht im Verbund mit der übrigen Agrarproduktion betrieben zu werden brauchen. Das Angebot an marktgängigen Futtermitteln ist bei der seit Anfang der 1950er Jahre bestehenden Weltmarktlage und durch das von der EWG praktizierte Einfuhrverfahren (Abschöpfungssystem) am Inlandsmarkt praktisch unendlich elastisch in bezug auf den Preis. Die für die Schaffung neuer Produktionskapazitäten notwendigen Bauleistungen spielen im Rahmen der Gesamtnachfrage nach Bauleistungen keine Rolle; auch sie sind daher praktisch unendlich preiselastisch. Unter sonst gleichbleibenden Umständen können infolgedessen neue Produktionskapazitäten errichtet werden, die bei gegebener Produktionstechnik mit den gleichen Kosten arbeiten wie die bestehenden.

Durch die Errichtung neuer, mit gleichen Kosten arbeitender Produktionskapazitäten kann die Kurve des kurzfristigen Angebots (A_k) laufend nach rechts verschoben werden (vgl. Abb. 33). Das bedeutet, daß das Angebot langfristig ceteris paribus unendlich preiselastisch ist; die Kurve des langfristigen Angebots (A_l) verläuft waagerecht. Es bedarf nur relativ schwacher Preis- und/oder Kostenanreize, um das Angebot einer wachsenden Nachfrage folgen zu lassen.

Der Verlauf der makroökonomischen kurzfristigen und langfristigen Angebotskurven für einzelne Agrarerzeugnisse wurde bislang vereinfachend geradlinig dargestellt. Das entspricht jedoch nicht der Wirtschaftswirklichkeit; im allgemeinen verlaufen vielmehr die Funktionen im unteren Preisbereich relativ steil, werden dann flacher und sind in höheren Preisbereichen meistens wieder relativ steil (vgl. Abb. 34). Dieser Kurvenverlauf erklärt sich für das kurzfristige Angebot wie folgt: Bei niedrigen Preisen (unterhalb p_1 in Abb. 34) ist die Produktion des betreffenden Erzeugnisses nur für Betriebe, die unter besonders günstigen Voraussetzungen produzieren, wirtschaftlich. Auf Preisveränderungen reagiert

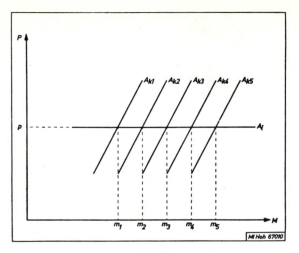

Abb. 33

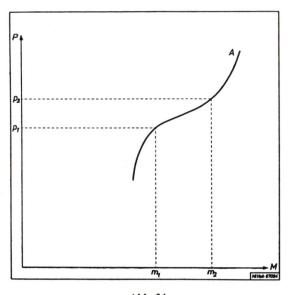

Abb. 34

das makroökonomische Angebot daher nur relativ schwach. Erst wenn der Preis die Gewinnschwelle eines größeren Teils der Betriebe erreicht und überschreitet, reagiert das Angebot auf Preisänderungen elastischer. Die elastische Reaktion hält an, bis bei der Mehrzahl der Produzenten die vorhandenen Kapazitäten ausgeschöpft sind (in Abb. 34 bei m_2 und p_2). Bei weiterem Preisanstieg reagiert das Angebot wiederum nur wenig elastisch. Eine allgemeine Senkung der Produktionskosten (Verschiebung der Angebotskurve in Abb. 34 nach unten) würde bewirken, daß der Produktpreis p_1 nunmehr bei einem Großteil der Produzenten über der Gewinnschwelle liegt und das Angebot stark zu steigen beginnt.

Die langfristige makroökonomische Angebotskurve kann ähnlich wie die kurzfristige verlaufen; sie ist jedoch im allgemeinen flacher. Der elastische Bereich setzt dort ein, wo bei einem größeren Teil der Produzenten die Schwelle der Rentabilität von Kapazitätserweiterungen überschritten wird. Die Elastizität nimmt wieder ab, wenn bei der Mehrzahl der Produzenten die Kosten für die Ausdehnung der Produktionskapazität stärker zu steigen beginnen.

2.5.3.4 *Die Bestimmungsgründe der Angebotselastizität bei Agrarprodukten insgesamt*

Das Angebot an Agrarprodukten insgesamt kann *kurzfristig* nur durch Erhöhung oder Minderung der speziellen Intensität, also der Intensität, mit der die Erzeugung der einzelnen Produkte betrieben wird, verändert werden. Wie bereits bei der Betrachtung der Angebotselastizität der einzelnen Agrarprodukte dargelegt worden ist, sind die Möglichkeiten hierzu eng begrenzt. Sie sind um so geringer, je höher die Intensität der Bodennutzung und der Viehproduktion schon ist, weil dann bereits bei den meisten unmittelbar mengenwirksamen Produktionsmitteln die Rentabilitätsschwelle überschritten ist und die Aufwendungen ihrem Optimum nahe sind. Eine Erweiterung oder Einengung der Relation zwischen dem Durchschnitt der Produktpreise und dem Durchschnitt der Produktionsmittelpreise (d. i. eine Anhebung oder Senkung des realen Agrarpreisniveaus) kann also kurzfristig nur eine schwache Wirkung auf das Volumen der Agrarproduktion haben, insbesondere, wenn die Erzeugung bereits auf hoher Intensitätsstufe ist.

Langfristig kann das Agrarangebot insgesamt (das Volumen der Agrarproduktion) auf dreierlei Weise den Veränderungen des Preis- und des Kostenniveaus angepaßt werden, nämlich
– durch Vergrößerung oder Verkleinerung der landwirtschaftlich genutzten Fläche,
– durch Veränderung des Umfanges der Veredelungsproduktion auf der Basis importierter Futtermittel,
– durch Änderung der Intensität der Produktion.

Eine Vergrößerung der landwirtschaftlich genutzten Fläche ist nur möglich, wenn nutzungswerte Bodenreserven vorhanden sind. In Ländern mit noch ungenutzten Bodenreserven wird daher unter sonst gleichen Umständen das Agrarangebot elastischer auf eine Erweiterung der Preis/Kostenrelation reagieren als in Ländern ohne Bodenreserven. Die Elastizität wird um so höher sein, je geringer die Kosten der Erschließung der Bodenreserven sind.

Aus der landwirtschaftlichen Nutzung ausgeschieden werden allenfalls Böden, die bei dieser Nutzungsweise keine Rente oder bei anderweitiger Nutzung eine höhere Rente erbringen. Das letztere spielt allerdings nur eine sehr untergeordnete Rolle, da im allgemeinen nur kleine, praktisch nicht ins Gewicht fallende Teile der landwirtschaftlichen Nutzfläche eines Landes solchen Nutzungsarten zugeführt werden können, die eine höhere Bodenrente erbringen (z. B. gärtnerische Nutzung, Bauland). In Ländern mit leicht erschließbaren Bodenreserven wird keine oder allenfalls eine geringe Bodenrente bei landwirtschaftlicher Nutzung erzielt. In Ländern ohne nutzungsfähige Bodenreserven wird dagegen in der Regel eine höhere Bodenrente erzielt. Sie ist um so höher, je stärker die Landwirtschaft durch hohe Bewegungskosten oder künstliche Einfuhrbeschränkungen gegen ausländische Konkurrenz geschützt ist. Unter sonst gleichen Bedingungen wird also die landwirtschaftliche Nutzfläche bei sinkendem Agrarpreisniveau oder steigendem

Produktionskostenniveau in Ländern mit Bodenreserven schneller und stärker vermindert als in Ländern ohne Bodenreserven, zumal wenn sie Agrarprotektion betreiben.

Ob Bodenflächen aus der landwirtschaftlichen Nutzung ausgeschieden werden, wenn sie hierbei keine Rente mehr abwerfen, hängt allerdings auch davon ab, ob sich den landwirtschaftlich Tätigen außerhalb der Landwirtschaft Erwerbsmöglichkeiten bieten, die ihnen ein höheres Arbeitseinkommen und eine höhere Rente für ihr Kapital als in der Landwirtschaft versprechen. Ist das nicht der Fall, so bleiben auch Böden in landwirtschaftlicher Nutzung, die keine Bodenrente abwerfen. Bieten sich andere Erwerbsmöglichkeiten, die ein höheres Arbeits- und Kapitaleinkommen versprechen, werden diese Möglichkeiten aber nicht erkannt oder werden sie aus nichtökonomischen Gründen ungenützt gelassen, so spricht man von Immobilität der Agrarbevölkerung. Unter solchen Umständen wird häufig nicht nur auf die Bodenrente, sondern auch auf andere kalkulatorische Kosten und auf Teile des Arbeitseinkommens verzichtet, ehe die Bodennutzung aufgegeben wird. Das Agrarangebot reagiert dann sehr unelastisch auf eine Verengung der Preis/Kostenrelation.

In Ländern, die nur über eine beschränkte landwirtschaftliche Nutzfläche verfügen und die zur Versorgung ihrer Bevölkerung auf Einfuhren angewiesen sind, werden die Agrarerzeugnisse vielfach in Form von marktgängigen Futtermitteln (Getreide, Eiweißkonzentraten u. a. m.) eingeführt und im Inland veredelt. Wie schon ausgeführt, reagiert die Veredelungsproduktion auf Preis- und Kostenänderungen bei den »Getreidefressern« (Schweine und Geflügel) schon kurzfristig relativ elastisch; langfristig verläuft die Angebotskurve fast waagerecht. Bei den Rauhfutterfressern, die als Ergänzungsfutter ebenfalls marktgängige Futtermittel benötigen, reagiert die Produktion kurzfristig wenig elastisch, langfristig u. U. recht elastisch.

Die Intensität der landwirtschaftlichen Produktion kann bei Erweiterung des Preis/Kostenverhältnisses um so mehr erhöht werden, je niedriger sie noch ist; denn im allgemeinen wird die Agrarproduktion mit geringer Intensität betrieben, wenn die Anwendung ertrags- und leistungssteigernder Produktionsmittel nicht rentabel ist oder wenn die Rentabilitätsschwelle nur wenig und erst seit kürzerer Zeit überschritten worden ist und die Aufwendungen daher noch erheblich unter ihren Optima liegen. Die Elastizität des Agrarangebots in bezug auf eine Verbesserung der Preis/Kostenrelation ist also ceteris paribus um so größer, je geringer die Intensitätsstufe ist. Jedoch ist das Angebot auch auf hoher Intensitätsstufe nicht völlig unelastisch. Selbst wenn schon geraume Zeit mit hoher Intensität produziert wird, treibt noch ein erheblicher Teil der Landwirte unteroptimale Aufwendungen, zumal die Optima durch technische Fortschritte laufend erhöht werden, wie später noch näher erörtert wird. Noch wichtiger ist, daß die Intensität der landwirtschaftlichen Produktion als Ganzes genommen langfristig nicht nur durch Steigerung der speziellen Intensität (der Intensität der einzelnen Produktionszweige) erhöht werden kann, sondern auch durch den Übergang von anspruchslosen, aber leistungsschwachen zu anspruchsvolleren, aber leistungsstärkeren Bodenfrüchten und Pflanzensorten sowie Vieharten und Viehzüchtungen.

In der Regel ist die Gesamt-Intensität der Agrarproduktion um so niedriger, je reichlicher der Vorrat an nutzungswertem Boden ist und umgekehrt. Zusammenfassend ist daher festzuhalten:

In Ländern mit reichlichen Bodenvorräten und geringer Intensität der Agrarproduktion reagiert das Agrarangebot insgesamt langfristig elastisch auf Änderungen des Agrarpreisniveaus und des Kostenniveaus der Agrarproduktion. Allerdings ist die Angebotselastizität bei Preiserhöhungen und Kostensenkungen sehr wahrscheinlich höher als bei Preissenkungen und Kostenerhöhungen. Der Prozeß ist also nicht in vollem Umfange reversibel.

Diese Feststellungen gelten allerdings nur unter der Voraussetzung, daß sich der Stand der Produktionstechnik nicht ändert. Langfristig können jedoch erhebliche Änderungen der Produktionstechnik eintreten, die einerseits die Produktionskapazität der landwirtschaftlichen Nutzfläche erhöhen und andererseits zur besseren Ausnutzung und zur Substitution der Bodenerzeugnisse führen. Setzen sich solche technischen Fortschritte kontinuierlich durch, so wirkt das wie eine Erhöhung der langfristigen Angebotselastizität, jedoch nur einseitig bei steigenden Preisen und sinkenden Kosten. Hierauf wird im nächsten Abschnitt näher einzugehen sein.

2.6 Ursachen von Produktionskostenänderungen und ihre Bedeutung für die Angebotsentwicklung

Im vorangegangenen Abschnitt ist dargelegt worden, welche Umstände die Elastizität des Angebots von Agrarprodukten in bezug auf Änderungen der Produktpreise und der Produktionskosten hauptsächlich bestimmen. Änderungen der Produktpreise können unmittelbar durch Veränderungen der Nachfrage hervorgerufen werden, deren Bestimmungsgründe ausführlich in Teil 1 dieses Bandes behandelt worden sind. Mittelbar können die Produktpreise auch durch Veränderung der Produktionskosten beeinflußt werden, da die Produzenten durch Anpassung der Produktionsmenge Preise und Kosten jeweils in ein Verhältnis zu bringen suchen, das durch ihr Streben nach Gewinnmaximierung bestimmt ist. Daß die Zeit hierbei eine entscheidende Rolle spielt, wurde dargelegt.

Die Produktionskosten der einzelnen Agrarprodukte ändern sich laufend aus zahlreichen verschiedenartigen Gründen. Solche Gründe sind:
– Änderungen der Faktorpreise;
– Änderungen der Produktivität, die ihrerseits bewirkt werden durch
    technische Fortschritte,
    organisatorische Fortschritte,
    Strukturänderungen,
    Änderungen der äußeren Ersparnisse und Belastungen,
    Bildung, Ausbildung, Beratung, Information.

Die Wirkungen dieser mannigfaltigen Einflüsse können sich akkumulieren oder kompensieren. Entscheidend ist, ob sich im Saldo eine Erhöhung oder eine Senkung der Produktionskosten ergibt.

2.6.1 Der Einfluß von Änderungen der Faktorpreise auf die Produktionskosten

Steigende Faktorpreise erhöhen unter sonst gleichbleibenden Bedingungen selbstverständlich die Produktionskosten, sinkende Faktorpreise senken sie. Nur äußerst selten ändern sich jedoch die Preise aller für die Erzeugung eines Agrarproduktes benötigten Produktionsfaktoren in gleicher Richtung und im gleichen Verhältnis. Im allgemeinen ändert sich nur ein Teil der Preise, oder die Preise der Produktionsmittel ändern sich unterschiedlich; damit ändert sich das Gefüge der Faktorpreise. Da die verschiedenen Produktionsfaktoren innerhalb gewisser Grenzen einander substituieren können, wird der Unternehmer auf eine merkliche Änderung des Faktorpreisgefüges mit einer Änderung des Faktoreinsatzes im Sinne der Minimalkostenkombination reagieren. Steigt der Preis eines Faktors, so wird er ihn durch andere Faktoren substituieren, soweit es technisch möglich und wirtschaftlich ist. Fällt der Preis eines Faktors, so wird er andere Faktoren durch den billiger gewordenen ersetzen, soweit es wirtschaftlich ist.

Wie stark sich die Änderung eines Faktorpreises auf die Produktionskosten eines bestimmten Erzeugnisses oder der Gesamtproduktion eines Betriebes auswirkt, hängt also nicht allein von der bisher verwendeten Menge dieses Faktors und der Preisänderung ab, sondern auch davon, wie dieser Faktor durch andere Faktoren im Produktionsprozeß ersetzt werden kann. Ist dies unschwer in weiten Grenzen möglich, so wirkt sich eine Preiserhöhung bei diesem Faktor nur vergleichsweise schwach, eine Preissenkung aber vergleichsweise stark auf die Produktionskosten aus. Ist die Substitution des Faktors nur in sehr engen Grenzen wirtschaftlich möglich, so wirkt sich eine Preiserhöhung vergleichsweise stark, eine Preissenkung vergleichsweise schwach auf die Produktionskosten aus.

In welchen Grenzen ein Faktor durch andere Faktoren substituiert werden kann, ist

    von Produktionszweig zu Produktionszweig,
    von Betrieb zu Betrieb und
    im Zeitablauf

unterschiedlich. So kann z. B. die menschliche Arbeit heute im Getreidebau technisch leichter und vor allem mit erheblich geringerem Kapitalaufwand ersetzt werden als im Futterbau oder im Kartoffelbau. Im arrondierten Großbetrieb mit tiefgründigen, humosen, steinfreien Böden kann sie in praktisch sämtlichen Zweigen der Bodenproduktion leichter substituiert werden als im Kleinbetrieb mit flachgründigen, steinigen Böden in hängiger Lage bei zersplitterter Flur. Und schließlich kann die menschliche Arbeit z. B. im Getreidebau, im Zuckerrübenbau oder in der Legehennenhaltung heute weitergehend und mit geringerem (realem) Kapitalaufwand substituiert werden als noch vor 20 Jahren.

Die Wirkung einer Faktorpreisänderung auf die Produktionskosten kann daher – längerfristig betrachtet – wohl für den einzelnen Betrieb (jedoch auch hier in der Regel nicht für Einzelprodukte) berechnet werden, nicht aber für den gesamten Wirtschaftszweig. Es kann also z. B. nicht vorhergesagt werden, wie sich die Kosten der deutschen Landwirtschaft insgesamt ändern, wenn sich der Lohn für familienfremde Arbeitskräfte um einen bestimmten Betrag erhöht oder wenn der Preis für Kalkammonsalpeter um einen bestimmten Betrag steigt oder sinkt. Die Bewertung der bisherigen Aufwandsmenge mit der Lohn- oder Preisänderung läßt die Anpassungsmöglichkeiten außer acht und ermöglicht daher allenfalls eine Vorstellung von der kurzfristigen Wirkung von Faktorpreisänderungen auf die Kosten. Solche Aussage ist aber nur von geringer Bedeutung.

Die gleiche Wirkung wie eine Faktorpreisänderung können auch Preisänderungen bei Agrarprodukten haben, die alternativ – d. h. mit etwa dem gleichen Aufwand an im landwirtschaftlichen Betrieb genutzten Produktionsmitteln – erzeugt werden können. Wenn sich nämlich der Preis eines Agrarprodukts ändert, so ändert sich dessen Beitrag zur Deckung der Gemeinkosten. Das hat für die Entscheidung über die Produktionsrichtung die gleiche Wirkung wie eine durch Faktorpreisänderungen bedingte Erhöhung oder Senkung der Produktionskosten der alternativ zu erzeugenden Produkte. Die

Möglichkeiten der alternativen Verwendung der Produktionsmittel sind aber von Betrieb zu Betrieb unterschiedlich. Infolgedessen wirken sich Preisänderungen bei einzelnen Agrarprodukten (Änderungen des Agrarpreisgefüges) von Betrieb zu Betrieb in unterschiedlicher Weise auf die Produktionsrichtung aus. Auch hier kann die Wirkung nur für den einzelnen Betrieb geschätzt werden, nicht aber für den gesamten Wirtschaftszweig.

2.6.2 Der Einfluß von Änderungen der Produktivität auf die Produktionskosten

Als Produktivität bezeichnet man das Verhältnis zwischen Ausstoß (output, Produktionsmenge, Naturalertrag) und Faktoreinsatz (input, Aufwandsmenge). Beides wird in naturalen Einheiten gemessen. Der gesamte Ausstoß eines Produktionsprozesses kann auf einen der eingesetzten Produktionsfaktoren bezogen werden, z. B. auf die eingesetzte Arbeit oder die eingesetzte Bodenfläche. Man spricht dann von *partieller Produktivität* oder *Faktorproduktivität* (Arbeitsproduktivität, Bodenproduktivität, Kapitalproduktivität). Wird der gesamte Ausstoß auf den gesamten (globalen) Faktoreinsatz bezogen, so spricht man von *globaler Produktivität*.

Da an einem Produktionsprozeß stets mehrere Faktoren beteiligt sind und häufig auch der Ausstoß aus mehreren Produkten besteht, ergibt sich die Notwendigkeit, die verschiedenen Faktormengen und Produktmengen in vergleichbaren Einheiten auszudrücken, um sie zusammenfassen zu können. Diese Notwendigkeit ergibt sich in jedem Fall bei der Ermittlung der globalen Produktivität, die in diesem Zusammenhang besonders interessiert. Im allgemeinen behilft man sich in der Weise, daß man die einzelnen Ausstoß- und Einsatzmengen mit konstanten (gleichbleibenden) Preisen bewertet, also etwa mit den Preisen, die zu einem bestimmten Zeitpunkt geherrscht haben. Man benutzt also die Preise zu einer bestimmten Zeit als statistische Gewichte. Durch Verwendung wechselnder Preise würde man den Begriff Produktivität, der ja ein Verhältnis naturaler Mengen ist, verfälschen.

Es liegt auf der Hand, daß sich unter sonst gleichbleibenden Bedingungen die Produktionskosten ändern, wenn sich das Verhältnis von Ausstoß und Faktoreinsatz (die Produktivität) ändert.

2.6.2.1 *Der Einfluß von technischen Fortschritten auf die Produktivität und die Produktionskosten*

Die wichtigste Ursache von Produktivitätsänderungen sind technische Fortschritte. Technische Fortschritte kommen durch Entwicklung neuer Produktionsverfahren, durch Schaffung neuer, bisher unbekannter Produkte und durch Qualitätsverbesserung bereits bekannter Produkte zustande. Derartige Neuerungen sind technische Fortschritte, wenn sie eine oder mehrere der drei folgenden Wirkungen haben:
1. Der gleiche (globale) Faktoreinsatz bringt einen größeren Ausstoß als bisher oder der gleiche Ausstoß kann mit einem geringeren (globalen) Faktoreinsatz produziert werden.
2. Das Verhältnis, in dem die Produktionsfaktoren bei der Herstellung eines Produktes einander substituieren können, wird verändert.
3. Der Bereich, in dem die Produktionsfaktoren bei der Herstellung eines Produkts einander substituieren können, wird erweitert.

Beispiele hierzu sind weiter unten aufgeführt.

Technische Fortschritte werden selbstverständlich nur wirtschaftlich wirksam, wenn sie von den Produzenten angewendet werden, und in dem Maße wie sie angewendet werden. Es ist mithin möglich, daß ein Vorrat von Erfindungen vorhanden ist, der erst unter bestimmten Bedingungen zur Anwendung kommt und wirtschaftlich wirksam wird. Gründe für die Nichtanwendung technischer Neuerungen können sein:
a) Geheimhaltung, Patentschutz (in der Landwirtschaft von geringer Bedeutung);
b) Verwendungsverbot oder -einschränkung zur Vermeidung möglicher Gefahren (z. B. bei der Schädlingsbekämpfung und bei der Tierernährung);
c) mangelnde Kenntnis der Wirtschaftlichkeit von technischen Neuerungen, fehlende Erfahrungen im Umgang mit ihnen (beruhen in der Regel auf unzureichender Bildung, Ausbildung und Information);
d) Trägheit, Bequemlichkeit, unökonomisches Verhalten;
e) Kapitalmangel;
f) das Verhältnis der Faktorpreise.

Bei technischen Fortschritten, die gemäß Ziffer 1 wirken – geringerer globaler Faktoreinsatz je Produkteinheit – spielt die Faktorpreisrelation keine Rolle. Sie werden angewendet, wenn dies nicht durch einen oder mehrere der Gründe a) bis e) behindert wird. Technische Fortschritte mit Wirkungen nach Ziffern 2 und 3 bringen nur unter bestimmten Faktorpreisrelationen wirtschaftlichen Vorteil und werden infolgedessen nur angewendet, wenn diese gegeben sind und keiner der sonstigen Hinderungsgründe besteht.

In der landwirtschaftlichen Produktion spielen gegenwärtig sowohl biologisch-technische Fortschritte als auch mechanisch-technische Fortschritte eine sehr große Rolle. Nach dem 2. Weltkrieg haben offensichtlich technische Fortschritte folgender Art besondere Bedeutung für die Entwicklung der Produktionskosten der deutschen Agrarproduktion gehabt:

Biologisch-technische Fortschritte in der Pflanzenproduktion
- Pflanzenzüchtung
    Züchtung von Sorten mit höherer Ertragsfähigkeit nach Menge und/oder Qualität;
    Züchtung von Sorten mit höherer Resistenz gegen Schädlinge und Witterungseinflüsse;
    Züchtung von Getreidesorten mit höherer Standfestigkeit;
    Züchtung von Monogermsaat der Zuckerrübe.
- Pflanzenernährung
    Entwicklung von Mehrnährstoffdüngemitteln;
    Verbesserung der Streufähigkeit der Düngemittel;
    Entwicklung neuer Handelsdüngerarten mit besserer Wirkung der Nährstoffe;
    Entwicklung chemischer Mittel, die das Pflanzenwachstum in bestimmter Richtung beeinflussen und dadurch höheren Düngeraufwand ermöglichen (z. B. Cycocel).
- Pflanzenschutz
    Entwicklung neuer chemischer Unkrautbekämpfungsmittel;
    Entwicklung neuer Schädlingsbekämpfungsmittel.

Biologisch-technische Fortschritte in der Viehproduktion
- Tierzüchtung
    Züchtung von Tieren mit höherer Leistungsfähigkeit nach Menge und/oder Qualität;
    Züchtung von Tierbeständen mit sehr einheitlichen Leistungsanlagen (bisher vor allem bei Geflügel).
- Tierernährung
    Einsatz nutritiver Wirkstoffe (Vitamine, Mineralstoffe, Aminosäuren), deren Wirkung bisher z. T. nicht voll erkannt war;
    Entwicklung neuer (überwiegend synthetischer) und Verbesserung schon bekannter nutritiver Wirkstoffe;
    bessere Abstimmung der Nährstoff-, Vitamin- und Mineralstoffgaben auf die Leistungsanlagen der Tiere (wird durch Mischfutter erleichtert!).
- Tierhygiene
    Einsatz neuer oder verbesserter prophylaktisch und therapeutisch wirkender Stoffe (z. B. Vitamine, Antibiotika, Coccidiostatica usw.).

Mechanisch-technische Fortschritte
- Motorisierung
    Motorisierung der Zugkraft;
    Motorisierung des Antriebs von Arbeitsmaschinen.
- Einführung neuer und Verbesserung schon bekannter Arbeitsmaschinen
    Besonders wichtige Beispiele sind:
    Mähdrescher,
    Rübenvollerntemaschine,
    Kartoffelvollerntemaschine,
    »Futterkette« (Maschinen zur Werbung, Einlagerung und Auslagerung von von Rauh- und Saftfuttermitteln),
    Schlepper-Anbaugeräte einschließlich Frontlader und andere Ladegeräte,
    Stalldungstreuer,
    Melkmaschine.
- Verbesserung der Gebäudegestaltung, -anordnung und -einrichtung, Sonstiges
    Besonders wichtige Beispiele sind:
    Entwicklung neuer Formen der Aufstallung, Fütterung und Entmistung,
    Verbesserung der Konservierungs- und Lagerungseinrichtungen (Silos, Trocknungsanlagen für Rauhfutter und Getreide).

Einige der aufgeführten technischen Fortschritte wirken nur im Sinne von Fall 1 (größerer Ausstoß bei gleichem Faktoreinsatz). So z. B.
- die Züchtung von Pflanzensorten mit größerer Resistenz gegen Schädlinge,
- die Züchtung von Tieren, die das Futter besser verwerten,
- der Einsatz von Wirkstoffen in der Tierernährung und Tierhygiene.

Die meisten technischen Fortschritte haben jedoch mehrere der drei weiter oben beschriebenen Wirkungen. So wirkt z. B. die Züchtung von Pflanzensorten mit höherer Ertragsfähigkeit sowohl im Sinne von Fall 1 (größerer Ausstoß bei gleichem globalen Faktoreinsatz), als auch im Sinne von Fall 3 (Erweiterung des Bereichs der Substitution von Boden durch Kapital in Form von Dünger); analoges gilt für die Züchtung von

Tieren mit höherer Leistungsfähigkeit. Die Motorisierung der Zugkraft wirkt z.B. im Sinne der Fälle 2 und 3: Durch Verbilligung der Haltung von Zugkraftreserven erlaubt sie die zeitgerechtere Durchführung von Arbeiten, wodurch Erträge steigen und/oder Verluste sinken (Fall 2, Verhältnis der Substitution von Boden durch Kapital), überdies erweitert sie den Bereich, in dem Arbeit durch Kapital substituiert werden kann (Fall 3). Die Entwicklung und Verbesserung der Arbeitsmaschinen wirkt meistens gleichzeitig im Sinne der Fälle 2 und 3.

Die Verbesserung des Austauschverhältnisses und die Erweiterung der Austauschmöglichkeit zwischen den Produktionsfaktoren hat vielfach zur Kostensenkung geführt oder die kostensteigernde Wirkung von Faktorpreiserhöhungen stark abgemildert. Besonders die Wirkung der fortlaufend starken Verteuerung der menschlichen Arbeitskraft auf die Produktionskosten konnte dadurch weitgehend abgefangen werden. Mechanisch-technische Fortschritte standen dabei natürlich im Vordergrund, vor allem die Entwicklung und Verbesserung von Arbeitsmaschinen im Zusammenhang mit der Motorisierung. Aber auch die Verbesserung der Gestaltung, Anordnung und Einrichtung der Gebäude hat dazu beigetragen, schließlich auch biologisch-technische Fortschritte, wie z. B. die Züchtung von Zuckerrüben-Monogermsaat und die Entwicklung von chemischen Unkrautbekämpfungsmitteln.

Durch Anwendung dieser technischen Fortschritte ist der globale Faktoreinsatz, wenn man ihn mit den derzeitigen Preisen wägt, erheblich gesenkt worden. Die Produktionskosten sind infolgedessen beträchtlich niedriger als sie sonst bei den derzeitigen Faktorpreisen wären. In vielen Fällen dürften sie sogar niedriger sein, als sie bei früheren (realen) Faktorpreisen waren. So wäre – um ein Beispiel für viele zu nennen – die Unkrautbekämpfung mit modernen chemischen Mitteln wohl auch schon bei Reallöhnen, die erheblich unter den heutigen liegen, billiger gewesen als die mechanische Unkrautbekämpfung.

Ein großer Teil der technischen Fortschritte führt nicht nur zur Kostensenkung, sondern erhöht gleichzeitig das Produktionspotential der Landwirtschaft. Es handelt sich dabei um Maßnahmen, die in einer der drei folgenden Richtungen wirken:

- Erweiterung der Möglichkeiten zur Substitution von Boden durch Kapital, wie z. B.
  Züchtung von Pflanzensorten mit höherer Ertragsfähigkeit;
  Züchtung von Pflanzensorten mit höherer Resistenz gegen Schädlinge und Witterungseinflüsse;
  Entwicklung neuer Schädlingsbekämpfungsmittel;
  zeitgerechte Durchführung der Feldarbeiten durch Motorisierung der Zugkraft und Entwicklung von Arbeitsmaschinen.
- Einsparung von Bodenprodukten bei der tierischen Veredelung. In diesem Sinne haben u. a. gewirkt:
  die Züchtung von Tieren mit höherer Leistungsfähigkeit und besserer Futterverwertung;
  der Einsatz von Wirkstoffen aller Art;
  die bessere Abstimmung der Nährstoff-, Vitamin- und Mineralstoffgaben auf die Leistungsanlagen der Tiere (Mischfutter!).
- Einsparung von Bodenprodukten infolge Substitution der tierischen Zugkraft durch Motoren in den landwirtschaftlichen Betrieben.

Die kostensenkende und die kapazitätssteigernde Wirkung dieser technischen Fortschritte sind nicht voneinander zu trennen. Da hochgradiger polypolistischer Wettbewerb herrscht, ist jeder Landwirt gezwungen, die Möglichkeit der Kostensenkung auszunutzen, indem er von den technischen Fortschritten Gebrauch macht. Somit vollzieht sich die Kapazitätsausweitung automatisch. Sofern nicht die Nachfrage in gleichem Maße zunimmt, wird ein Teil der Landwirte durch die mit zunehmendem Angebot rückläufigen Produktpreise zur Aufgabe der Produktion gezwungen. Versuche, die volle Ausnutzung des wachsenden Produktionspotentials künstlich zu verhindern, sind vor allem in den Vereinigten Staaten, aber auch anderweitig gemacht worden, jedoch selten mit nachhaltigem Erfolg.

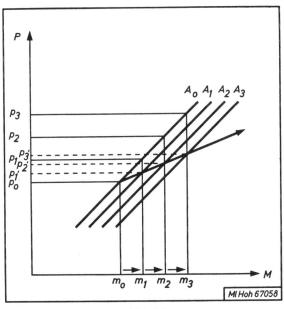

Abb. 35

Die Ausweitung der Produktionskapazität bewirkt eine Verschiebung der Angebotskurve nach rechts. Es sei angenommen, die langfristige Angebotskurve verläuft zunächst wie A_0 in Abb. 35. Dann wird zum Marktpreis p_0 die Menge m_0 produziert und angeboten. Weiter sei angenommen, daß die mengenmäßige Nachfrage kontinuierlich steigt und preisunelastisch ist; nach der Zeit t wird die Menge m_1 verlangt, nach der Zeit $2t$ die Menge m_2 usw. Verläuft die Angebotskurve wie A_0, so wird die Menge m_1 zum Preis p_1 angeboten. Verlagert sich jedoch die Angebotskurve infolge technischer Fortschritte in der Zeit t von A_0 nach A_1, so wird die Menge m_1 zu dem weit niedrigeren Preis p_1' angeboten. Setzt sich die Kapazitätsausweitung infolge technischer Fortschritte kontinuierlich im gleichen Tempo fort, so wird nach der Zeit $2t$ die Menge m_2 zu einem nur wenig höheren Preis angeboten usw. Stellt man Zeitreihen über Mengen und Preise einander gegenüber, so ergibt sich scheinbar eine flacher als A, im Sinne des Pfeils nach rechts oben verlaufende Angebotskurve. Wäre die kontinuierliche Kapazitätsausweitung ebenso groß wie die Nachfrageausweitung, so verliefe die Angebotskurve scheinbar waagerecht; ginge die Kapazitätsausweitung schneller vonstatten als die Nachfrageausweitung, so verliefe sie sogar scheinbar nach rechts unten (steigende Mengen werden zu sinkenden Preisen angeboten). Die laufende Vergrößerung der Produktionskapazität, die durch technische Fortschritte eintritt, macht also das langfristige Angebot scheinbar elastischer in bezug auf Preis- und Kostenänderungen.

Die Erscheinung, daß steigende Mengen zu sinkenden Preisen produziert und angeboten werden, wird mitunter fälschlich als »inverse Reaktion« ausgelegt. Inverse (umgekehrte) Reaktion liegt vor, wenn die Anbieter auf einen Preisrückgang nicht mit Senkung, sondern mit Erhöhung des Angebots reagieren. Solche Verhaltensweise ist vor allem bei Menschen anzutreffen, die in nahezu geschlossener Hauswirtschaft leben und gewöhnt sind, nur eng begrenzte Bedürfnisse durch Kauf von Gütern und Leistungen zu befriedigen. Sie verkaufen von ihren eigenen Erzeugnissen jeweils nur soviel, wie nötig ist, um sich die für den Kauf dieser begrenzten Gütermenge erforderlichen Mittel zu beschaffen. Geht der Preis ihrer eigenen Erzeugnisse unter sonst gleichbleibenden Bedingungen zurück, so verkaufen sie davon mehr und umgekehrt. Sinkende Preise lösen hier also tatsächlich unmittelbar ein Mehrangebot aus. Bei der oben beschriebenen Entwicklung besteht der kausale Zusammenhang jedoch in umgekehrter Richtung: Das Mehrangebot ist durch Kostensenkung und Kapazitätserweiterung infolge technischer Fortschritte bedingt und führt zur Preissenkung.

Verbreitet besteht die Vorstellung, daß auch unter den in unserer Zeit in der EWG bestehenden Bedingungen mit inverser Reaktion der Landwirte zu rechnen sei. So ist z. B. in einem Memorandum der EWG-Kommission aus dem Jahr 1968 zu lesen: »Eine nur begrenzte Preissenkung würde ... viele Landwirte anreizen, ihre Erzeugung zu erhöhen, um das gleiche Einkommen zu erhalten«. Zur Aufrechterhaltung des Einkom-

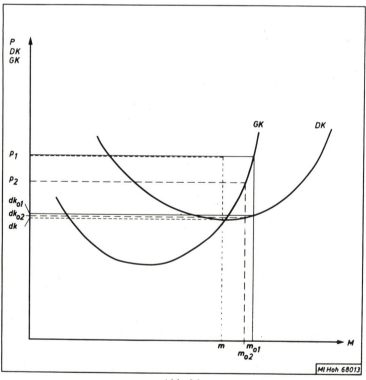

Abb. 36

mens kann inverse Reaktion jedoch nichts beitragen, wenn bereits optimal produziert worden ist. An Hand der Abb. 36 soll das erklärt werden. GK und DK seien die Grenz- und Durchschnittskostenkurven eines Landwirtes für ein bestimmtes Erzeugnis. Bei dem Preis p_1, der zunächst gegeben sei, ist m_{01} der optimale Ausstoß, bei dem das Gewinnmaximum erreicht wird. Der Stückgewinn entspricht der Differenz zwischen p_1 und dk_{01}. Sinkt der Preis auf p_2, so wird der optimale Ausstoß kleiner; er ist m_{02}, und der Stückgewinn entspricht der Differenz zwischen p_2 und dk_{02}. Würde der Landwirt die Erzeugung erhöhen, so würden seine Durchschnittskosten (dk) schnell steigen, und sein Gewinn (Einkommen) würde sinken. Allerdings wäre sein Umsatz (Erlös) u. U. höher als bei der optimalen Menge m_{01}. Mit Rücksicht auf seine Liquidität könnte er sich gezwungen fühlen, mehr als die optimale Menge zu produzieren; doch könnte er das nur kurzfristig durchhalten, denn die höhere Liquidität wird durch Substanzverzehr erkauft. Nur wenn der Landwirt beim Preis p_1 bewußt – nicht nur mangels entsprechender Fähigkeiten – unteroptimal produziert hätte – z.B. die Menge m –, könnte er bei Absinken des Preises auf p_2 sein Einkommen durch Erhöhung des Ausstoßes auf die nunmehr optimale Menge m_{02} verbessern. In Anbetracht ständig stark steigender Einkommensansprüche dürfte aber nur ein verschwindend kleiner Teil der europäischen Landwirte *bewußt* auf Gewinnmaximierung verzichten.

2.6.2.2 *Der Einfluß von organisatorischen Fortschritten auf die Produktivität und die Produktionskosten*

Organisatorische Fortschritte sind Maßnahmen, die die Anwendung von technischen Fortschritten ermöglichen oder den Wirkungsgrad der Faktoren anderweitig erhöhen. Maßnahmen dieser Art sind z. B.:
– die Betriebsvereinfachung und die Erweiterung der zwischenbetrieblichen Arbeitsteilung;
– die Organisierung des überbetrieblichen Maschineneinsatzes durch Maschinenringe, Maschinenbanken, Lohnunternehmen und dergleichen;
– die allgemeine Sanierung von Viehbeständen, wie z. B. die Ausmerzung sämtlicher Tuberkulose- und Brucelloseträger aus den Rinderbeständen des Landes, um die Infektionsmöglichkeiten zu beseitigen;
– die Einrichtung von Pflanzenschutzdiensten und Wetterschutzdiensten;
– sämtliche organisatorischen Maßnahmen, die zu einer besseren Ausnutzung der in den Betrieben vorhandenen Faktoren (Arbeitskräfte, Maschinen, Gebäude usw.) führen.

Da die organisatorischen Fortschritte nicht unmittelbar, sondern mittelbar, und zwar meistens über die Anwendung technischer Fortschritte, zur Geltung kommen, wirken sie ebenso wie diese. Häufig werden sie auch selbst als technische Fortschritte bezeichnet.

2.6.2.3 *Der Einfluß von Strukturänderungen auf die Produktivität und die Produktionskosten*

Strukturänderungen können ebenso wie organisatorische Fortschritte die Anwendung von technischen Fortschritten ermöglichen oder deren Wirkung verbessern. Solche Strukturänderungen können innerhalb der bestehenden Betriebe durchgeführt werden, aber auch den Bestand an Betrieben nach Zahl und Größe betreffen. Die wichtigsten Beispiele sind einerseits die Flurbereinigung und die Aussiedlung von Höfen aus einengender Dorflage, andererseits die Abstockung und Aufstockung von Betrieben, also die Anpassung der Betriebsgrößenstruktur an die Erfordernisse der sich wandelnden Produktionstechnik.

Strukturänderungen und organisatorische Fortschritte können bis zu einem gewissen Grad einander ersetzen. So sind z. B. die zwischenbetriebliche Arbeitsteilung, der überbetriebliche Maschineneinsatz und andere Arten der Kooperation organisatorische Maßnahmen, die eine weitergehende Änderung der Betriebsgrößenstruktur ersetzen.

2.6.2.4 *Änderungen der äußeren Ersparnisse und Belastungen und ihr Einfluß auf die Produktivität und die Produktionskosten*

Unter »äußerer« Ersparnis oder Belastung versteht man die Vorteile oder Nachteile, die sich für ein Unternehmen oder eine Gruppe von Unternehmen aus der Tätigkeit Dritter ergeben. Äußere Ersparnisse ergeben sich für landwirtschaftliche Unternehmen vor allem durch Maßnahmen der öffentlichen Hand zur Verbesserung der Infrastruktur, wie z. B.:

>   Ausbau der öffentlichen Verkehrswege und des öffentlichen Verkehrs;
>   Ausbau der landwirtschaftlichen Wirtschaftswege;
>   Ausbau des Stromversorgungsnetzes;
>   Ausbau der Wasserversorgung;
>   Verbesserung der Vorflutverhältnisse und anderes mehr.

Solche Maßnahmen senken die Produktionskosten der Betriebe, die davon profitieren. Werden sie weit verbreitet und in großem Umfang durchgeführt, so daß ein großer Teil der Landwirtschaftsbetriebe davon profitiert, so kann das zu einer merklichen Verschiebung der makroökonomischen Angebotskurve nach unten führen.

Äußere Belastungen von landwirtschaftlichen Betrieben, die häufiger vorkommen, sind

>   z. B.: Zerschneiden der Flur durch Straßen und Eisenbahnen;
>   Erschwerung der Arbeit durch den (wachsenden) Straßenverkehr;
>   Senkung des Grundwasserstandes durch Bergbau oder Trinkwasserentnahme;
>   Erhöhung des Grundwasserstandes durch verbesserte Entwässerung in höheren Lagen;
>   Schädigung der Pflanzen durch Rauch und Staub.

Das Ausmaß der äußeren Ersparnisse der Landwirtschaft in der BR Deutschland ist seit dem 2. Weltkrieg offensichtlich ganz erheblich stärker gestiegen als das Ausmaß der äußeren Belastungen.

2.6.2.5 *Der Einfluß von Bildung, Ausbildung, Beratung und Information auf die Produktivität und die Produktionskosten*

Die technischen und organisatorischen Fortschritte beruhen zum großen Teil auf wissenschaftlichen Erkenntnissen. Vielfach sind diese wissenschaftlichen Erkenntnisse grundsätzlicher Art und werden ohne Beziehung zu ihrer Anwendung in der Landwirtschaft gewonnen. Meistens kommen sie auch nicht unmittelbar in der Landwirtschaft zur Anwendung, sondern mit ihrer Hilfe werden zunächst in anderen Zweigen der Volkswirtschaft anwendungsreife landwirtschaftliche Produktionsmittel entwickelt und produziert, die dann schließlich von den Landwirten verwendet werden.

An dem Prozeß der Entwicklung technischer Fortschritte von der Erarbeitung grundsätzlicher wissenschaftlicher Erkenntnisse bis zur praktischen Anwendung neuer Stoffe und Verfahren sind also viele Bereiche der Volkswirtschaft beteiligt. Diese Tatsache wird häufig verkannt. Das markanteste Beispiel dafür ist die Ideologie des »Nährstandes«, die die Nahrungsproduktion und ihre Entwicklung allein der Landwirtschaft und den in ihr Tätigen zugute schreibt, obwohl die anderen Wirtschaftsbereiche durch geistige und materielle Vorleistungen sehr wesentlich daran beteiligt sind und vor allem keiner der beteiligten Wirtschaftsbereiche in diesem Prozeß entbehrlich ist.

Ob und in welchem Umfang sich die Entwicklung und die Anwendung technischer Fortschritte in der Agrarproduktion vollziehen, hängt von der geistigen Regsamkeit der gesamten Bevölkerung, von dem Stand der allgemeinen Bildung, von der Güte der Berufsausbildung aller Erwerbstätigen sowie von dem Auf-dem-laufenden-Halten der Fachkenntnisse der Erwerbstätigen durch ein gutes Beratungs- und Informationswesen ab. Der Austausch geistiger Errungenschaften zwischen den Volkswirtschaften und die Verstärkung des internationalen Wettbewerbs durch Entwicklung des Verkehrs, durch Abbau der Handelshemmnisse und durch Bildung größerer Wirtschaftsräume tragen in hohem Maße dazu bei.

2.7 Beschränkte Möglichkeiten der quantitativen Angebotsanalyse

Aus den bisherigen Betrachtungen ergibt sich, daß die Produktpreise und die Produktionskosten die wichtigsten Bestimmungsgründe des Angebots von Agrarprodukten sind. Es wäre natürlich von außerordentlichem Wert, wenn man den Einfluß, den Preis- und Kostenveränderungen auf das Angebot einzelner Produkte wie auf das gesamte Agrarangebot in vergangenen Zeitperioden gehabt haben, quantifizieren könnte. An Hand der ermittelten Elastizitäten könnte man – ähnlich wie bei der Nachfrage – bedingte Prognosen für die künftige Entwicklung des Angebots stellen. Vor allem würde dies auch besser fundierte Aussagen über die Wirkung von preispolitischen Maßnahmen erlauben.

Leider stehen der quantitativen Angebotsanalyse noch weit größere Schwierigkeiten entgegen als der Nachfrageanalyse. Um den Einfluß von Preisänderungen und Kostenänderungen auf das Angebot ermitteln zu können, müßten Zeitreihen über Preise, Kosten und Angebot zur Verfügung stehen. Aber die Produktionskosten einzelner Agrarprodukte können makroökonomisch nicht ermittelt werden, wie im vorangegangenen Abschnitt dargelegt worden ist. Selbst für den einzelnen Landwirtschaftsbetrieb können sie wegen der vielfältig verbundenen Produktion nicht exakt festgestellt werden.

Allerdings könnte empirisch ermittelt werden, wie einzelne Landwirte mit ihrer Produktion auf Änderungen der Produktpreise, Änderungen der Faktorpreise und einzelne, stark ins Gewicht fallende technische Fortschritte reagieren. Wenn es möglich wäre, die Landwirtschaftsbetriebe eines größeren Raumes, wie z. B. der BR Deutschland, einer begrenzten Zahl von Gruppen mit annähernd gleichartigen Produktionsbedingungen zuzuordnen und die durchschnittliche Verhaltensweise der Landwirte in jeder Gruppe empirisch festzustellen, so könnte die Angebotselastizität jeder Gruppe ermittelt werden. Durch Hochrechnen der Gruppenergebnisse könnte man zu Vorstellungen über die Angebotselastizität der gesamten Landwirtschaft des Raumes kommen. Dem stehen jedoch einmal die große Mannigfaltigkeit der Bedingungen, unter denen die Landwirtschaft in Deutschland wie auch in den meisten anderen Ländern produziert, entgegen. Sie erschwert es außerordentlich, die Betriebe in eine Zahl von Gruppen einzuordnen, mit der man noch operieren kann; dazu kommt, daß bei schnellem Strukturwandel, wie er sich gegenwärtig vollzieht, die Zuordnung der Betriebe zu den Gruppen rasch überholt ist. Weiterhin bereitet die empirische Ermittlung der Verhaltensweisen der Landwirte in den einzelnen Gruppen fast unüberwindliche Schwierigkeiten, da die hierfür erforderlichen statistischen Daten in der Regel fehlen. Mit der Unterstellung eines normativen, also einheitlichen Verhaltens aller Landwirte (z. B. eines nach dem Prinzip der Gewinnmaximierung ausgerichteten Verhaltens) würde man sich so sehr von der Wirklichkeit entfernen, daß die Ergebnisse für die eingangs erwähnten praktischen Zwecke wohl kaum brauchbar wären. Es besteht kein Anlaß zu der Hoffnung, daß die methodischen Schwierigkeiten der Angebotsanalyse in übersehbarer Zeit überwunden werden können. Die Grundlagen für eine zuverlässige quantitative Analyse werden nur schrittweise in mühseliger Kleinarbeit erarbeitet und verbessert werden können. Noch geraume Zeit wird man sich mit groben Schätzungen behelfen müssen.

2.8 Die Entwicklung der Agrarproduktion in der BR Deutschland seit Anfang der 50er Jahre und ihre wichtigsten Bestimmungsgründe

Die deutsche Landwirtschaft produziert Bodenerzeugnisse, von denen sie einen großen Teil in tierische Erzeugnisse »veredelt«. Bei diesem Veredlungsprozeß verwendet sie zur Ergänzung des eigenen Futteraufkommens eingeführte Futtermittel. Um die Produktionsleistung der Landwirtschaft zu messen, bedient man sich drei verschiedener Begriffe:
– Die *Brutto-Bodenproduktion* stellt das Maß für die Bodenleistung dar. Sie umfaßt die Erträge aller landwirtschaftlich genutzten Flächen ohne Rücksicht auf die Art ihrer Verwendung. Also auch die zur Reproduktion verwendeten Erträge – wie z.B. Saat- und Pflanzgut sowie Stroh, das unmittelbar oder im Stalldung dem Boden wieder zugeführt wird – gehören dazu (deshalb *Brutto*-Bodenproduktion).
– Die *Brutto-Nahrungsmittelproduktion* umfaßt alle aus der landwirtschaftlichen Produktion verfügbar gewordenen Mengen an Nahrungsmitteln und an Rohstoffen für gewerbliche Zwecke, und zwar sowohl die pflanzlichen als auch die tierischen Erzeugnisse. Der Eigenverbrauch der Erzeuger gehört ebenso dazu wie die über den Markt verwerteten Mengen. Berücksichtigt werden auch die Veränderungen des Viehbestandes, bereinigt um die Einfuhr von Nutz- und Zuchtvieh. Die Brutto-Nahrungsmittelproduktion schließt die Mengen an tierischen Erzeugnissen mit ein, die mit Hilfe eingeführter Futtermittel erzeugt worden sind.
– Die *Netto-Nahrungsmittelproduktion* wird aus der Brutto-Nahrungsmittelproduktion durch Abzug der verwendeten Einfuhrfuttermittel errechnet. Sie stellt also annäherungsweise die Nahrungsmittelerzeugung aus heimischer Bodenleistung dar. Diese Annäherung ist jedoch nur grob, denn die Einfuhrfuttermittel stellen größtenteils nicht nur eine quantitative, sondern auch eine qualitative Ergänzung des eigenen Futteraufkommens dar. Vor allem durch ihre meist hohe Nährstoffkonzentration und ihren Eiweißreichtum tragen sie zur besseren Ausnutzung der inländischen Futtermittel bei. Ohne sie wäre also die Erzeugung von Viehprodukten aus heimischer Bodenleistung geringer.

Um die zahlreichen verschiedenartigen Erzeugnisse in diesen Berechnungen über die Produktionsleistung der Landwirtschaft zusammenfassen zu können, müssen sie auf einen gemeinsamen Nenner gebracht werden. Das ist die Getreideeinheit (GE). Der 1970 revidierte Getreideeinheitenschlüssel besagt für jedes einzelne Produkt, welche Getreidemenge in Doppelzentnern den gleichen Nettoenergiewert – ausgedrückt in Stärkeeinheiten – hat wie 1 dz des betrachteten Produktes. Früher wurden noch andere Kriterien berücksichtigt, u. a. der Eiweißgehalt.

In den 20 Jahren zwischen dem Anfang der 50er Jahre (Durchschnitt der drei Wirtschaftsjahre 1950/51 bis 1952/53) und dem Anfang der 70er Jahre (Durchschnitt 1970/71 bis 1972/73) ist die Agrarproduktion in der BR Deutschland stark gestiegen.

Die *Brutto-Bodenproduktion* hat um 14,8 Mill. t GE oder rd. 37% zugenommen (vgl. Übersicht 8 und Abb. 37). Da die landwirtschaftlich genutzte Fläche in dem betrachteten Zeitraum um 4,5% abgenommen hat, ist die Bodenleistung je Hektar noch etwas stärker gestiegen, nämlich um rd. 43%. Besonders stark ist die Getreideproduktion gestiegen; von der gesamten Steigerung der Bodenleistung um 14,8 Mill. t GE entfielen 8,5 Mill. t (58%) auf Getreide. Die Erzeugung an sonstigen Marktfrüchten zusammengenommen war nur mit 0,7 Mill. t GE (5%) an der Mehrproduktion beteiligt; die kräftige Produktionssteigerung bei Zuckerrüben und Sonderkulturerzeugnissen wurde durch den Rück-

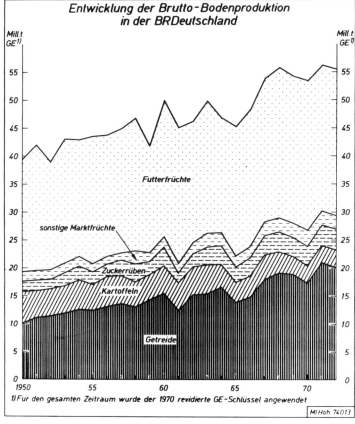

Abb. 37

gang der Kartoffelerzeugung auf fast die Hälfte weitgehend kompensiert. An Futterfrüchten wurden Anfang der 70er Jahre 5,5 Mill. t GE mehr erzeugt als Anfang der 50er Jahre, das sind 37% der gesamten Mehrerzeugung. Die Veränderungen der Bodennutzung – so vor allem die Ausweitung des Getreidebaus um rd. 800 000 ha, die Einschränkung des Hackfrüchtebaus um rd. 770 000 ha und die nur geringe Zunahme der Sonderkulturflächen – zeigen an, daß die Steigerung der Bodenleistung durch Erhöhung der speziellen Intensität erfolgt ist. Ein Übergang zu verstärktem Anbau von Intensivfrüchten, vor allem Hackfrüchten, der bis zum Zweiten Weltkrieg eine wesentliche Rolle bei der Steigerung der Bodenleistung spielte, hat also nicht stattgefunden, sondern das Gegenteil war der Fall.

Die *Netto-Nahrungsmittelproduktion* ist in den betrachteten 20 Jahren um 16,6 Mill. t GE oder rd. 51% gestiegen. Die Zunahme war also absolut und relativ größer als die der Brutto-Bodenproduktion (vgl. Übersicht 8 und Abb. 38). Das war jedoch nur in den 50er Jahren der Fall und ist hauptsächlich auf die Einsparung an Zugviehfutter zurückzuführen, die damals durch den Übergang zur Motorisierung eingetreten ist.

Übersicht 8

Entwicklung der Agrarproduktion in der Bundesrepublik Deutschland 1950/52 bis 1970/72

Zeitraum	Einheit	Durchschnittliche jährliche		
		Brutto-Bodenproduktion	Netto-Nahrungsmittelproduktion	Brutto-Nahrungsmittelproduktion
1. 1950/51 bis 1952/53	Mill. t GE[1])	40,22	32,24	34,09
2. 1960/61 bis 1962/63	Mill. t GE	47,11	42,04	46,86
3. 1970/71 bis 1972/73	Mill. t GE	54,99	48,79	58,57
Absolute Zunahme				
3. gegen 1. Periode	Mill. t GE	14,77	16,55	24,48
2. gegen 1. Periode	Mill. t GE	6,89	9,80	12,77
3. gegen 2. Periode	Mill. t GE	7,88	6,75	11,71
Relative Zunahme				
3. gegen 1. Periode	%	36,7	51,3	71,8
2. gegen 1. Periode	%	17,1	30,4	37,5
3. gegen 2. Periode	%	16,7	16,1	25,0

[1]) Für den gesamten Zeitraum wurde der 1970 revidierte GE-Schlüssel verwendet.
Quelle: Statistisches Jahrbuch über Ernährung, Landwirtschaft und Forsten.

Die *Brutto-Nahrungsmittelproduktion* ist um 24,5 Mill. t GE oder rd. 72% gestiegen. Die Veredelung von eingeführten Futtermitteln hat stark zugenommen. Sie belief sich Anfang der 50er Jahre auf weniger als 2 Mill. t GE und ist bis Anfang der 70er Jahre auf fast 10 Mill. t GE gestiegen.

Wie in den vorangegangenen Abschnitten dargelegt wurde, sind Veränderungen der Produktpreise, der Faktorpreise und der Produktivität die wichtigsten Bestimmungsgründe der Produktionsentwicklung. Die Produktpreise haben keinen Anlaß zu der starken Produktionssteigerung in den 50er und 60er Jahren gegeben. Zwar ist der Index der Erzeugerpreise landwirtschaftlicher Produkte nominal um 42% gestiegen, doch hat

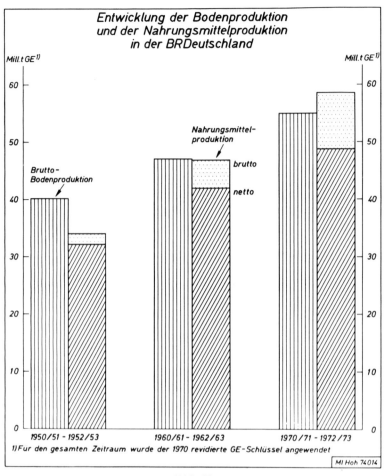

Abb. 38

sich das Gesamtniveau der Güterpreise weit stärker erhöht. So ist der Preisindex der Lebenshaltung zwischen Anfang der 50er und Anfang der 70er Jahre um 59%, der Index der Einkaufspreise landwirtschaftlicher Betriebsmittel um 63% gestiegen. Das Niveau der Agrarpreise ist also real gesunken. Der Rückgang ist allerdings erst zwischen Anfang der 60er und Anfang der 70er Jahre eingetreten, und zwar vor allem durch die Anpassung an das gemeinsame Agrarpreisniveau der EWG und durch die relativ hohen Inflationsraten am Anfang der 70er Jahre bei nur geringen nominalen Änderungen der administrierten Agrarpreise. Deflationiert man das Agrarpreisniveau mit dem Preisindex der Lebenshaltung, so war es Anfang der 60er Jahre knapp 3% höher, Anfang der 70er Jahre jedoch fast 11% niedriger als Anfang der 50er Jahre (vgl. Übersicht 9, Zeile 1). Die Entwicklung des realen Agrarpreisniveaus hat also die Entwicklung der Produktion in den 50er Jahren kaum stimuliert und in den 60er Jahren hintangehalten.

Die realen Faktorpreise haben sich sehr unterschiedlich entwickelt. Die realen Landarbeiterlöhne sind anhaltend stark gestiegen. Anfang der 70er Jahre waren sie 2,85mal so hoch wie Anfang der 50er Jahre (vgl. Übersicht 9, Zeile 2). Ähnlich dürften sich auch

Übersicht 9

Entwicklung der Realpreise[1]) *für Erzeugnisse und für Betriebsmittel der Landwirtschaft sowie der realen Landarbeiterlöhne*[1]) *in der BR Deutschland*
1950/51 bis 1952/53 = 100

Preisindize	1960/61 bis 1962/63	1970/71 bis 1972/73[2])
1. Index der Erzeugerpreise landwirtschaftlicher Produkte	102,8	89,1
2. Index der tariflichen Gesamtlöhne in der Landwirtschaft	173,8	284,7
3. Index der Einkaufspreise landwirtschaftlicher Betriebsmittel darunter:	105,3	102,6
3.1 Neuanschaffung größerer Maschinen	109,9	115,6
3.2 Unterhaltung von Maschinen	121,1	138,3
3.3 Brenn- und Treibstoffe	88,7	75,6
3.4 Neubauten	133,0	169,1
3.5 Unterhaltung der Gebäude	128,6	162,9
3.6 Handelsdünger	88,5	74,0
3.7 Pflanzenschutzmittel	83,9	63,0
3.8 Futtermittel	93,4	78,9

[1]) Deflationiert mit dem Preisindex für die Lebenshaltung. — [2]) Einschließlich Mehrwertsteuer.
Quelle: Statistisches Bundesamt, einschlägige Veröffentlichungen.

die Ansprüche der Familienarbeitskräfte an das Arbeitseinkommen entwickelt haben. Die realen Einkaufspreise der landwirtschaftlichen Betriebsmittel sind im gewogenen Durchschnitt in den 50er Jahren leicht gestiegen (+5%) und haben in den 60er Jahren das erreichte Niveau nur knapp gehalten (vgl. Übersicht 9, Zeile 3). Starken Preiserhöhungen bei einigen Produktgruppen standen kräftige Realpreisermäßigungen bei anderen gegenüber. So hat sich bei den Arbeitshilfsmitteln die Anschaffung und vor allem die Unterhaltung der Maschinen erheblich verteuert (+16 bzw. 38%), die für die Motorisierung wichtige Energie ist jedoch real wesentlich billiger geworden (—24%). Die Gebäudekosten haben sich besonders stark erhöht (Neubauten +69%, Unterhaltung +63%). Dagegen waren bei den unmittelbar ertragssteigernden Produktionsmitteln – Handelsdünger, Pflanzenschutzmittel und Kraftfuttermittel – reale Preisrückgänge zwischen 20 und 37% zu verzeichnen.

Durch Umkombinierung des Faktor- und Betriebsmitteleinsatzes sind die Landwirte nach Möglichkeit den Preissteigerungen ausgewichen und haben die Preissenkungen ausgenutzt. So haben sie den Arbeitseinsatz in dem betrachteten 20jährigen Zeitraum um mehr als 60% vermindert; die Zahl der Vollarbeitskräfte in der Landwirtschaft ist von etwa 3,7 Mill. Anfang der 50er Jahre auf 1,35 Mill. Anfang der 70er Jahre vermindert worden. Allerdings mußte dafür der mengenmäßige Aufwand an Maschinen und Energie erheblich erhöht werden. Der Einsatz unmittelbar erzeugungssteigernder Produktionsmittel, die durchweg real beträchtlich billiger geworden sind, wurde auf das vierfache erhöht. Durch diese Anpassung der Aufwandsstruktur ist die Auswirkung steigender Faktorpreise, besonders der für Arbeit und Arbeitshilfsmittel, auf die Produktionskosten zwar stark abgemildert, aber doch nicht aufgehoben worden. Die Entwicklung der Faktorpreise hat also – ebenso wie die der Produktpreise – die Agrarproduktion nicht gefördert, sondern im Gegenteil behindert.

Die kräftige Produktionssteigerung ist mithin allein durch die Erhöhung der Produktivität der eingesetzten Faktoren zurückzuführen. Bewertet man den Einsatz von Arbeit und Betriebsmitteln mit den Preisen von 1962/63, um die Aufwandsmengen auf einen einheitlichen Nenner zu bringen, so ergibt sich, daß der globale Faktoreinsatz in dem Zeitraum 1951/53 bis 1970/72 praktisch kaum gestiegen ist. Demgegenüber hat der Ausstoß (die Brutto-Nahrungsmittelproduktion, gewogen mit den Preisen von 1962/63) um 62% zugenommen. Die globale Produktivität war Anfang der 70er Jahre mithin um etwa 60% höher als Anfang der 50er Jahre. Diese Rechnung ermöglicht allerdings nur eine grobe Annäherung, läßt aber doch die Größenordnung des Produktivitätsgewinnes erkennen. In welchem Umfang technische Fortschritte, organisatorische Fortschritte, Strukturänderungen sowie verbesserte Bildung, Ausbildung und Information der Landwirte im einzelnen zur Produktivitätssteigerung beigetragen haben, kann nicht quantifiziert werden. Offensichtlich haben technische Fortschritte die Hauptrolle gespielt. Technische Fortschritte haben zudem das Produktionspotential der deutschen Landwirtschaft beträchtlich erhöht.

2.9 Schlußfolgerungen

Für die Beurteilung des Marktablaufs und der Wirkungsweise des marktpolitischen Instrumentariums sind vor allem folgende Ergebnisse der Betrachtungen über das Angebot an Agrarprodukten und seine Bestimmungsgründe von entscheidender Bedeutung:
– Die Landwirte verhalten sich, hauptsächlich bedingt durch die Konkurrenzverhältnisse, als Mengenanpasser.
– Die Landwirte können ihr Angebot nicht prompt, sondern nur mit einer Verzögerung, die mindestens der Dauer des Produktionsprozesses entspricht, veränderten Marktlagen anpassen.
– Die Reaktion des Angebots auf Preis- und Kostenänderungen (Angebotselastizität) ist bei den einzelnen Agrarprodukten sehr unterschiedlich. Eine exakte quantitative Angebotsanalyse ist jedoch nicht möglich.
– Das Angebot an Agrarprodukten insgesamt ist weniger elastisch in bezug auf Preis- und Kostenänderungen als das Angebot von einzelnen Agrarprodukten. Es ist um so elastischer, je größer die Boden- und Intensitätsreserven sind. In der Regel reagiert das Agrarangebot insgesamt auf Preiserhöhungen und Kostensenkungen stärker als auf Preissenkungen und Kostenerhöhungen.
– Technische Fortschritte führen häufig nicht nur zur Kostensenkung, sondern gleichzeitig zur Erhöhung des Produktionspotentials der landwirtschaftlich genutzten Fläche sowie zu besserer Ausnutzung und zur Substitution von Bodenprodukten.

Für den Mengenanpasser ist der Marktpreis ein Datum; seine Preis-Absatz-Kurve verläuft mithin waagerecht in Höhe des Marktpreises. Er dehnt seine Produktion aus, solange die Grenzkosten niedriger als der von ihm erwartete Preis sind. Da Mengenanpasser und insbesondere die einzelnen Landwirte im allgemeinen nicht in der Lage sind, systematisch Marktanalyse zu treiben, gehen sie bei ihren Preiserwartungen meistens davon aus, daß sich die bestehenden Preise nicht wesentlich ändern. Diese Verhaltensweise der landwirtschaftlichen Produzenten bei der Produktionsplanung ist von großer

Bedeutung für die Gestaltung des Angebots und somit für die Preisbildung und für die Wirkungsweise marktpolitischer Maßnahmen.

Die Produktion von Agrarerzeugnissen nimmt erhebliche Zeit in Anspruch; bei den meisten Agrarprodukten liegen 1 bis 2 Jahre zwischen der Einleitung des Produktionsprozesses und der Marktreife. Während dieser Zeit kann der Landwirt mit seinem Angebot im allgemeinen entweder überhaupt nicht oder, falls die Produkte lagerfähig sind, nur relativ schwach auf Änderungen der Marktlage reagieren. Für den einzelnen Landwirt ist es sogar zwecklos, einen Teil seiner verfügbaren Menge vom Markt zurückzuhalten und zu vernichten oder inferior zu verwenden; denn sein Marktanteil ist so gering, daß er dadurch keinen merkbaren Einfluß auf den Marktpreis ausüben kann. Nur wenn die große Mehrheit der Landwirte zu einheitlicher Angebotsbeschränkung bereit wäre, könnte der Preis nachhaltig beeinflußt werden. Es ist jedoch äußerst schwierig, meistens sogar unmöglich, die große Zahl von Anbietern ohne Zwang zu solchem einheitlichen Handeln zu verpflichten und die Einhaltung der Verpflichtung zu kontrollieren.

Der Landwirt muß sehr langfristig im voraus über den Umfang seines Angebots disponieren. Da seine Abnehmer in der Regel erheblich kurzfristiger disponieren, sich veränderten Marktlagen also schneller anpassen können, werden die Risiken, die sich aus unvorhersehbaren Änderungen der Marktlage ergeben, überwiegend auf den Landwirt abgewälzt. Die Landwirte sind daher im allgemeinen mehr als ihre Handelspartner auf zuverlässige längerfristige Marktprognosen und in den Fällen, in denen sie das Angebot nicht beeinflussen können, auf öffentliche Maßnahmen zur Marktstabilisierung angewiesen.

Bei längerer Dauer des Produktionsprozesses und bei der für Mengenanpasser üblichen Art der Preiserwartungen führt hohe Preiselastizität des Angebots häufig zu übertrieben starken Angebotsreaktionen auf Preisveränderungen. Auf diese Weise werden die Angebotsschwankungen, die bereits infolge der Witterungsabhängigkeit der landwirtschaftlichen Produktion beträchtlich sind, noch vermehrt. Da die Preisflexibilität bei den meisten Agrarprodukten sehr groß ist (vgl. S. 52), lösen die Angebotsschwankungen heftige Preisschwankungen aus, erhöhen also das Preisrisiko der Landwirte stark.

Da exakte quantitative Angebotsanalysen bisher nicht möglich sind, fehlt es an Grundlagen für die Angebotsprognose und somit auch für die praktische Preispolitik.

Die Agrarproduktion insgesamt ist in der BR Deutschland wegen des Fehlens nutzungswerter Bodenreserven und wegen der bereits hohen Intensität der Bodennutzung nur noch wenig elastisch. Seit dem 2. Weltkrieg haben jedoch technische Fortschritte das Produktionspotential der deutschen Landwirtschaft beträchtlich erhöht, so daß die Netto-Nahrungsmittelproduktion, also die Erzeugung aus heimischer Bodenleistung, innerhalb von 20 Jahren zwischen Anfang der 50er Jahre und Anfang der 70er Jahre immerhin um rd. 50% steigen konnte. Die Brutto-Nahrungsmittelproduktion, die auch die mit Hilfe importierter Futtermittel erzeugten Viehzerzeugnisse umfaßt, ist sogar um mehr als 70% gestiegen. Diese Produktionssteigerung ist allein unter dem Antrieb der starken, hauptsächlich durch technische Fortschritte bewirkten Produktivitätserhöhung erfolgt; das reale Agrarpreisniveau ist gesunken, und das Niveau der Faktorpreise ist gestiegen.

Allerdings ist der Nahrungsmittelverbrauch – in Getreideeinheiten gerechnet – in dem betrachteten 20jährigen Zeitraum um rd. 70% gestiegen, also etwa ebenso stark wie die Brutto-Nahrungsmittelproduktion und erheblich stärker als die Netto-Nahrungsmittelproduktion. In Ländern mit Bodenreserven und vor allem mit noch hohen Intensitätsreserven, wie z. B. in den Vereinigten Staaten, in Kanada und auch in Frankreich, steigt dagegen die Netto-Agrarproduktion infolge der starken Produktivitätssteigerung offensichtlich auch bei sinkendem realen Agrarpreisniveau schneller als die Nachfrage nach Agrarprodukten. Das trifft auch für die wirtschaftlich hochentwickelten Volkswirtschaften der »westlichen« Welt zusammengenommen zu. Auf den Weltagrarmärkten herrscht infolgedessen Angebots- und Preisdruck. Bei dem erreichten hohen Stand der internationalen Arbeitsteilung, der eine wichtige Grundlage der wirtschaftlichen Effizienz und des Wohlstandes der modernen Industriegesellschaft ist, läßt es sich nicht verhindern, daß sich dieser Angebotsdruck auch auf Länder wie die BR Deutschland überträgt, in denen die Nachfrage schneller als die Nettoproduktion steigt.

3 Die Preisbildung bei Agrarprodukten und die Wirkungsweise der Instrumente der landwirtschaftlichen Marktpolitik

3.1 Gleichgewichtspreis und Gleichgewichtsmenge bei hochgradigem Wettbewerb

Die Märkte der Agrarprodukte, besonders die Märkte der ersten Handelsstufe, sind durch starken Wettbewerb gekennzeichnet; zwar herrscht nicht vollkommener Wettbewerb im Sinne der Theorie, doch ist der Wettbewerbsgrad im Vergleich zu vielen anderen Märkten sehr hoch. Um sich die Preisbildung und die Wirkungsweise marktpolitischer Instrumente im Prinzip klarzumachen, kann man daher das einfache Preisbildungsmodell benutzen, das atomistische Konkurrenz, homogene Güter und gute Markttransparenz voraussetzt.

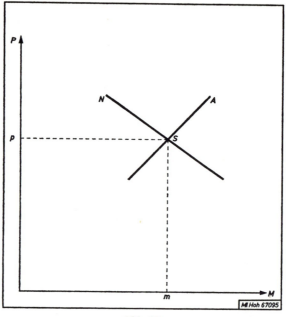

Abb. 39

Die Verkaufsabsichten der Anbieter können durch eine Angebotskurve dargestellt werden, die Kaufabsichten der Nachfrager durch eine Nachfragekurve (vgl. Abb. 39). Die Verkaufsabsichten der Anbieter und die Kaufabsichten der Nachfrager können nur in dem Schnittpunkt S beider Kurven zum Ausgleich kommen. In diesem Punkt wird die Menge m zum Preis p umgesetzt. Bei einem höheren Preis als p wird mehr angeboten als nachgefragt, bei einem niedrigeren Preis wird mehr nachgefragt als angeboten. Angebot und Nachfrage befinden sich also nur beim Preis p im Gleichgewicht. Man bezeichnet deshalb den Preis, bei dem Angebot und Nachfrage zum Ausgleich kommen, als Gleichgewichtspreis und die Menge, die zu diesem Preis umgesetzt wird, als Gleichgewichtsmenge.

Im folgenden soll zunächst erörtert werden, wie sich der Gleichgewichtspreis und die Gleichgewichtsmenge ändern, wenn sich die Nachfrage oder das Angebot oder beides gleichzeitig ändern (komparativ statische Betrachtungsweise). Wie es in der Wirtschaftswirklichkeit zur Anpassung an eine veränderte Gleichgewichtslage kommt, wird in einer weiteren Betrachtung zu zeigen sein.

3.1.1 Änderung des Gleichgewichtspreises und der Gleichgewichtsmenge bei Veränderung der Nachfrage

In Teil 1 dieses Bandes ist dargelegt worden, daß die mengenmäßige Nachfrage nach einem Gut, abgesehen von Preisänderungen, durch eine ganze Reihe unterschiedlicher Ursachen beeinflußt wird, so vor allem durch Änderung

    der Bevölkerungszahl,
    der durchschnittlichen Einkommen je Kopf,
    der Einkommensverteilung,
    der Bedürfnisskala,
    der Preise von Substituten und Komplementärgütern.

Jede dieser Ursachen kann zur Erhöhung oder zur Verminderung der Nachfragemenge führen, also eine Verschiebung der Nachfragekurve nach rechts oder links bewirken.
Es sei angenommen, daß die Nachfrage aus einem dieser Gründe steigt, die Nachfragekurve also nach rechts verschoben wird. Ceteris paribus steigt dann in der Regel sowohl der Gleichgewichtspreis als auch die Gleichgewichtsmenge. In welchem Verhältnis zueinander beide steigen, hängt bei gegebener Preiselastizität der Nachfrage von der Preiselastizität des Angebots und damit auch von der Neigung der Angebotskurve ab.
Ist das Angebot völlig preisunelastisch, verläuft also die Angebotskurve wie A_1 in Abb. 40 oben, so liegt der Schnittpunkt S_1 der Angebotskurve mit der neuen (nach rechts verschobenen) Nachfragekurve N' senkrecht über dem Schnittpunkt S_0 der Angebotskurve mit der ursprünglichen Nachfragekurve N. In diesem extremen Fall steigt also nur der Gleichgewichtspreis von p_0 auf p_1, während die Gleichgewichtsmenge unverändert bleibt.
Mit zunehmender Preiselastizität des Angebots (Drehung der Angebotskurve im Uhrzeigersinn um S_0 von A_1 über A_2 nach A_3) wandert der Schnittpunkt der Angebotskurve mit der neuen Nachfragekurve N' nach rechts unten von S_1 über S_2 nach S_3. Die Erhöhung des Gleichgewichtspreises wird also mit zunehmender Preiselastizität des Angebots schwächer, während die Steigerung der Gleichgewichtsmenge zunimmt. In dem extremen Fall unendlich elastischen Angebots A_3 steigt lediglich die Gleichgewichtsmenge von m_0 auf m_3, nicht aber der Gleichgewichtspreis ($p_3 = p_0$).
Auch die Preiselastizität der Nachfrage und damit die Neigung der Nachfragekurve hat Einfluß auf das Verhältnis der Änderungen von Gleichgewichtspreis und Gleichgewichtsmenge.
Bei völlig preisunelastischer Nachfrage, also senkrechtem Verlauf der Nachfragekurve (N_1 in Abb. 40 unten) führt eine Nachfragesteigerung (Rechtsverschiebung der Nachfragekurve von N_1 nach N_1') zu einer Erhöhung sowohl des Gleichgewichtspreises als auch der Gleichgewichtsmenge.
Mit zunehmender Preiselastizität der Nachfrage (Drehung der Nachfragekurve entgegen dem Uhrzeigersinn von N_1 über N_2 nach N_3) wandert der Schnittpunkt der neuen Nachfragekurve mit der Angebotskurve von S_1 über S_2 bis S_3 nach links unten. Die Steigerung sowohl des Gleichgewichtspreises als auch der Gleichgewichtsmenge fällt zunehmend

schwächer aus. In dem extremen Fall unendlicher Preiselastizität der Nachfrage würde beides unverändert bleiben. Aus dieser Betrachtung ist festzuhalten:
Eine Erhöhung der Nachfrage (Verlagerung der Nachfragekurve nach rechts) führt in der Regel (d. h. abgesehen von extremen Werten der Preiselastizität bei Angebot und Nachfrage) zur Erhöhung sowohl des Gleichgewichtspreises als auch der Gleichgewichtsmenge. Mit zunehmender Preiselastizität des Angebots kommt eine Nachfragesteigerung stärker in der Zunahme der Gleichgewichtsmenge und schwächer in der Erhöhung des

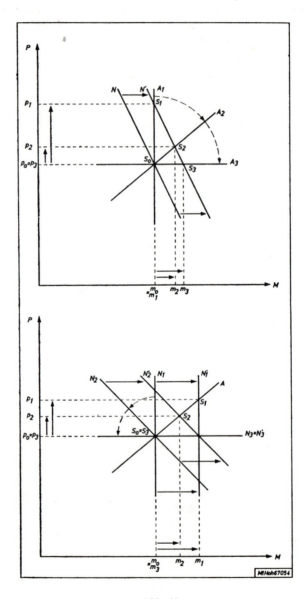

Abb. 40

Gleichgewichtspreises zum Ausdruck. Mit zunehmender Preiselastizität der Nachfrage wirkt sich eine Nachfragesteigerung schwächer sowohl auf den Gleichgewichtspreis als auch auf die Gleichgewichtsmenge aus.

Bei einem Nachfragerückgang (Verlagerung der Nachfragekurve nach links) tritt durchweg die entgegengesetzte Wirkung ein. Er führt also in der Regel zur Senkung sowohl des Gleichgewichtspreises als auch der Gleichgewichtsmenge.

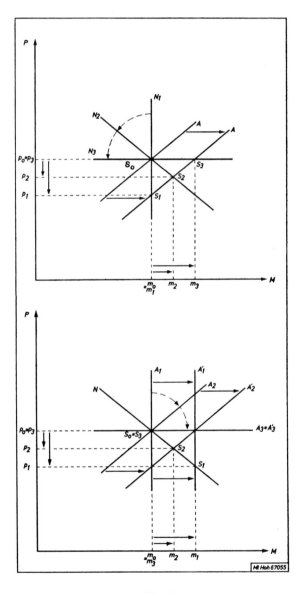

Abb. 41

3.1.2 Änderung des Gleichgewichtspreises und der Gleichgewichtsmenge bei Veränderung des Angebots

In Teil 2 dieses Bandes wurde gezeigt, daß sich das Angebot eines Gutes von einer Periode zur anderen ändern kann. Als wichtigste Ursachen von Angebotsänderungen bei Agrarprodukten wurden genannt:

> Änderung von Faktorpreisen,
> Preisänderungen bei Produkten, die alternativ erzeugt werden können,
> Produktivitätsgewinne oder -verluste bei dem betreffenden Produkt oder bei Alternativprodukten,
> Erweiterung des Produktionspotentials durch technische Fortschritte.

Steigt das Angebot aus einem dieser Gründe, verschiebt sich also die Angebotskurve nach rechts, so sinkt in der Regel der Gleichgewichtspreis unter sonst gleichbleibenden Bedingungen, während die Gleichgewichtsmenge steigt. In welchem Verhältnis sich beide ändern, hängt bei gegebener Preiselastizität des Angebots von der Preiselastizität der Nachfrage und damit von der Neigung der Nachfragekurve ab.

Ist die Nachfrage völlig preisunelastisch, verläuft also die Nachfragekurve wie N_1 in Abb. 41 oben, so liegt der Schnittpunkt S_1 der Nachfragekurve mit der neuen (nach rechts verschobenen) Angebotskurve A' senkrecht unter dem Schnittpunkt S_0 der Nachfragekurve mit der ursprünglichen Angebotskurve A. In diesem extremen Fall sinkt also nur der Gleichgewichtspreis von p_0 auf p_1, während die Gleichgewichtsmenge unverändert bleibt.

Mit zunehmender Preiselastizität der Nachfrage (Drehung der Nachfragekurve entgegen dem Uhrzeigersinn um S_0 von N_1 über N_2 nach N_3) wandert der Schnittpunkt der Nachfragekurve mit der neuen Angebotskurve A' von S_1 über S_2 bis S_3 nach rechts oben. Die Senkung des Gleichgewichtspreises wird also mit zunehmender Preiselastizität der Nachfrage schwächer, während die Steigerung der Gleichgewichtsmenge zunimmt. In dem extremen Fall unendlich elastischer Nachfrage N_3 steigt lediglich die Gleichgewichtsmenge von m_0 auf m_3, der Gleichgewichtspreis bleibt aber unverändert ($p_3 = p_0$).

Natürlich hat auch die Preiselastizität des Angebots und damit die Neigung der Angebotskurve Einfluß auf die Änderungen von Gleichgewichtspreis und Gleichgewichtsmenge.

Bei völlig preisunelastischem Angebot (senkrechtem Verlauf der Angebotskurve wie A_1 in Abb. 41 unten) führt eine Angebotssteigerung (Rechtsverschiebung der Angebotskurve von A_1 nach A_1') zu einer starken Senkung des Gleichgewichtspreises und einer starken Erhöhung der Gleichgewichtsmenge.

Mit zunehmender Preiselastizität des Angebots (Drehung der Angebotskurve im Uhrzeigersinn von A_1 über A_2 nach A_3) wandert der Schnittpunkt der neuen Angebotskurve mit der Nachfragekurve von S_1 über S_2 bis S_3 nach links oben. Sowohl die Senkung des Gleichgewichtspreises als auch die Erhöhung der Gleichgewichtsmenge fallen zunehmend schwächer aus. In dem extremen Fall unendlicher Preiselastizität des Angebots würden der Gleichgewichtspreis und die Gleichgewichtsmenge unverändert bleiben.

Aus dieser Betrachtung ist festzuhalten: Eine Erhöhung des Angebots (Verlagerung der Angebotskurve nach rechts) führt in der Regel (d. h. abgesehen von extremen Werten der Preiselastizität bei Angebot und Nachfrage) zur Senkung des Gleichgewichtspreises und zur Erhöhung der Gleichgewichtsmenge. Mit zunehmender Preiselastizität der Nachfrage kommt eine Angebotssteigerung weniger in einer Senkung des Gleichgewichtspreises und stärker in einer Erhöhung der Gleichgewichtsmenge zum Ausdruck. Bei zunehmender Preiselastizität des Angebots wirkt sich eine Angebotssteigerung schwächer sowohl auf die Senkung des Gleichgewichtspreises als auch auf die Erhöhung der Gleichgewichtsmenge aus.

Bei einem Angebotsrückgang aus einem der obengenannten Gründe (Verlagerung der Angebotskurve nach links) tritt die entgegengesetzte Wirkung wie bei einer Angebotssteigerung ein. Er führt also in der Regel zur Erhöhung des Gleichgewichtspreises und zur Senkung der Gleichgewichtsmenge.

3.1.3 Änderung des Gleichgewichtspreises und der Gleichgewichtsmenge bei gleichzeitiger Veränderung des Angebots und der Nachfrage

In der Wirtschaftswirklichkeit wirken meistens alle wichtigen Faktoren gleichzeitig auf Nachfrage und Angebot ein. So bewirkt z. B. das Bevölkerungswachstum tendenziell eine laufende Erhöhung der Nachfrage nach allen Agrarprodukten. Diese Nachfragesteigerung kann durch die Wohlstandssteigerung verstärkt, abgeschwächt oder sogar in einen Nachfragerückgang verkehrt werden, je nachdem, ob die Elastizität der Nachfrage in bezug auf das Einkommen für das ins Auge gefaßte Produkt positiv oder negativ ist. Überdies kann die Nachfrageentwicklung durch eine Änderung der Bedarfsstruktur der Haushaltungen und durch Preisänderungen bei Substituten und Komplementärgütern des betreffenden Gutes beeinflußt werden. Im allgemeinen ist bei den inferioren Nahrungsmitteln eine Stagnation oder ein Rückgang der Nachfrage, bei den noch einkommenselastisch nachgefragten Nahrungsmitteln dagegen eine mehr oder weniger starke Zunahme der Nachfrage im Zeitablauf zu verzeichnen.

Das Angebot eines bestimmten Agrarprodukts kann z. B. durch Erhöhung der Produktivität und häufig im Zusammenhang damit durch Erweiterung des Produktionspotentials im Zeitablauf steigen. Eine stärkere Produktivitätssteigerung bei alternativ zu erzeugenden Produkten bewirkt das Gegenteil. Faktorpreisänderungen können das Angebot in beiderlei Richtung beeinflussen; in der jüngeren Vergangenheit haben sie sich allerdings überwiegend negativ auf das Angebot ausgewirkt, weil die starke Steigerung der Löhne auch bei weitgehender Substitutionsmöglichkeit und geringem Anteil des Faktors Arbeit am gesamten Aufwand mehr oder weniger durchschlug. Im Zusammenwirken aller Faktoren ist das Angebot vieler wichtiger Agrarprodukte seit dem 2. Weltkrieg gestiegen (Rechtsverschiebung der Angebotskurve); bei anderen Agrarprodukten ist es per Saldo zurückgegangen (Linksverschiebung der Angebotskurve).

Es liegt auf der Hand, daß der Gleichgewichtspreis und die Gleichgewichtsmenge steigen, wenn sich die Nachfragekurve in einem bestimmten Zeitabschnitt stärker nach rechts verlagert als die Angebotskurve (vgl. Abb. 42, oben). Verschiebt sich die Angebotskurve sogar nach links, während die Nachfragekurve nach rechts wandert, so steigt der Gleichgewichtspreis stark und die Gleichgewichtsmenge erhöht sich nur schwach oder nimmt sogar ab.

Verlagert sich dagegen die Angebotskurve schneller nach rechts als die Nachfragekurve (vgl. Abb. 42, unten), so sinkt der Gleichgewichtspreis und die Gleichgewichtsmenge wird größer. Wandert die Nachfragekurve bei wachsendem Angebot sogar nach links, so

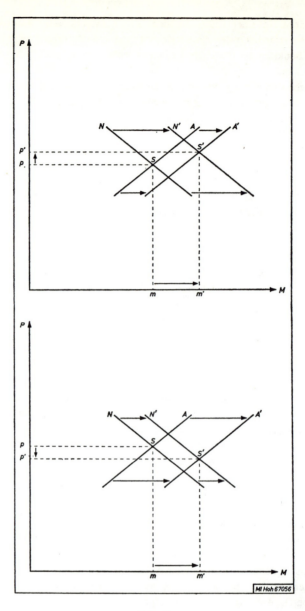

Abb. 42

sinkt der Gleichgewichtspreis stark und die Gleichgewichtsmenge steigt nur schwach oder geht sogar zurück.

Aus den früheren Betrachtungen über den Einfluß der Preiselastizitäten von Angebot und Nachfrage auf die Änderungen des Gleichgewichtspreises und der Gleichgewichtsmenge ergibt sich:

Der Gleichgewichtspreis steigt (Abb. 42, oben) bzw. sinkt (Abb. 42, unten) um so stärker, je weniger preiselastisch Angebot und Nachfrage sind.

Überwiegt die Nachfragesteigerung (Abb. 42, oben), so steigt die Gleichgewichtsmenge um so stärker, je preiselastischer das Angebot und je weniger preiselastisch die Nachfrage ist.
Überwiegt die Angebotssteigerung (Abb. 42, unten), so steigt die Gleichgewichtsmenge um so stärker, je preiselastischer die Nachfrage und je weniger preiselastisch das Angebot ist.

3.2 Anpassung des Angebots an veränderte Gleichgewichtslagen

3.2.1 Bedeutung der Reaktionszeit des Angebots für die Anpassung

Die Nachfrage reagiert im allgemeinen ohne größeren Verzug auf Preisänderungen. Dies gilt ohne Einschränkung für die Nachfrage der Konsumenten (Haushaltungen); auf Preisänderungen, die von ihnen wahrgenommen werden, reagieren die Verbraucher zwar sehr unterschiedlich, aber doch unverzüglich. Mangelhafter Wettbewerb zwischen den Vermarktungsunternehmungen kann jedoch zu verzögerter und unvollkommener Anpassung der Konsumentenpreise an veränderte Marktlagen führen; Schwankungen der Produzentenpreise, die durch Angebots- oder Nachfrageänderungen verursacht sind, werden zunächst ganz oder teilweise in der Vermarktungsspanne aufgefangen. Die Spanne steigt dann bei sinkendem Produzentenpreis nicht nur relativ, sondern auch absolut und wird bei steigendem Produzentenpreis absolut und relativ kleiner. Wie schon oben (S. 32f.) dargelegt, wird die Elastizität der Nachfrage in bezug auf den Produzentenpreis durch unvollkommene Anpassung der Konsumentenpreise an veränderte Marktlagen vermindert. Besteht die unvollkommene Anpassung nur begrenzte Zeit (verzögerte Anpassung), so reagiert die Nachfrage auf Veränderungen des Produzentenpreises nicht prompt, sondern mit Zeitverzug.

Im Gegensatz hierzu hat die Zeit bei der Reaktion des Angebots auf Preisänderungen stets entscheidende Bedeutung, wie in Teil 2 ausführlich dargelegt worden ist. Das Angebot an Agrarprodukten kann im allgemeinen nicht prompt, sondern nur mit erheblichem Verzug veränderten Preisen (und veränderten Kosten) angepaßt werden.

Die *sofort* verfügbare Menge ist bei leicht verderblichen, nicht lagerfähigen Erzeugnissen praktisch starr. Sie kann selbst bei lagerfähigen Produkten meistens nur in relativ engen Grenzen geändert werden. Aber schon nach Ablauf der auf eine Preisänderung folgenden Produktionsperiode, also verhältnismäßig *kurzfristig*, kann mehr oder weniger angeboten werden, wenn es technisch möglich ist, die Produktion innerhalb der vorhandenen Produktionskapazitäten ohne starke Kostenänderungen auszudehnen oder einzuschränken. *Langfristig* sind noch größere Veränderungen des Angebots möglich, weil die Produktionseinrichtungen erweitert oder vermindert (anderweitig verwendet oder stillgelegt) werden können.

Das sofort und bis zur Beendigung der nächsten Produktionsperiode verfügbare Angebot ist also oft weitgehend unelastisch; die Angebotskurve verläuft dann etwa wie A_s in Abb. 43. Danach – also relativ kurzfristig – ist das Angebot bei vielen Agrarprodukten bereits erheblich elastischer, etwa entsprechend A_k in Abb. 43. Langfristig ist das Angebot meistens noch elastischer; bei manchen Produkten verläuft die langfristige Angebotskurve so flach wie A_l in Abb. 43.

Ergibt sich nun bei einem Produkt, dessen Angebotselastizitäten sich so verhalten, wie durch die drei Angebotskurven A_s, A_k und A_l in Abb. 43 gekennzeichnet ist, eine einmalige Nachfragesteigerung (Verlagerung der Nachfragekurve von N nach N'), so steigt der Preis dieses Erzeugnisses zunächst stark, nämlich von p_0 auf p_s; denn die Angebotsmenge kann nur wenig erhöht werden, nämlich von m_0 auf m_s.

In der nächsten Produktionsperiode müßte die Produktion bei richtiger Anpassung des Angebots an die veränderte Nachfrage auf m_k erhöht werden. Der Preis würde dann nach Ablauf der nächsten Produktionsperiode auf p_k zurückgehen. Das innerhalb der bestehenden Produktionskapazitäten zu erstellende Angebot und die Nachfrage wären bei diesem Preis im Gleichgewicht.

Langfristig, d. h. nach Anpassung der Produktionskapazitäten an die veränderte Nachfrage, wäre die Gleichgewichtsmenge m_l noch größer und der Gleichgewichtspreis p_l würde nur noch wenig über dem ursprünglichen Stand p_0 liegen.

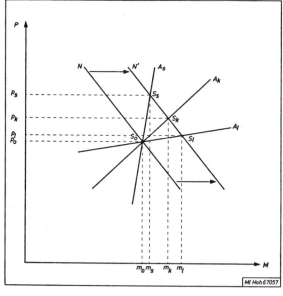

Abb. 43

3.2.2 Ungünstige Voraussetzungen für eine reibungslose Anpassung des landwirtschaftlichen Angebots

Eine reibungslose Anpassung der Produktionsmenge zunächst an die neue kurzfristige und dann an die neue langfristige Gleichgewichtslage kann nur erfolgen, wenn die beiden folgenden Bedingungen erfüllt sind:
– Die Produzenten müssen wissen, wie groß die Gleichgewichtsmenge unter den neuen Nachfragebedingungen ist, d. h. welche Änderungen der Produktion notwendig sind, damit sich der Preis einstellt, bei dem Angebot und Nachfrage – zunächst kurzfristig, dann langfristig – wieder im Gleichgewicht sind.

– Die Produzenten müssen die Gesamtproduktion bei Einleitung der nächsten Produktionsperiode auf die von ihnen erkannte neue Gleichgewichtsmenge ausrichten können.

Die erste Bedingung ist häufig zu erfüllen; denn bei ausreichender Fachkenntnis und Erfahrung können die neue Gleichgewichtsmenge (bei monopolistischem Verhalten: die optimale Menge; vgl. S. 65) und der neue Gleichgewichtspreis (optimaler Preis) wenigstens annäherungsweise geschätzt werden. Die zweite Bedingung ist um so schwerer zu erfüllen, je mehr Produzenten an der Erstellung des Gesamtangebots beteiligt sind.

Ein Monopolist ist ohne weiteres in der Lage, seine Produktion auf die geschätzte neue Menge abzustellen. Zu einer Fehldisposition kann er daher nur durch falsche Einschätzung der neuen Nachfragesituation kommen. Diese Gefahr ist bei ihm aber am geringsten, weil er als Alleinanbieter die bisherige Entwicklung von Mengen und Preisen gut übersehen kann und daher sehr günstige Voraussetzungen für die Beurteilung der neuen Marktlage hat. Falls er in seinem Urteil unsicher ist, wird er die Anpassung seiner Produktion schrittweise vornehmen, sich also an die neue optimale Menge herantasten, da ihm ja bewußt ist, daß er mit seinem Angebot den Preis beeinflußt.

Bei oligopolistischem Verhalten ist die Möglichkeit zu Fehldispositionen größer als bei monopolistischem. Schon für die richtige *Einschätzung der neuen Marktlage* sind die Voraussetzungen im allgemeinen weniger günstig. Die *Anpassung* der Gesamtproduktion an die geschätzte neue Marktlage erfolgt mit absoluter Treffsicherheit nur, wenn sich die Unternehmen über ihre Marktanteile geeinigt haben; anderenfalls besteht die Möglichkeit, daß das Gesamtangebot zu groß oder zu klein wird. Stark übertriebene Anpassungsbewegungen sind allerdings unwahrscheinlich, weil Oligopolisten ebenso wie Monopolisten in Rechnung stellen, daß ihr Angebot den Marktpreis beeinflußt und daß die Konkurrenten in ähnlicher Weise reagieren.

Weitaus am ungünstigsten sind die Voraussetzungen für die reibungslose Anpassung des Angebots an eine veränderte Situation bei atomistischer Konkurrenz und annähernd homogenen Gütern, also bei Verhältnissen, die für die Agrarmärkte typisch sind. Die zahlreichen kleinen Produzenten sind praktisch nicht in der Lage, die neue Marktsituation richtig einzuschätzen und sich eine treffende Vorstellung von der notwendigen Veränderung des Gesamtangebots zu machen. Aber selbst wenn dies zentral geschieht und allen Produzenten bekanntgemacht wird, besteht die Gefahr erheblicher Fehldispositionen, weil sich der einzelne Produzent als Mengenanpasser verhält. Als solcher geht er davon aus, daß eine Änderung seines Angebots keinen Einfluß auf den Marktpreis haben kann, weil sein Marktanteil hierfür viel zu klein ist; er handelt infolgedessen so, als ob seine Preis-Absatz-Kurve waagerecht verliefe. Offensichtlich rechnet er meistens auch nicht damit, daß seine zahlreichen Konkurrenten ihr Angebot in gleicher Richtung und in ähnlichem Ausmaß wie er selbst ändern könnten, und daß auf diese Weise der Marktpreis beeinflußt wird. Infolgedessen geht er davon aus, daß der Preis zunächst keine wesentliche Änderung erfährt.

Unter den Bedingungen, die in Abb. 43 unterstellt sind, gehen die Mengenanpasser davon aus, daß der Preis nach der nächsten Produktionsperiode noch ebenso hoch ist wie der Preis p_s, der sich nach der Nachfrageerhöhung zunächst eingestellt hat. Sie leiten infolgedessen eine Produktion ein, die durch den erwarteten Preis p_s und die Angebotskurve A_k bestimmt ist. Diese Menge ist beträchtlich größer als m_k, sie kann nur zu einem Preis abgesetzt werden, der erheblich unter den Gestehungskosten der meisten Produzenten liegt.

3.2.3 Zyklische Angebotsschwankungen und ähnliche Fehlreaktionen der Produzenten auf Preisänderungen

Die Gefahr einer zu starken Angebotsreaktion auf Preisänderungen (oder Kostenänderungen) besteht natürlich vor allem bei Erzeugnissen, deren Produktionsmenge verhältnismäßig leicht und ohne erhebliche Änderung der Stückkosten verändert werden kann. Bei einer Reihe von Agrarerzeugnissen ist das ohne wesentliche Änderung der vorhandenen Produktionseinrichtungen, also schon kurzfristig möglich. Wie in Teil 2 ausführlich dargelegt worden ist, beruht die verhältnismäßig hohe Elastizität bei Bodenerzeugnissen hauptsächlich auf der Möglichkeit, die Produktion eines Erzeugnisses zu Lasten oder zugunsten anderer Erzeugnisse, die sehr ähnliche Ansprüche an die Produktionsfaktoren stellen, auszudehnen oder einzuschränken. So ist z. B. eine stärkere Anbauverlagerung zwischen den einzelnen Getreidearten, zwischen den einzelnen Hackfruchtarten (Kartoffeln, Zuckerrüben, verschiedene Feldgemüse), zwischen verschiedenen Gartenbauerzeugnissen usw. möglich. In jedem Fall hängt es natürlich vom bestehenden Größenverhältnis des Anbaus ab, in welchem Umfang ein Austausch in der einen und in der anderen Richtung vorgenommen werden kann, d. h. in welchem Bereich die Produktion kurzfristig elastisch ist; werden Früchte in großem Umfang angebaut, die ähnliche Ansprüche an die Produktionsfaktoren stellen wie das betrachtete Erzeugnis, so ist die Produktion dieses Erzeugnisses elastischer als wenn solche Früchte nur in geringem Umfang angebaut werden. Von den Vieherzeugnissen können diejenigen der Getreidefresser (Schweine, Geflügel, Eier) schon kurzfristig recht elastisch produziert und angeboten werden; die Bestände können sehr schnell vermehrt werden und das wichtigste Futtermittel (Getreide) wird in einem weiten Bereich um die Küsten und Wasserstraßen praktisch unendlich elastisch angeboten, was durch die Art des Außenhandelsschutzes (Abschöpfung) und die Angebotssituation auf dem Weltgetreidemarkt bedingt ist. Die kurzfristige Elastizität der Produktion wird nur durch den verfügbaren Gebäuderaum, durch die verfügbaren Arbeitskräfte und mitunter durch den Zwang zur Verwendung nicht marktgängiger Futtermittel begrenzt.

Bei Produkten, die in dieser Weise, also mit bestehenden Produktionseinrichtungen, preiselastisch produziert werden können, kann es zu »zyklischen« Schwankungen kommen. Als zyklische Schwankungen bezeichnet man annähernd gleichmäßige gegenläufige Schwankungen von Angebot und Preis eines Produkts, die sich ceteris paribus längere Zeit hindurch selbsttätig fortsetzen. Der Automatismus ist durch folgende Bedingungskonstellation verursacht:

– Das sofort greifbare Angebot ist weitgehend unelastisch;
– das nach der nächsten Produktionsperiode (»kurzfristig«) verfügbare Angebot ist preiselastisch (d. h. die Produktion kann ohne erhebliche Änderung der Stückkosten erweitert oder eingeschränkt werden);
– die Nachfrage reagiert auf Preisänderungen prompt oder doch mit wesentlich geringerem Verzug als das Angebot;
– die Produzenten verhalten sich als Mengenanpasser.

Gerät der Preis eines Produkts, bei dem diese Bedingungen vorliegen, über oder unter den »kurzfristigen« Gleichgewichtspreis (p_k in Abb. 43), so erwarten die Produzenten, daß dieser Zustand andauern wird, und zwar auch dann, wenn sie unter sonst gleichbleibenden Bedingungen ihr Angebot ändern. Bei über dem Gleichgewicht liegendem Preis leiten sie eine Produktion ein, die größer ist als die Gleichgewichtsmenge. Kommt diese Menge nach Abschluß des Produktionsprozesses an den Markt, so sinkt der Preis ceteris paribus unter den Gleichgewichtspreis, worauf die Produzenten – wiederum in der Erwartung, daß diese Preissituation anhält – eine Produktion einleiten, die unter der Gleichgewichtsmenge liegt. Kommt diese Produktion an den Markt, so steigt der Preis über den Gleichgewichtspreis. Die Ausgangslage ist wieder hergestellt, der Kreis (»Zyklus«) ist geschlossen, und der gleiche Vorgang beginnt von neuem.

In Deutschland hat ARTHUR HANAU diesen Automatismus erstmals bei der Schlachtschweineproduktion nachgewiesen. Die theoretische Erklärung hat MORDECAI EZEKIEL mit dem sogenannten Spinngewebetheorem gegeben. Die Bezeichnung Spinngewebetheorem (Cobweb-Theorem) erklärt sich aus dem Erscheinungsbild des Modells.

Ist das Angebot elastischer als die Nachfrage, verläuft also die Angebotskurve A_k wie in Abb. 44 flacher als die Nachfragekurve N, so schaukelt sich die gegenläufige Bewegung von Angebot und Preis allmählich auf, und es entsteht das Bild eines Spinngewebes.

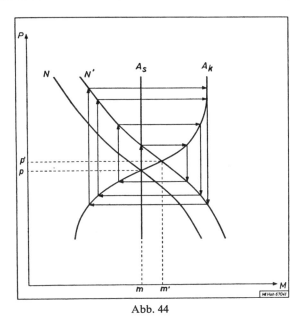

Abb. 44

Da die Produktion praktisch nur innerhalb bestimmter Grenzen ohne erhebliche Änderung der Stückkosten erweitert und eingeschränkt werden kann (»preiselastisch« ist), kann sich die zyklische Bewegung nur bis zu einem gewissen Grade aufschaukeln. Danach setzen sich die Schwankungen um die neue (in Abb. 44 durch p' und m' bestimmte) Gleichgewichtslage gleichförmig fort, solange sich die Marktdaten oder das Verhalten der Produzenten nicht ändern. Einem allzu starken Aufschaukeln der Schwankungen dürfte auch entgegenstehen, daß die Produzenten nicht das Fortbestehen eines extrem hohen oder extrem niedrigen Preises erwarten und dementsprechend auch keine extremen Produktionsänderungen vornehmen.

Ist die Nachfrage preiselastischer als das Angebot, so pendeln sich Preis und Angebot unter sonst gleichbleibenden Bedingungen in die neue Gleichgewichtslage ein (vgl. Abb. 45), was je nach dem Verhältnis der Elastizitäten mehr oder weniger lange Zeit in Anspruch nimmt.

Außer bei der Schlachtschweineproduktion sind zyklische Angebots-Preis-Schwankungen vor allem bei der Produktion der einzelnen Feldgemüsearten festgestellt worden. Allerdings wird die Bildung von Zyklen bei der Gemüseproduktion häufig durch die witterungsbedingten Ertragsschwankungen, also durch exogenen Einfluß, gestört. Die Produzenten reagieren zwar mit dem Anbau elastisch auf über oder unter dem Gleichgewicht liegende Preise, aber das Ergebnis der eingeleiteten Produktion wird stark vom Witterungsverlauf mitbestimmt.

Ebenso wie bei der »kurzfristigen« Anpassung an eine veränderte Gleichgewichtslage kann es auch bei der »langfristigen«, d. h. durch Änderung der Produktionskapazitäten herbeigeführten Anpassung der Produktion zu Fehlreaktionen kommen. Die Produktion vieler Agrarerzeugnisse reagiert »langfristig« verhältnismäßig elastisch auf Preiserhöhungen und Kostensenkungen. Dieser Vorgang ist aber im Gegensatz zur »kurzfristigen« Anpassung meistens nicht in vollem Umfang reversibel; vor allem ist das nicht der Fall,

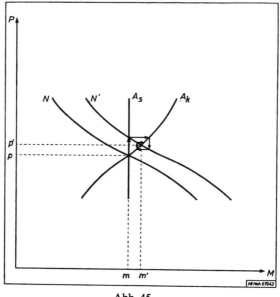

Abb. 45

wenn zur Erweiterung der Produktion größere Investitionen getätigt werden mußten, die nicht anderweitig verwendet werden können. Die Einschränkung der Produktion erfolgt dann in der Regel erheblich langsamer als die Ausdehnung. Infolgedessen fehlt eine wesentliche Voraussetzung für das Entstehen zyklischer, d. h. sich automatisch fortpflanzender Schwankungen.

Eine Art von sich wiederholenden Preisschwankungen, die den zyklischen im Erscheinungsbild nahekommen, kann jedoch bei der Anpassung der Produktion an eine langfristig anhaltende Nachfragesteigerung entstehen. Wenn die an der Produktion beteiligten Unternehmungen die Kapazitätsausweitung unabhängig voneinander durchführen, wie es im Polypol und im Oligopol ohne festgelegte Marktanteile der Fall ist, so ist es möglich, daß die Kapazität schubweise vergrößert wird. Zeitweise steigt dann die Produktion schneller als die Nachfrage und der Preis sinkt unter den langfristigen Gleichgewichtspreis. Darauf wird der Kapazitätsausbau eingestellt, die Produktion stagniert und der Preis beginnt bei weiter wachsender Nachfrage wieder zu steigen, bis er Anreiz zu erneuter Kapazitätsausweitung bietet usw. Der grundlegende Unterschied gegenüber der zyklischen Preis-Angebots-Schwankung ist, daß der Preisrückgang zunächst keine oder eine nur sehr schwache Wiedereinschränkung der Produktion zur Folge hat, weil das auf Kapazitätsausweitung basierende Mehrangebot kurzfristig nicht rückgängig gemacht wird. Die Schwankung setzt sich also nicht selbsttätig fort. Vielmehr wird der erneute Kapazitätsausbau durch die weitere Nachfragesteigerung, also exogen, verursacht.

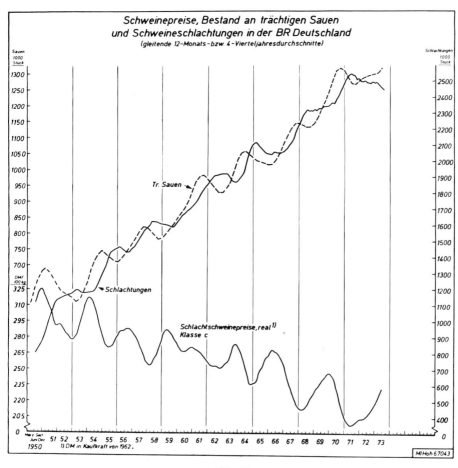

Abb. 46

So ist z. B. die Entwicklung der deutschen Schlachtschweineproduktion seit Aufhebung der Bewirtschaftung im Jahre 1950 hauptsächlich durch schubweise Kapazitätsausweitung gekennzeichnet (vgl. Abb. 46). Allerdings ist die Entwicklung nicht allein hierdurch beeinflußt worden. Nach übertriebenem Kapazitätsausbau ist häufig eine – jedoch vergleichsweise schwache – Wiedereinschränkung der Produktion erfolgt. Dies kommt zwar kaum in der Zahl der Schlachtungen, aber doch recht deutlich in der Zahl der trächtigen Sauen, also bei der Einleitung des Produktionsprozesses, zum Ausdruck. Die

Einschränkung der Produktion bei sinkenden Preisen ist vermutlich zum Teil auf das endgültige Ausscheiden von Produzenten aus dem Produktionsprozeß im Zuge der Konzentration der Schweinehaltung zurückzuführen. Die Zahl der Schweinehalter (Produzenten) ist von 1951 bis 1973 auf ein Drittel zurückgegangen, während die Produktion an Schlachtschweinen fast auf das Zweieinhalbfache gestiegen ist. Der Rückgang der Zahl der Schweinehalter war bei niedrigen Schweinepreisen meistens stärker als bei hohen Schweinepreisen. Nur soweit die Einschränkung der Produktion bei sinkenden Preisen nicht hierauf beruhte, war es eine »zyklische« Reaktion im Sinne des EZEKIELschen Spinngewebetheorems, d. h. eine zeitweilige Verminderung der Produktion in den bestehenden Produktionseinrichtungen.

Zyklusähnliche Schwankungen können auch bei stagnierender Nachfrage durch stark kostenwirksame technische Fortschritte zustande kommen. Unternehmungen, die von den technischen Fortschritten Gebrauch machen, schaffen neue Produktionskapazitäten, wodurch der Preis zunächst stark sinkt. Der Kapazitätsausbau wird daraufhin unterbrochen. Erst nach Ausscheiden von submarginalen Betrieben erholt sich der Preis wieder. Eine neue Phase der Kapazitätsausweitung setzt ein usw.

3.2.4 Maßnahmen zur Verbesserung der Anpassung des landwirtschaftlichen Angebots

Es ergibt sich die Frage, wie solchen Fehlreaktionen auf Preis- oder Kostenänderungen – gleich, ob sie einmalig sind oder sich als zyklische Schwankungen automatisch wiederholen – am zweckmäßigsten entgegengewirkt werden kann. Es wurde bereits ausgeführt, daß es häufig möglich ist, die zur Anpassung an neue Marktdaten notwendige Änderung der Gesamtproduktion annäherungsweise zu schätzen, daß aber die eigentliche Schwierigkeit in der Ausrichtung der Gesamtproduktion auf die geschätzte neue Gleichgewichtsmenge liegt. Diese Schwierigkeit besteht insbesondere, wenn sich die Produzenten wie Mengenanpasser verhalten; zyklische, d. h. sich selbsttätig fortpflanzende Schwankungen kommen praktisch nur bei polypolistischer Marktform vor. Es kommt also in erster Linie darauf an, die Verhaltensweise der Produzenten zu ändern.

Zweifellos wissen die meisten Produzenten, daß sie zusammengenommen mit ihrem Angebot den Marktpreis entscheidend beeinflussen. Um diese Einsicht in zweckmäßiges Handeln umzusetzen, müßten die Produzenten jedoch übersehen können, welche Menge sie in ihrer Gesamtheit zu produzieren beabsichtigen oder bereits zu produzieren begonnen haben. Das ist mit Hilfe der Statistik möglich.

Bei Produkten, die kontinuierlich erzeugt werden, wie Schlachtschweine, Geflügel und Eier, kann laufend oder in kurzen Zeitabständen ermittelt werden, in welchem Umfang die Produktion bereits eingeleitet worden ist, welches Angebot infolgedessen nach Ablauf des Produktionsprozesses erwartet werden muß und welche Auswirkungen dies voraussichtlich auf den Markt haben wird. Auf Grund solcher Daten können Empfehlungen für die weitere Produktionsplanung gegeben werden. Man kann auch noch einen Schritt weitergehen und erfragen, in welchem Umfang die Produktion in der folgenden Planungsperiode einzuleiten beabsichtigt ist, um dann zu zeigen, welche Konsequenzen diese Produktionsabsichten für die Marktlage hätten.

Bei den Produkten, die nur periodisch erzeugt werden können, wie die meisten Bodenerzeugnisse in unseren Breiten, besteht lediglich die zuletzt genannte Möglichkeit, nämlich

die Produktions-(Anbau-)absichten zu erfragen und sichtbar zu machen, welche Auswirkungen ihre Verwirklichung haben würde. Dies muß allerdings so zeitig geschehen, daß die Produzenten ihre Produktionsplanung noch revidieren können.
Um den Fehlplanungen der Produktion, die – wie geschildert – im wesentlichen auf die polypolistische Struktur des Agrarangebots, den hohen Grad der Konkurrenz zwischen den Produzenten und die sich weitgehend hieraus ergebende Verhaltensweise der Landwirte zurückzuführen sind, entgegenzuwirken, ist also dreierlei notwendig:
– Eine zuverlässige Statistik, aus der laufend oder in kürzeren Zeitabständen zu ersehen ist, in welchem Umfang die Produktion bereits eingeleitet worden ist und/oder welche Produktion die Erzeuger demnächst einzuleiten beabsichtigen.
– Die sorgfältige Auswertung dieser Statistik und aller anderen einschlägigen Unterlagen.
– Die intensive Information der Produzenten über die Ergebnisse dieser Auswertung.
Es kann allerdings nicht erwartet werden, daß mit diesen Maßnahmen – selbst wenn sie konsequent und beharrlich durchgeführt werden – sämtliche Fehlreaktionen der Produzenten auf veränderte Daten verhindert werden, da ja die zahlreichen Produzenten die volle Entscheidungsfreiheit in der Produktionsplanung behalten. Diese Entscheidungsfreiheit darf ihnen auch nicht genommen werden, weil sie die Voraussetzung für die Kostenminimierung in den einzelnen Betrieben ist. Auf die dargestellte Weise – durch verbesserte Information – ist also nur eine »Grobsteuerung« möglich; eine völlig reibungslose Anpassung der Produktion an veränderte Daten ist damit nicht zu erreichen. Größere Restschwankungen müssen erforderlichenfalls durch Außenhandelsregelung, durch Lagerung oder – bei leicht verderblichen Produkten, die bei großem Angebot sehr preisunelastisch nachgefragt werden – durch Überschußvernichtung ausgeglichen werden.

3.3 Einfluß der Vermarktungsspanne auf Erzeugerpreis, Verbraucherpreis und Gleichgewichtsmenge

3.3.1 Bildung der Gleichgewichtspreise in der Erzeuger- und in der Verbraucherstufe

Bei den bisherigen Betrachtungen über die Preisbildung wurde offengelassen, für welche Handelsstufe – Erzeugerstufe, Verbraucherstufe oder irgendeine dazwischenliegende Stufe – der Preis gilt. Es wurde nur stillschweigend unterstellt, daß der für die Anbieter maßgebliche Preis und der für die Nachfrager maßgebliche Preis identisch sind, d. h. daß sich die angenommenen Angebots- und Nachfragekurven jeweils auf die gleiche Handelsstufe beziehen. Nun richten aber die Produzenten ihre Produktions- und Verkaufsdispositionen nach dem Preis aus, den sie erhalten, also nach dem Erzeugerpreis, während die Konsumenten ihre Einkaufsentscheidungen nach dem Preis treffen, den sie zahlen müssen, also nach dem Verbraucherpreis. Es sei angenommen, daß die Angebotskurve A_e in Abb. 47 die Beziehungen zwischen dem Erzeugerpreis und der Angebotsmenge eines Produkts, die Nachfragekurve N_v die Beziehungen zwischen Verbraucherpreis und Nachfragemenge dieses Produkts wiedergibt. Beide Preis-Mengen-Kurven können nicht in Beziehung zueinander gebracht werden, da sie sich auf unterschiedliche Preise beziehen.
Will man den Gleichgewichtspreis in der Verbraucherstufe ermitteln, so benötigt man die Beziehungen zwischen Angebotsmenge und Verbraucherpreis, also eine Angebots-

kurve, die sich auf den Verbraucherpreis bezieht. Da der Verbraucherpreis dem Erzeugerpreis zuzüglich Vermarktungsspanne entspricht, verläuft die auf den Verbraucherpreis bezogene Angebotskurve A_v oberhalb der Angebotskurve A_e im senkrecht gemessenen Abstand der Vermarktungsspanne *sp*.

Um den Gleichgewichtspreis in der Erzeugerstufe festzustellen, braucht man die Beziehungen zwischen Nachfragemenge und Erzeugerpreis, also eine Nachfragekurve, die sich auf den Erzeugerpreis bezieht. Diese Kurve N_e verläuft unterhalb der Nachfragekurve N_v im Abstand der Vermarktungsspanne *sp*.

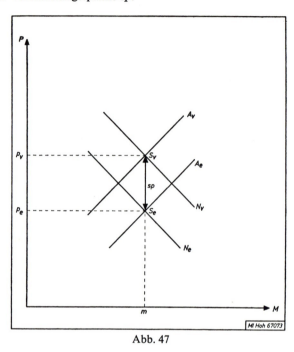

Abb. 47

In Abb. 47 wurde der Einfachheit halber angenommen, daß die absolute Spanne je Einheit in dem Bereich von Preis- und Mengenänderungen, der hier betrachtet wird, unverändert bleibt. Dann verläuft die Angebotskurve in der Verbraucherstufe A_v parallel zur Angebotskurve in der Erzeugerstufe A_e; sie ist lediglich um die absolute Stückspanne senkrecht nach oben verschoben. Entsprechendes gilt für die Nachfragekurve.

Wie bereits dargelegt worden ist (S. 32 und S. 113), läßt sich nichts Allgemeingültiges darüber aussagen, wie sich in Wirklichkeit die Vermarktungsspanne (die absolute Stückspanne zwischen Erzeugerpreis und Verbraucherpreis) bei wechselnder Preishöhe verhält. Die Spanne ist die Differenz zwischen zwei Preisen, die sich auf verschiedenen Märkten bilden, auf denen oft unterschiedliche Wettbewerbsverhältnisse herrschen. Je nach den Wettbewerbsbedingungen, denen die in der Vermarktung tätigen Unternehmungen und die Erzeuger unterliegen, kann die Vermarktungsspanne mehr oder weniger von den Vermarktungskosten, die bei den meisten Agrarprodukten weitgehend unabhängig von der Preishöhe sind, abweichen. Kurzfristig wird die Vermarktungsspanne häufiger von den bei rationeller Erledigung der notwendigen Leistungen entstehenden Vermarktungskosten abweichen als langfristig.

3.3.2 Änderung der Gleichgewichtspreise und der Gleichgewichtsmenge durch Veränderung der Vermarktungsspanne

Wie verändern sich nun die Gleichgewichtspreise in der Erzeugerstufe und in der Verbraucherstufe sowie die Gleichgewichtsmenge, wenn sich die Vermarktungsspanne verändert? Es sei angenommen, daß sich die Spanne sp erhöht, weil die Vermarktungskosten gestiegen sind. Zunächst ist festzustellen, daß sich dadurch weder der Verlauf der Angebotskurve in der Erzeugerstufe A_e, noch der Verlauf der Nachfragekurve in der Ver-

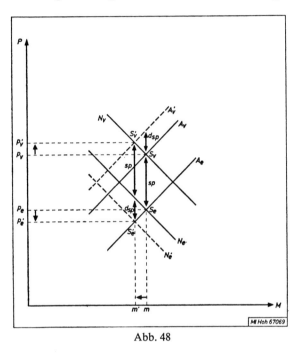

Abb. 48

braucherstufe N_v ändern. Jedoch wird die Angebotskurve in der Verbraucherstufe um die Spannenerhöhung d_{sp} senkrecht nach oben verschoben; A_v wird A_v' (vgl. Abb. 48). Entsprechend wird die Nachfragekurve in der Erzeugerstufe N_e um die Spannenerhöhung d_{sp} senkrecht nach unten verschoben; N_e wird N_e'.
Der neue Verbraucher-Gleichgewichtspreis ist durch den Schnittpunkt der Kurven A_v' und N_v bestimmt; er steigt von p_v auf p_v'. Er erhöht sich nicht so stark wie die Vermarktungsspanne. Der neue Erzeuger-Gleichgewichtspreis ist durch den Schnittpunkt der Kurven A_e und N_e' bestimmt; er sinkt von p_e auf p_e'. Die Veränderung beider Preise zusammengenommen entspricht der Spannenerhöhung d_{sp}. Die Gleichgewichtsmenge sinkt von m auf m'.
Unter den im Modell (Abb. 48) unterstellten Bedingungen werden sowohl die Erzeuger als auch die Verbraucher von der Spannenerhöhung betroffen. Die Verbraucher müssen einen höheren Preis bezahlen und können daher weniger von dem betreffenden Gut kaufen; die Erzeuger bekommen einen geringeren Preis und produzieren mithin weniger. Umgekehrt wirkt eine Senkung der Vermarktungsspanne. Dies kann man sich an Hand des Modells in Abb. 48 klarmachen, indem man annimmt, daß die Angebotskurve in

der Verbraucherstufe von A_v' auf A_v sinkt und daß die Nachfragekurve in der Erzeugerstufe von N_e' auf N_e steigt.

Wovon hängt es nun ab, in welchem Verhältnis sich eine Veränderung der Vermarktungsspanne auf den Erzeugerpreis, auf den Verbraucherpreis und auf die Gleichgewichtsmenge auswirkt? Um diese Frage zu klären, soll zunächst an Hand des Modells in Abb. 49, oben, untersucht werden, welchen Einfluß die Preiselastizität der Nachfrage hierauf hat. Das Modell zeigt im Unterschied zu Abb. 48 nur den Verlauf der Angebots- und der Nachfragekurve in der Verbraucherstufe. Das genügt jedoch, um zu erkennen, wie sich eine Erhöhung der Vermarktungsspanne bei wechselnder Preiselastizität auf den Erzeugerpreis, den Verbraucherpreis und die Umsatzmenge auswirkt.

Die auf den Verbraucherpreis bezogene Angebotskurve A wird um die Erhöhung der Vermarktungsspanne d_{sp} senkrecht nach oben verschoben und verläuft nunmehr wie A'. Ist die Nachfrage völlig preisunelastisch, so verläuft die Nachfragekurve wie N_1. Ihr Schnittpunkt S_1 mit der neuen Angebotskurve A' liegt im Abstand d_{sp} senkrecht über S_0, dem Schnittpunkt der bisherigen Angebotskurve A mit der Nachfragekurve N_1. Der Verbraucherpreis steigt also um den vollen Betrag der Spannenerhöhung von p_0 auf p_1. Der Erzeugerpreis bleibt infolgedessen unverändert, und auch die Gleichgewichtsmenge ändert sich nicht.

Denkt man sich die Nachfragekurve um S_0 entgegen dem Uhrzeigersinn von N_1 über N_2 nach N_3 gedreht, so wandert ihr Schnittpunkt mit der Angebotskurve A' von S_1 über S_2 bis S_3 nach links unten. Der Verbraucherpreis sinkt damit von p_1 über p_2 auf p_3 und kehrt damit wieder auf seinen früheren Stand zurück ($p_3 = p_0$). Mit zunehmender Preiselastizität der Nachfrage wirkt sich also die Erweiterung der Vermarktungsspanne schwächer auf die Erhöhung des Verbraucherpreises, aber stärker auf die Senkung des Erzeugerpreises aus. Gleichzeitig sinkt die Gleichgewichtsmenge. In dem extremen Fall unendlich elastischer Nachfrage (N_3) bliebe der Verbraucherpreis unverändert, und die Spannenerhöhung würde voll auf den Erzeugerpreis abgewälzt werden. Die Gleichgewichtsmenge würde entsprechend der Preiselastizität des Angebots von m_0 auf m_3 abnehmen.

Bei gegebener Preiselastizität des Angebots geht mithin eine Erweiterung der Vermarktungsspanne um so mehr zu Lasten der Erzeuger und um so weniger zu Lasten der Verbraucher, je elastischer letztere auf Preisänderungen reagieren. Die Gleichgewichtsmenge geht mit zunehmender Preiselastizität der Nachfrage stärker zurück.

Abb. 49, unten, zeigt, wie die Wirkung einer Spannenerhöhung durch die Preiselastizität des Angebots beeinflußt wird. Ist das Angebot völlig unelastisch, so verläuft die Angebotskurve senkrecht wie A_1. Da die Angebotsmenge bei Preisänderungen konstant bleibt ($m_1 = m_0$), ändert sich auch der Verbraucherpreis bei gegebener Nachfrage nicht ($p_1 = p_0$). Die Spannenerweiterung geht infolgedessen voll zu Lasten des Erzeugerpreises.

Denkt man sich die Angebotskurve um S_0 im Uhrzeigersinn von A_1 über A_2 nach A_3 gedreht, so wandert der Schnittpunkt der neuen Angebotskurve A' mit der Nachfragekurve von S_1 über S_2 bis S_3 nach links oben. Der Verbraucherpreis steigt von p_1 über p_2 auf p_3. Mit zunehmender Preiselastizität des Angebots geht also die Spannenausweitung mehr zu Lasten des Verbraucherpreises und dementsprechend weniger zu Lasten des Erzeugerpreises; die umgesetzte Menge geht mit zunehmender Preiselastizität des Angebots zurück. In dem extremen Fall unendlich großer Preiselastizität des Angebots würde die Spannenausweitung voll auf den Verbraucherpreis abgewälzt werden. Der

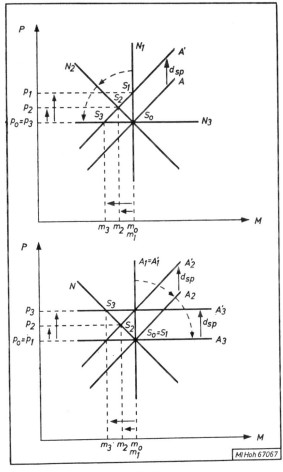

Abb. 49

Erzeugerpreis bliebe in diesem Fall unverändert; die Gleichgewichtsmenge ginge allerdings entsprechend der Preiselastizität der Nachfrage zurück.

Aus der bisherigen Betrachtung ist folgendes festzuhalten:

Die Erhöhung der Vermarktungsspanne eines Produkts führt in der Regel zur Hebung des Verbraucherpreises und zur Senkung des Erzeugerpreises. In welchem Verhältnis sie in beiden Preisen zum Ausdruck kommt, hängt von der Relation zwischen den Preiselastizitäten der Nachfrage und des Angebots ab. Die Spannenerhöhung geht stärker zu Lasten der Seite, die weniger elastisch auf Preisänderungen reagiert. Nur in den extremen Fällen völliger Unelastizität oder unendlich großer Elastizität kommt die Spannenerhöhung restlos im Preis nur einer Seite zum Ausdruck. Bei völlig unelastischer Nachfrage oder unendlich elastischem Angebot wird sie einseitig auf den Verbraucherpreis abgewälzt, bei unendlich elastischer Nachfrage oder völlig unelastischem Angebot geht sie voll zu Lasten des Erzeugerpreises.

Eine Spannenerhöhung führt in der Regel zur Verminderung der Gleichgewichtsmenge, und zwar sinkt die Menge um so mehr, je elastischer sowohl das Angebot als auch die

Nachfrage auf Preisänderungen reagieren. Nur bei völliger Unelastizität der Nachfrage oder des Angebots bleibt die Gleichgewichtsmenge unverändert.

Eine Spannensenkung kommt derjenigen Seite stärker im Preis zugute, die weniger elastisch auf Preisänderungen reagiert. Sie führt in der Regel zur Erhöhung der Gleichgewichtsmenge, und zwar steigt die Menge um so mehr, je preiselastischer sowohl das Angebot als auch die Nachfrage sind.

3.4 Wirkung der Subventionierung und der Belastung von Erzeugnissen und Produktionsmitteln auf Erzeugerpreis, Verbraucherpreis und Gleichgewichtsmenge

3.4.1 Subventionierung und Belastung des Gesamtangebots eines Produkts mit festen Beträgen je Einheit

Subventionen für Agrarprodukte werden in der Regel weder den Erzeugern noch den Verbrauchern unmittelbar zugeführt, sondern auf dem Vermarktungsweg an einer Stelle eingeschleust, an der die Mengen am besten ermittelt werden können. Ebenso werden Abgaben auf bestimmte Produkte, wie z. B. Verbrauchssteuern, meistens auf dem Vermarktungsweg erhoben. Geht man davon aus, daß die Höhe der Vermarktungsspanne durch die Wettbewerbsverhältnisse im Bereich der Vermarktung bestimmt ist und die Wettbewerbslage durch die Einschleusung der Subvention oder die Erhebung einer Abgabe nicht verändert wird, so wirkt die Einführung einer festen Stücksubvention wie eine Senkung der Stückspanne und die Einführung einer festen Abgabe je Einheit wie eine Ausweitung der Stückspanne. Allerdings kann nicht erwartet werden, daß die spannensenkende Wirkung der Subventionierung in jedem Fall unverzüglich eintritt. Damit

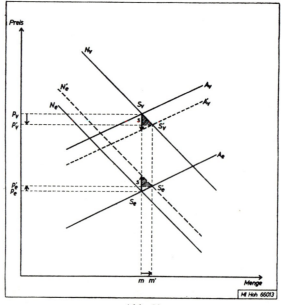

Abb. 50

wäre nur bei vollkommenem Wettbewerb im gesamten Bereich der Vermarktung des betreffenden Produkts zu rechnen. Je geringer der Wettbewerbsgrad in der Vermarktung ist, um so größer dürfte die Verzögerung sein.

Die Wirkung der Belastung eines Produkts mit einem festen Betrag je Einheit kann man sich an Hand der Abb. 48 und 49 und dem zugehörigen Text klarmachen, da die Erhebung einer absolut festen Abgabe je Einheit an einer Stelle des Vermarktungswegs – wie schon dargelegt – die Stückspanne erhöht.

Die Wirkung der Subventionierung des Gesamtangebots eines Produkts mit einem festen Betrag je Einheit ist im Prinzip in Abb. 50 dargestellt. Die auf den Verbraucherpreis bezogene Angebotskurve A_v verschiebt sich um die Subvention s senkrecht nach unten und verläuft wie A_v'. Durch ihren Schnittpunkt S_v' mit der Nachfragekurve N_v ergibt sich der neue Verbraucherpreis p_v' und die neue Gleichgewichtsmenge m'. Die auf den Erzeugerpreis bezogene Nachfragekurve N_e verschiebt sich dagegen um s senkrecht nach oben und verläuft wie N_e'. Durch ihren Schnittpunkt S_e' mit der Angebotskurve A_e ergibt sich der neue Erzeugerpreis p_e' und wiederum die neue Gleichgewichtsmenge m'. In dem dargestellten Modell bewirkt also die Subventionierung eine Erhöhung der Gleichgewichtsmenge, eine Senkung des Verbraucherpreises und eine Erhöhung des Erzeugerpreises. Die Summe der beiden Preisveränderungen entspricht der Stücksubvention s, was sich daraus ergibt, daß die beiden schraffierten Dreiecke kongruent sind.

Abb. 51 veranschaulicht, welchen Einfluß die Preiselastizität der Nachfrage auf die Wirkung der Subvention hat. Die Darstellung bezieht sich auf die Verbraucherstufe. Es sind drei verschiedene Nachfragekurven eingezeichnet. N_1 verläuft senkrecht, die Nachfrage ist also vollkommen unelastisch. In diesem Fall liegt der Schnittpunkt S_1 mit der durch die Subvention verlagerten Angebotskurve A' senkrecht unter dem Schnittpunkt S_0 mit der ursprünglichen Angebotskurve A, und zwar im Abstand der Subvention s. Der Verbraucherpreis sinkt um den vollen Betrag der Subvention von p_0 auf p_1; der Erzeugerpreis bleibt mithin unverändert. Auch die Gleichgewichtsmenge ändert sich nicht. Die Subvention schlägt sich also restlos in einer Senkung des Verbraucherpreises nieder.

Denkt man sich die Nachfragekurve um S_0 entgegen dem Uhrzeigersinn gedreht, so daß sie über N_2 schließlich die Lage N_3 einnimmt, so wandert der Schnittpunkt der Nachfragekurve mit der Angebotskurve A' von S_1 über S_2 bis S_3 nach rechts oben. Der Verbraucherpreis steigt damit von p_1 über p_2 auf p_3. Mit zunehmender Preiselastizität der Nachfrage wirkt sich die Subvention also schwächer auf den Verbraucherpreis und stärker auf den Erzeugerpreis aus. Gleichzeitig steigt die Gleichgewichtsmenge. Ist die Nachfrage unendlich elastisch (N_3), so bleibt der Verbraucherpreis unverändert, die Gleichgewichtsmenge steigt jedoch entsprechend der Preiselastizität des Angebots von m_0 auf m_3. Die Subvention kommt in diesem Fall also hauptsächlich den Produzenten zugute, und zwar durch Erhöhung des Erzeugerpreises um die volle Stücksubvention und außerdem durch Erhöhung der Absatzmenge. Den Verbrauchern bleibt als Vorteil lediglich, daß sie eine größere Menge zu unverändertem Preis beziehen können.

Abb. 52 veranschaulicht, wie die Wirkung der Subvention durch die Preiselastizität des Angebots beeinflußt wird. Ist das Angebot völlig unelastisch, verläuft A_1 also senkrecht, so wird das Angebot durch die Subvention nicht verändert ($m_1 = m_0$). Mithin ändert sich auch der Verbraucherpreis bei gegebener Nachfrage nicht ($p_1 = p_0$). Die Subvention kommt daher in voller Höhe den Produzenten im Erzeugerpreis zugute. Denkt man sich die ursprüngliche Angebotskurve um S_0 und die um die Stücksubvention nach unten ver-

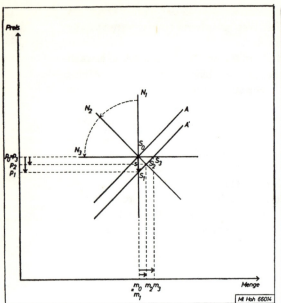 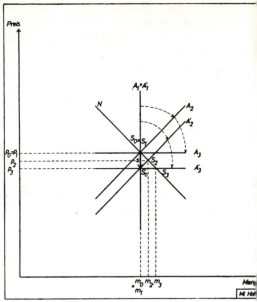

Abb. 51   Abb. 52

lagerte neue Angebotskurve um S_0' im Uhrzeigersinn gedreht, so wandert der Schnittpunkt der neuen Angebotskurve A' mit der Nachfragekurve N nach rechts unten über S_2 nach S_3. Daraus ergibt sich, daß mit zunehmender Preiselastizität des Angebots der Verbraucherpreis sinkt und die Gleichgewichtsmenge steigt. Die Subvention kommt also mit zunehmender Preiselastizität des Angebots in wachsendem Maße den Verbrauchern zugute, die eine größere Menge zu niedrigeren Preisen kaufen können. Ist das Angebot vollkommen elastisch (A_3 und A_3'), so sinkt der Verbraucherpreis um die volle Stücksubvention; der Erzeugerpreis bleibt mithin unverändert. Die Subvention kommt fast ausschließlich den Verbrauchern zugute; den Produzenten bleibt nur der Vorteil, zum gleichen Preis mehr absetzen zu können.

Aus den bisherigen Betrachtungen ergeben sich zusammenfassend folgende wesentlichen Erkenntnisse:

– Die Subventionierung des Gesamtangebots eines Produkts führt in der Regel sowohl zur Senkung des Verbraucherpreises als auch zur Hebung des Erzeugerpreises. In welchem Verhältnis sie in beiden Preisen zum Ausdruck kommt, hängt von dem Verhältnis der Preiselastizitäten des Angebots und der Nachfrage ab. Den größeren Preisvorteil von der Subventionierung hat diejenige Seite, die weniger elastisch auf Preisveränderungen reagiert. Nur in den extremen Fällen völliger Unelastizität oder unendlich großer Elastizität kommt eine Warensubvention nur einer Seite im Preis zugute. Bei völlig unelastischem Angebot oder unendlich elastischer Nachfrage wirkt sich die Subvention nur im Erzeugerpreis, bei völlig unelastischer Nachfrage oder unendlich elastischem Angebot nur im Verbraucherpreis aus.

– Die Subventionierung führt in der Regel auch zur Erhöhung der Gleichgewichtsmenge, und zwar steigt die Menge um so mehr, je elastischer sowohl das Angebot als auch die Nachfrage auf den Preis reagieren. Nur bei völliger Unelastizität des Angebots oder der Nachfrage bleibt die Gleichgewichtsmenge unverändert.

- Für die Produzenten ist nur die durch Preiserhöhung für die bisherige Absatzmenge m_0 erzielte Umsatzerhöhung uneingeschränkt Gewinn (Einkommensverbesserung). Die Umsatzsteigerung, die durch Mehrabsatz erzielt wird, ist nur zu einem kleinen Teil Gewinn, nämlich soweit sie die Kosten für die Mehrproduktion übersteigt. Wird die Mehrproduktion des subventionierten Erzeugnisses ganz oder teilweise durch Einschränkung der Erzeugung anderer Produkte erreicht, so ist auch der hierdurch entgangene Nutzen bei den Kosten zu berücksichtigen.
- Zur Erhöhung der Produktion eines Agrarerzeugnisses – und damit zur Erhöhung der nationalen Selbstversorgung – trägt die Subventionierung um so mehr bei, je elastischer das Angebot auf den Preis reagiert. Dabei ist jedoch zu beachten, daß hohe Preiselastizität in der Regel gegeben ist, wenn die Erzeugung eines Produkts verhältnismäßig leicht zu Lasten der Erzeugung anderer Produkte ausgedehnt werden kann; unter solchen Umständen bewirkt die Subventionierung hauptsächlich eine Veränderung der Produktionsrichtung.
- Zur Hebung der landwirtschaftlichen Einkommen trägt die Subventionierung des Gesamtangebots eines Agrarprodukts um so mehr bei, je weniger elastisch das Angebot und je elastischer die Nachfrage in bezug auf den Preis ist. Nur bei völlig unelastischem Angebot schlägt sich die Subvention in vollem Umfang als Einkommensverbesserung der Produzenten des subventionierten Produkts nieder. Diese Voraussetzung ist aber auf freien Märkten kaum jemals gegeben. Sie könnte nur künstlich durch Kontingentierung der Produktion geschaffen werden. Dann würde sich jedoch die Subventionierung erübrigen, weil der gleiche Einkommenseffekt einfacher durch Herabsetzen des Produktionskontingents erreicht werden könnte.
- Praktisch ist also der Effekt einer Warensubvention auf das Agrareinkommen stets kleiner als die Aufwendungen für die Subvention ohne Verwaltungskosten; die letzteren erreichen aber oft erhebliche Ausmaße und müssen deshalb auch mit in Betracht gezogen werden. Bei der Prüfung, ob die Einkommenswirkung einer Warensubvention in einem vertretbaren Verhältnis zum Aufwand stehen kann, ist allerdings zu berücksichtigen, daß die durch Subventionierung ausgelöste Mehrproduktion eines Erzeugnisses im allgemeinen teilweise durch Verlagerung des Aufwands innerhalb der Landwirtschaft, also auf Kosten der Erzeugung von Alternativprodukten erfolgt. Die Verminderung des Angebots an Alternativprodukten kann zu Preiserhöhungen bei diesen führen, wodurch die Einkommen ihrer Produzenten gehoben werden; die Subvention wird in diesem Fall also – soweit sie den Produzenten zugute kommt – auf andere Produkte und deren Produzenten übertragen. In welchem Umfang dies geschieht, hängt hauptsächlich davon ab,
  - in welchem Umfang die Mehrproduktion des subventionierten Gutes auf Kosten von Alternativprodukten erfolgt,
  - wie preiselastisch die Nachfrage nach diesen Alternativprodukten ist,
  - wie preiselastisch ein etwa vorhandenes Auslandsangebot an diesen Alternativprodukten ist.

Die bisherigen Betrachtungen gingen davon aus, daß das gesamte Angebot eines Produkts subventioniert wird. Da aber nur die inländische Produktion subventioniert wird, wenn einkommens- oder versorgungspolitische Ziele verfolgt werden, gelten die Ergebnisse der Betrachtung nur, wenn keine Einfuhr bei dem subventionierten Produkt erfolgt. Sinngemäß trifft dies auch zu, wenn die Subvention keinen Einfluß auf die Einfuhrmenge hat. Dabei ist gleichgültig, ob die Einfuhr aus technischen oder wirtschaftlichen Gründen nicht stattfindet, ob sie durch Verbot oder prohibitive Belastung verhindert wird, oder ob ihr Umfang durch ein Mengenkontingent, das von den ausländischen Anbietern stets voll ausgenutzt wird, festliegt. Wie sich die Subventionierung von Erzeugnissen der inländischen Landwirtschaft auswirkt, die auf dem Binnenmarkt im Wettbewerb mit dem Auslandsangebot stehen, wird im nächsten Abschnitt erörtert.

3.4.2 Subventionierung des Angebots bestimmter Anbietergruppen mit festen Beträgen je Einheit

Wird eine Subvention nicht für das gesamte Angebot eines Gutes gewährt, sondern nur für das Angebot einer bestimmten Erzeugergruppe, so werden die Wettbewerbsverhältnisse zwischen den Anbietern verändert. Die Produzenten, deren Angebot subventioniert wird, werden nicht nur unmittelbar durch die Subvention begünstigt, sondern erlangen u. U. auch beachtliche mittelbare Vorteile auf Kosten der anderen Anbieter. Praktisch liegt dieser Fall z. B. vor, wenn die inländischen Produzenten eines Produkts mit ihrem Angebot in Wettbewerb mit ausländischen Anbietern stehen und die Subvention auf die im Inland erzeugte Menge beschränkt ist. Das Modell in Abb. 53 veranschaulicht diese Konstellation.

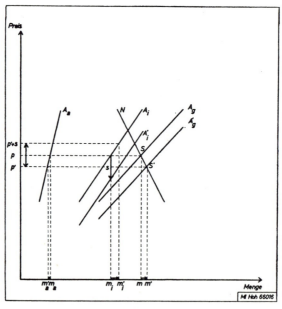

Abb. 53

Die Angebotskurven der beiden Anbietergruppen, nämlich die der inländischen (A_i) und die der ausländischen Anbieter (A_a), ergeben die Gesamtangebotskurve A_g. Durch deren Schnittpunkt S mit der Nachfragekurve N sind der Marktpreis p und die Gleichgewichtsmenge m bestimmt. Zum Preis p hat das Auslandsangebot den Umfang m_a und das Inlandsangebot den Umfang m_i. Durch Subventionierung verschiebt sich die

Kurve des Inlandsangebots um die Stücksubvention s senkrecht nach unten und verläuft wie A_i'. Aus A_i' und A_a ergibt sich die neue Gesamtangebotskurve A_g'. Das Marktgleichgewicht wird nun durch den Schnittpunkt S' bestimmt. Um wieviel der neue Marktpreis p' unter den alten Preis p sinkt und wie stark die Gleichgewichtsmenge steigt, ist – wie im vorangegangenen Abschnitt dargelegt wurde – vom Verhältnis und der Höhe der Preiselastizitäten des Gesamtangebots und der Nachfrage abhängig.

Für die Produzenten der beiden Teilangebote ändert sich die Lage in entgegengesetzter Richtung. Der Preis, den die Anbieter der inländischen Ware erhalten, steigt von p auf $(p' + s)$, den neuen Marktpreis zuzüglich Subvention; ihre Angebotsmenge steigt dementsprechend von m_i auf m_i'. Der Preis, den die Anbieter der ausländischen Ware erhalten, sinkt dagegen von p auf p' (neuer Marktpreis), und ihre Angebotsmenge geht entsprechend der Preiselastizität ihres Angebots von m_a auf m_a' zurück.

Die inländischen Produzenten des subventionierten Erzeugnisses profitieren also nicht nur unmittelbar von der Subventionierung entsprechend dem Elastizitätsverhältnis von Angebot und Nachfrage, sondern auch mittelbar durch Verdrängung des Auslandsangebots, sofern dieses nicht völlig unelastisch ist.

Über die Wirksamkeit der Subventionierung des Inlandsangebots eines Agrarprodukts mit einem festen Betrag je Einheit können hiernach folgende grundsätzlichen Aussagen gemacht werden:

1. Im Sinne der Hebung der nationalen Selbstversorgung (Minderung der Einfuhrabhängigkeit) ist die Subvention um so wirksamer,
   a) je elastischer die inländische Erzeugung auf den Preis reagiert,
   b) je weniger elastisch die Nachfrage in bezug auf den Preis ist,
   c) je elastischer das ausländische Angebot auf den Preis reagiert.

Unter der bei a) genannten Voraussetzung steigt das Gesamtangebot schon bei schwacher Anhebung des inländischen Erzeugerpreises stark. Unter der Voraussetzung b) führt dies zu einer Senkung des Marktpreises, woraufhin sich das Auslandsangebot unter der Voraussetzung c) entsprechend zurückzieht.

2. Im Sinne der Hebung des Agrareinkommens ist die Subvention um so wirksamer,
   a) je weniger elastisch die inländische Erzeugung auf den Preis reagiert,
   b) je elastischer die Nachfrage in bezug auf den Preis ist,
   c) je elastischer das ausländische Angebot auf den Preis reagiert.

Unter der Voraussetzung a) steigt das Gesamtangebot bei Anhebung des inländischen Erzeugerpreises nur schwach. Sind außerdem die Voraussetzungen b) und c) gegeben, so sinkt der Marktpreis infolge des größeren Inlandsangebots nur wenig und die Subvention kommt hauptsächlich in einer Erhöhung des inländischen Erzeugerpreises zum Ausdruck.

Konstellationen, bei denen alle Voraussetzungen günstig im Sinne eines der beiden genannten Ziele sind, gibt es in der BR Deutschland nur selten. Verhältnisse, unter denen eine Warensubvention einigermaßen günstig im Sinne der Hebung der nationalen Selbstversorgung wirkt, dürften noch verhältnismäßig häufiger gegeben sein; so reagiert bei vielen Produkten die inländische Produktion stärker als die Nachfrage auf den Preis, wenn auch beide Preiselastizitäten nur gering sind. Dagegen ist eine wichtige Voraussetzung für die Wirksamkeit einer Warensubvention auf das Agrareinkommen, nämlich hohe Preiselastizität des ausländischen Angebots, bei Produkten, die für die deutsche Landwirtschaft wichtig sind, häufig nicht erfüllt. Praktische Bedeutung hat die Verdrängung der Einfuhr durch Subventionierung des inländischen Angebots auch nur, wenn eine Einfuhrbeschränkung mit den üblichen handelspolitischen Mitteln aus rechtlichen oder politischen Gründen nicht vorgenommen werden kann.

Die Zurückdrängung der Einfuhr eines einzelnen Produkts durch Subventionierung der inländischen Erzeugung bedeutet meistens nicht, daß das Einkommen der inländischen Landwirtschaft in ihrer Gesamtheit entsprechend gehoben wird oder daß die Selbstversorgung mit Agrarprodukten insgesamt entsprechend erhöht wird. Die Steigerung der Erzeugung des subventionierten Produkts erfolgt in der Mehrzahl der Fälle zu einem Teil auf Kosten der Erzeugung von Alternativprodukten. Das geringere Angebot führt zur Preiserhöhung bei diesen Alternativprodukten, was deren Einfuhr fördert, sofern diese technisch und wirtschaftlich überhaupt möglich ist und eine vermehrte Einfuhr nicht durch verstärkten Außenhandelsschutz verhindert wird. Infolgedessen wirkt sich die Subventionierung einzelner Agrarprodukte in vielen Fällen hauptsächlich nur darin aus, daß die inländische Erzeugung von anderen Produkten auf das subventionierte Produkt und die Einfuhr in entgegengesetzter Richtung gelenkt wird, während die angestrebte Wirkung auf Einkommen oder Selbstversorgung in keinem vernünftigen Verhältnis zum Aufwand steht. Eine entscheidende Wirkung auf das Agrareinkommen und die Selbstversorgung tritt nur ein, wenn die Produktion aller im Inland wirtschaftlich erzeugbaren Agrarprodukte durch Subventionierung gefördert wird.

Ein Beispiel für die Subventionierung des Angebots bestimmter Erzeugergruppen ist auch das vor Inkrafttreten der EWG-Regelung in Frankreich praktizierte »Quantumsystem« bei Weizen. Die durchschnittlichen Preise, die die Erzeuger erzielten, sanken mit der Größe der Marktleistung. Erzeuger mit kleiner Marktleistung erhielten im Durchschnitt höhere Preise als große Produzenten. Erstere sind also auf Kosten der letzteren subventioniert worden.

Das Ziel dieser Maßnahme war die Hebung der Einkommen der Klein- und Mittelbauern. Die Voraussetzungen für die Wirksamkeit der Maßnahme im Sinne dieser Zielsetzung waren gegeben. Da die Kleinlandwirte zu arbeitsintensiver Organisation ihrer Betriebe gezwungen sind, ist ihr Weizenangebot weitgehend unelastisch; ihr Anteil am Gesamtangebot ist klein. Das Weizenangebot der größeren Landwirtschaftsbetriebe ist dagegen erheblich elastischer, weil hier größere Freiheit hinsichtlich der Gestaltung der Produktionsstruktur gegeben ist.

3.4.3 Belastung des Angebots bestimmter Anbietergruppen mit einer festen Abgabe je Einheit

Wird bei einem Gut das Angebot einer bestimmten Erzeugergruppe durch eine Abgabe belastet, so werden – ebenso wie bei der Subventionierung eines Teilangebots – die Wettbewerbsverhältnisse zwischen den Anbietern verändert. Die Produzenten, deren Angebot belastet wird, werden nicht nur unmittelbar von der Belastung entsprechend den Preiselastizitäten von Angebot und Nachfrage betroffen, sondern zusätzlich zugunsten der anderen (nicht belasteten) Anbieter benachteiligt. Ein praktisches Beispiel für die Sonderbelastung eines Teils der Anbieter ist die Erhebung von Einfuhrabgaben, sofern sie nicht lediglich zum Ausgleich von Abgaben dienen, die auf die Inlandsware erhoben werden (wie z. B. die Umsatzausgleichsteuer in ihrem ursprünglichen Sinn).

Abb. 54 veranschaulicht die Wirkung einer festen Einfuhrabgabe je Einheit, also eines spezifischen Zolls. Die Angebotskurve des ausländischen Angebots A_a auf dem Inlands-

markt wird durch die Zollbelastung um den festen Stückzoll z senkrecht nach oben verlagert und verläuft wie A_a'. Dementsprechend wird auch die Gesamtangebotskurve A_g nach oben verschoben und wird A_g'. Der Schnittpunkt der Gesamtangebotskurve mit der Nachfragekurve wandert von S bis S' nach links oben. Der Marktpreis steigt von p auf p', die Gleichgewichtsmenge sinkt von m auf m'.
Die inländischen Produzenten erlösen den höheren Marktpreis p'. Ihre Absatzmenge steigt entsprechend der Preiselastizität des Inlandsangebots von m_i auf m_i'.

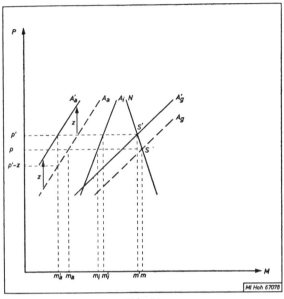

Abb. 54

Die ausländischen Anbieter erlösen am Inlandsmarkt zwar auch den neuen Marktpreis p', müssen hiervon aber die Einfuhrabgabe z abführen. Ihre Absatzmenge wird durch den Marktpreis p' und die Angebotskurve A_a' (verzollt) oder durch den Marktpreis abzüglich Einfuhrabgabe ($p' - z$) und die Angebotskurve A_a (unverzollt) bestimmt. Sie geht entsprechend der Preiselastizität des Auslandsangebots von m_a auf m_a' zurück.
Im Sinne der Hebung der Selbstversorgung wirkt die Belastung des Auslandsangebots eines Guts um so stärker, je preiselastischer das Auslandsangebot und die Nachfrage sind; das Inlandsangebot muß dabei mindestens ebenso preiselastisch wie das Auslandsangebot sein. Bei dieser Bedingungskonstellation geht das Auslandsangebot durch die Belastung stark zurück und wird durch das Inlandsangebot ersetzt. Die Erhöhung des Selbstversorgungsgrads bei einem bestimmten Agrarprodukt durch Einfuhrbelastung ist natürlich nur sinnvoll, wenn die inländische Erzeugung dieses Produkts nicht zu Lasten von Produkten ausgedehnt wird, die ebenfalls in größerem Umfang eingeführt werden müssen.
Im Sinne der Hebung des inländischen Agrareinkommens wirkt die Belastung der Einfuhr um so stärker, je preiselastischer das Auslandsangebot ist, und je weniger preiselastisch die Nachfrage und das Inlandsangebot sind. Bei unelastischer Nachfrage wird zwar die Einfuhr auch bei hoher Preiselastizität des Auslandsangebots nur wenig zurückgedrängt, weil die Einfuhrabgabe überwiegend von den Konsumenten getragen wird; aber der Preis am Binnenmarkt steigt stark, wenn das Inlandsangebot unelastisch ist.

Da fast sämtliche wichtigen, im Inland wirtschaftlich erzeugbaren Agrarprodukte – jedes für sich betrachtet – langfristig nicht preisunelastisch produziert werden, kann das Agrareinkommen durch die Belastung der Einfuhr einzelner Produkte nicht wesentlich beeinflußt werden. Eine entscheidende Wirkung auf das Agrareinkommen tritt nur ein, wenn die Einfuhr aller im Inland erzeugbaren Produkte und ihre Substitute so belastet wird, daß das gesamte Agrarpreisniveau unter Wahrung des sich aus der inländischen Nachfrage- und Kostenstruktur ergebenden Preisgefüges angehoben wird. Das inländische Agrarangebot insgesamt dürfte langfristig weniger preiselastisch sein als das ausländische, und die Nachfrage nach Agrarprodukten insgesamt ist in der BR Deutschland ebenfalls wenig preiselastisch.

3.4.4 Subventionierung des Angebots bestimmter Anbietergruppen mit wechselnden Beträgen je Einheit

Ein Beispiel für die Subventionierung von Agrarprodukten mit Beträgen je Einheit, die nach den jeweiligen Marktpreisen bemessen werden, ist das im Vereinigten Königreich bis zu seinem Beitritt zur EWG und teilweise auch noch in der Übergangszeit, die mit dem Jahr 1977 enden soll, angewandte System des »deficiency payment«. Hierbei werden den inländischen Erzeugern für alle wichtigen Agrarerzeugnisse Preise garantiert, die über den Außenmarktpreisen liegen. Die Garantiepreise werden jedoch nicht auf dem Binnenmarkt durchgesetzt; vielmehr verkaufen die Landwirte ihre Produkte zu den geltenden Marktpreisen. Liegt der Marktpreis unter dem Garantiepreis, so erhalten sie die Differenz zwischen dem Garantiepreis und dem durchschnittlichen Marktpreis zur Verkaufszeit aus öffentlichen Mitteln. Erzielt ein Landwirt einen über- oder unterdurchschnittlichen Preis, so geht das zu seinen Gunsten oder Lasten; er bleibt also an der Erzielung eines möglichst günstigen Preises interessiert.

Diese Art der Subventionierung der Inlandsproduktion hat grundsätzlich die bereits bei der Erörterung der Subventionierung mit festen Beträgen je Einheit dargelegten Wirkungen:

    Das Gesamtangebot steigt;

    das Inlandsangebot steigt absolut stärker als das Gesamtangebot;

    das Auslandsangebot geht zurück;

    der Marktpreis sinkt;

    der Erlöspreis der inländischen Produzenten steigt.

Darüber hinaus wird der Erzeugerpreis nahezu völlig stabilisiert, solange der Marktpreis unterhalb des Garantiepreises liegt. Sämtliche Schwankungen der Nachfrage und des Inlandsangebots werden auf den Außenmarkt abgewälzt.

Abb. 55 veranschaulicht die Wirkung des »deficiency payment«. Die Kurven des Inlandsangebots A_i und des Auslandsangebots A_a ergeben die Gesamtangebotskurve A_g. Durch deren Schnittpunkt S mit der Nachfragekurve N sind der Gleichgewichtspreis p und die Gleichgewichtsmenge m bestimmt. Wird den inländischen Produzenten ein höherer Preis p_{ga} garantiert, so verläuft die Angebotskurve des Inlandsangebots unterhalb des Garantiepreises senkrecht; das Angebot ist völlig unelastisch in bezug auf den Marktpreis. In diesem Preisbereich unterbietet das Inlandsangebot jedes Auslandsangebot.

Die wichtigsten Bedingungen, unter denen dieses System des Agrarschutzes praktiziert werden kann, sind:

- Der Absatz jedes einzelnen Produzenten muß nach Menge und Qualität sicher erfaßt werden können. Das erfordert weitgehende Kanalisierung des Absatzes, die bei kleinbetrieblicher Struktur der Landwirtschaft und ausgedehntem Direktverkehr zwischen Erzeugern und Verbrauchern nicht möglich ist. Der Verwaltungsaufwand ist entsprechend hoch.
- Der Anteil des inländischen Angebots an der Marktversorgung (Selbstversorgungsgrad) muß niedrig sein, und die Differenz zwischen dem Niveau der Garantiepreise und dem Niveau der Marktpreise darf nicht groß sein, wenn der öffentliche Haushalt nicht überfordert werden soll; denn es lassen sich nur begrenzte Anteile des Sozialprodukts durch den öffentlichen Haushalt schleusen, wenn die Wirtschaftstätigkeit nicht durch hohe Steuern gelähmt werden soll.
- Das Steuersystem muß eine gerechte Verteilung der Steuerlast ermöglichen; außerdem muß die Steuermoral gut sein.

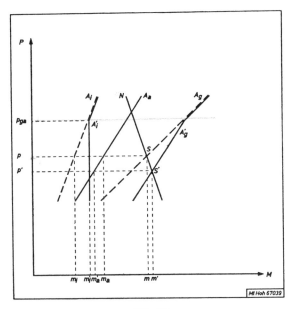

Abb. 55

Diese Voraussetzungen dürften bei Einführung des Systems im Vereinigten Königreich weitgehend gegeben gewesen sein. In den 6 ursprünglichen EWG-Ländern lagen die Verhältnisse grundsätzlich anders. Hier wäre das englische System schon allein aus technischen Gründen nicht praktizierbar gewesen.

Das »deficiency payment« ist besonders dazu geeignet, die Selbstversorgung zu erhöhen und auf einem bestimmten Stand zu halten sowie die inländischen Erzeugerpreise zu stabilisieren. Beide Ziele harmonieren miteinander, denn Preissicherheit gibt der Produktion starke Impulse. Die Anhebung der nationalen Selbstversorgung auf ein bestimmtes, jedoch nicht sehr hohes Niveau im Hinblick auf die Sicherung der Versorgung in Krisenfällen und zur Entlastung der Zahlungsbilanz war auch das Ziel der britischen Agrarmarktpolitik bei Einführung des Systems. Für die Wahl des Subventionssystems (statt Verstärkung des Außenhandelsschutzes) war außerdem maßgebend, daß es von den Agrarexportländern, so insbesondere von den Mitgliedern des Commonwealth, als weniger hart empfunden wurde als eine direkte Erschwerung der Einfuhr, obwohl es tatsächlich keineswegs rücksichtsvoller gegenüber den ausländischen Anbietern ist. Schließlich wünschte man seinerzeit eine Erhöhung der Verbraucherpreise für Nahrungsgüter zu vermeiden, weil man davon eine Schwächung der Exportfähigkeit der englischen Industrie befürchtete.

Inzwischen haben sich sowohl die Ziele als auch die Voraussetzungen geändert. Die Hebung der Agrareinkommen ist als Ziel in den Vordergrund getreten, nachdem der angestrebte Selbstversorgungsgrad erreicht und überschritten worden ist. Die Belastung des Staatshaushalts ist mit dem weiteren Absinken der Weltmarktpreise einerseits und dem Steigen des Selbstversorgungsgrades und der Preisziele andererseits so stark gestiegen, daß man schon vor dem Beitritt zur EWG gezwungen war, mehr und mehr von den Prinzipien des Systems abzuweichen.

3.4.5 Belastung des Angebots bestimmter Arbeitsgruppen mit wechselnden Beträgen je Einheit

Praktische Beispiele für die Belastung des Angebots bestimmter Anbietergruppen mit Beträgen je Einheit, die mit der Marktlage wechseln, sind der Wertzoll, der Gleitzoll und das sogenannte Abschöpfungssystem.

3.4.5.1 *Wertzoll*

Wird das Auslandsangebot mit einer Einfuhrabgabe belastet, die einem festen Prozentsatz des Preises frei Grenze entspricht (Wertzoll), so wird das teurere Angebot absolut stärker belastet als das billigere. Wie beim spezifischen Zoll (vgl. Abb. 54, S. 133) wird die Angebotskurve A_a des Auslandsangebots um den Zoll nach oben verschoben. Während dort aber jeder Punkt der Kurve um den gleichen Betrag senkrecht nach oben wandert, so daß die neue Angebotskurve A_a' parallel zur alten Angebotskurve A_a verläuft, wird die Angebotskurve durch den Wertzoll mit steigendem Preis zunehmend mehr nach oben verschoben. Die neue Angebotskurve A_a' verläuft also steiler als die alte Kurve A_a. Durch den Wertzoll werden die Preisschwankungen am Außenmarkt verstärkt auf den Binnenmarkt übertragen.

Wegen der geringen Preiselastizität der Nachfrage einerseits und der durch Witterungsabhängigkeit und Marktform des Agrarangebots bedingten Angebotsschwankungen andererseits sind die Agrarmärkte ohnehin durch starke Preisschwankungen gekennzeichnet. Preisstabilisierung ist daher ein wesentliches Ziel der Agrarmarktpolitik. Infolgedessen ist der Wertzoll ein für die Agrarmarktpolitik wenig geeignetes Instrument. Anders liegen die Verhältnisse bei den gewerblichen Erzeugnissen. Kurz- und mittelfristige Preisschwankungen spielen hier nicht die Rolle wie auf den Agrarmärkten, doch ist ein anderes Problem von Bedeutung: Diese Produkte werden in einer kaum zu übersehenden Zahl von Arten, Qualitäten und Verarbeitungsstufen gehandelt, so daß es praktisch nicht möglich ist, ein System von gestaffelten spezifischen Zöllen zu schaffen, durch das die Wertschöpfung im Inland gleichmäßig geschützt wird. Der Wertzoll bedeutet hier eine starke Vereinfachung des Zolltarifs. Er geht davon aus, daß hinter einem höheren Preis im allgemeinen auch eine höhere Wertschöpfung steht.

3.4.5.2 Gleitzoll

Beim Gleitzoll steigt die absolute Zollbelastung je Einheit bei sinkendem Angebotspreis und fällt bei steigendem Preis frei Grenze. Die Angebotskurve wird ebenso wie beim spezifischen und beim Wertzoll nach oben verschoben, aber gleichzeitig abgeflacht. Die Preisschwankungen auf dem Außenmarkt werden nur abgeschwächt auf den Binnenmarkt übertragen. Der Gleitzoll wirkt also preisstabilisierend.

Technisch kann der Gleitzoll ein mit steigendem Preis degressiv gestaffelter Wertzoll oder ein nach Preisstufen gestaffelter spezifischer Zoll sein. Er kann nur auf Waren angewendet werden, die nach Qualität und Verarbeitungsstufe eindeutig definiert werden können, da sonst bessere Qualitäten und höhere Verarbeitungsstufen, also Güter, die eine größere Wertschöpfung darstellen, bei der Einfuhr schwächer belastet werden als Güter gleicher Art, die eine geringe Wertschöpfung beinhalten.

3.4.5.3 Abschöpfungssystem

Das Abschöpfungssystem kann man als ein bis zur letzten Konsequenz entwickeltes Gleitzollsystem bezeichnen. Das Auslandsangebot wird mit Einfuhrabgaben so belastet, daß es im Inland nicht unter einem bestimmten Preis angeboten werden kann. Die Wirkungsweise dieses Systems ergibt sich aus dem Modell in Abb. 56.

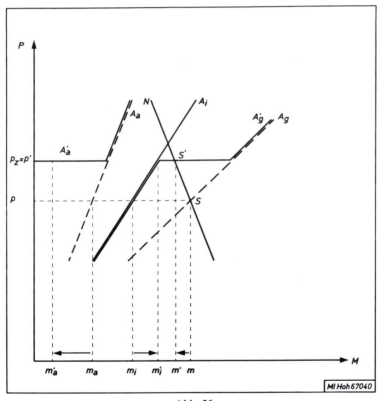

Abb. 56

A_a sei die Angebotskurve für ausländische Ware, A_i die Angebotskurve für inländische Ware. Beide addiert ergeben die Gesamtangebotskurve A_g. Bei unbehinderter Einfuhr würden der Marktpreis p und die Nachfragemenge m durch den Schnittpunkt S der Angebotskurve A_g mit der Nachfragekurve N bestimmt. p_z sei der auf dem Binnenmarkt angestrebte höhere Preis (Zielpreis). Wird nun die Auslandsware mit einer Einfuhrabgabe belastet, die der Differenz zwischen dem Zielpreis und dem jeweiligen Weltmarktpreis frei Grenze (cif-Preis) entspricht, so kann am Binnenmarkt keine Auslandsware unter dem Zielpreis (zuzügl. Ablaufkosten) angeboten werden. Solange der cif-Preis unter dem Zielpreis liegt, ist das Auslandsangebot am Binnenmarkt zu dem festgesetzten Zielpreis unendlich elastisch; die neue Angebotskurve A_a' verläuft waagerecht in Höhe des Zielpreises bis zum Schnittpunkt mit A_a. Die neue Gesamtangebotskurve A_g' deckt sich unterhalb des Zielpreises mit A_i, verläuft dann waagerecht in Höhe des Zielpreises und deckt sich oberhalb des Zielpreises mit A_g. Sie schneidet die Nachfragekurve N mit ihrem waagerechten Teil. Verschiebt sich A_i nach links (z. B. kleinere Ernte) oder nach rechts (z. B. größere Ernte), so wird von dem unendlich elastischen Auslandsangebot automatisch entsprechend mehr oder weniger aufgenommen. Das selbe ist der Fall, wenn sich die Nachfragekurve N nach links (Nachfrage wird geringer) oder nach rechts (Nachfrage wird größer) verlagert. Die Schwankungen des Inlandsangebots und der Nachfrage werden also – wie beim »deficiency payment« – auf den Außenmarkt abgewälzt. Der Zielpreis p_z (zuzüglich Ablaufkosten) wird zum neuen Marktpreis p'. Nur wenn die Kurve A_i soweit nach rechts oder die Kurve N soweit nach links wandert, daß ihr Schnittpunkt unterhalb p_z liegt, sinkt der Marktpreis p' unter den Zielpreis.

Die wichtigsten Voraussetzungen für das Funktionieren des Abschöpfungssystems sind:
– Auf dem Binnenmarkt muß ein höherer Preis als auf dem Außenmarkt angestrebt werden. Der Zielpreis kann allerdings nicht beliebig hoch festgesetzt werden. Er muß beträchtlich unter dem Schnittpunkt von A_i und N liegen, so daß auch bei größeren Angebotsmengen oder schwächerer Nachfrage noch etwas Raum für die Einfuhr bleibt.
– Der Außenmarkt muß so groß sein, daß er die abgewälzten Schwankungen aufnehmen kann, ohne selbst stark gestört zu werden.
– Das Angebot auf dem Außenmarkt muß einigermaßen elastisch sein.
– Der jeweilige cif-Preis für eine Standard-Qualität muß einigermaßen sicher ermittelt werden können. Das ist im allgemeinen der Fall, wenn die Preisbildung auf dem Außenmarkt unter Wettbewerb zwischen Anbietern von annäherungsweise homogener Ware erfolgt, weil nur dann die Preisstreuung gering und übersehbar ist.

Die Nachfrage nach Auslandsware wird durch das Abschöpfungssystem praktisch völlig preisunelastisch. Eingeführt wird die zum Zielpreis nachgefragte Menge abzüglich Inlandsangebot (m_a' in Abb. 56). Der Angebotspreis (cif-Preis) hat überhaupt keinen Einfluß auf die Einfuhrmenge, solange er unter dem Zielpreis liegt. Das veranlaßt die Anbieter zur Preisabsprache und Angebotsregulierung, sofern es irgendwie durchführbar ist.

In der EWG wird das Abschöpfungssystem nach diesem Prinzip für eine Reihe von wichtigen Produkten angewendet; so für Getreide und Getreidesurrogate, für Zucker, Rindfleisch und Milchprodukte. Auf die Produkte der tierischen Veredelung auf Getreidebasis (Schweinefleisch, Geflügelfleisch, Eier) wird das Abschöpfungssystem nicht unmittelbar angewandt. Vielmehr wird ihre Einfuhr hauptsächlich mit einer Abgabe belastet, die von der Getreideabschöpfung abgeleitet wird (»abgeleitete Abschöpfung«).

Wie jede Einfuhrbelastung ist das Abschöpfungssystem im Sinne des Ziels »Hebung der nationalen Selbstversorgung« um so wirksamer, je preiselastischer das Inlandsangebot und die Nachfrage sind. Im Sinne des Ziels »Hebung des Agrareinkommens« ist seine Wirkung um so größer, je weniger preiselastisch das Inlandsangebot und die Nachfrage sind. Die Preiselastizität des Auslandsangebots spielt hier keine Rolle, weil die Nachfrage nach Auslandsware völlig unelastisch wird. Im Prinzip gilt auch das sonst über den spezifischen Zoll Dargelegte (vgl. S. 133). Darüber hinaus wirkt das Abschöpfungssystem preisstabilisierend. Es gibt den inländischen Produzenten eine nahezu ebenso große Preissicherheit wie das englische Garantiepreissystem, vor allem wenn es – wie bei Getreide – durch eine weitere Preisstabilisierungsmaßnahme ergänzt wird (vgl. Abschnitt 3.6.3.2, S. 157).

3.4.6 Subventionierung begrenzter Angebotsmengen

Die Subventionierung bestimmter Agrarprodukte erfolgt häufig – zur Zeit vermutlich sogar meistens – mit dem Ziel, die landwirtschaftlichen Einkommen zu heben. Im allgemeinen besteht die Tendenz, die Warensubventionierung als Mittel der Preis- und Einkommensstützung bei solchen Produkten anzuwenden, deren Preis zur Schwäche neigt, weil die Nachfrage langsamer steigt als die durch technische Fortschritte vorangetriebene inländische Produktion (vgl. Abb. 42, unten, S. 112), und deren Einfuhr schon mit den Mitteln des Außenhandelsschutzes weitgehend zurückgedrängt worden ist. Ein praktisches Beispiel hierfür ist die Subventionierung der Milch in der BR Deutschland.

Aus den bisherigen Betrachtungen hat sich die Erkenntnis ergeben, daß die Subventionierung eines Produkts, dessen Einfuhr nicht wesentlich weiter eingeschränkt werden kann, den Produzenten restlos nur zugute kommt, wenn die Produktion völlig preisunelastisch ist, und diesen überwiegend nur zufließt, wenn die Preiselastizität der Produktion erheblich schwächer ist als die Preiselastizität der Nachfrage. Solches Verhältnis der Preiselastizitäten ist aber bei der eingangs geschilderten Situation praktisch niemals gegeben; denn bei fehlender oder sehr geringer Preiselastizität würde die Produktion auch nicht auf eine absolute oder relative Kostensenkung infolge technischen Fortschritts reagieren. Die Subvention ist also im Sinne des Ziels Einkommenshebung der Produzenten wenig wirksam; sie kommt längerfristig überwiegend in einer Senkung des Verbraucherpreises zum Ausdruck.

Wenn auch die Personen, die praktische Agrarmarktpolitik betreiben, diese Zusammenhänge bisher wohl kaum klar überblicken, so haben sie doch vielfach erkannt, daß die Preiselastizität des Angebots eine wichtige Rolle spielt, daß also der Subvention die gewünschte Wirkung genommen wird, wenn sie die Produktion stimuliert. Man hat deshalb versucht, die Subvention so zu gestalten oder so mit Auflagen zu versehen, daß ihr die produktionsstimulierende Wirkung genommen wird. Dabei ist man verschiedene Wege gegangen, die aber im Prinzip sämtlich auf Preisspaltung hinauslaufen. Preisspaltung bedeutet, daß für die gleiche Ware in der gleichen Handelsstufe bei gleicher Frachtlage zur gleichen Zeit unterschiedliche Preise verlangt oder geboten werden.

Um der Subvention die produktionsstimulierende Wirkung zu nehmen, gewährt man sie nur für eine begrenzte Produktionsmenge (z. B. für die bisher abgesetzte Menge). Man hofft, daß die Produzenten ihre Produktion auf diese Menge beschränken, um sich »den

– durch die Subvention erhöhten – Preis nicht zu verderben«. Von Mengenanpassern wäre das jedoch allenfalls zu erwarten, wenn jedem einzelnen Produzenten ein subventionsfähiges Mengenkontingent zugeteilt würde, das genau seinem Produktionsoptimum zum Marktpreis entspricht. Kein Produzent hätte dann Veranlassung, mehr als die subventionierte Menge zu produzieren. Allerdings setzt dies voraus, daß sämtliche Landwirte richtige Vorstellungen über den Verlauf ihrer Grenzkosten und über den voraussichtlichen Marktpreis haben und danach ihre Produktion planen. Mit großer Wahrscheinlichkeit ist aber anzunehmen, daß ein erheblicher Teil der Produzenten hierzu nicht in der Lage ist, insbesondere bei der Produktionsplanung nicht zwischen Marktpreis und subventioniertem Preis unterscheidet, sondern von dem Mischpreis ausgeht, der für eine größere als die Kontingentsmenge erzielt wird.

Vor allem ist es aber überhaupt nicht möglich, für jeden Produktionsbetrieb die optimale Menge bei einem angestrebten Marktpreis amtlich zu ermitteln und danach das subventionsfähige Kontingent festzusetzen. Würde man die tatsächliche Produktionsmenge der einzelnen Betriebe in einer zeitnahen Referenzperiode zugrunde legen, so käme man der optimalen Menge wahrscheinlich zunächst recht nahe. Aber im Laufe der Zeit ändern sich die Produktionsoptima durch Produktivitätsänderungen bei der Erzeugung des betreffenden Produkts und bei der Erzeugung von Alternativprodukten sowie durch Preisänderungen bei Alternativprodukten und bei den Produktionsfaktoren; die Änderungen der Produktionsoptima sind von Betrieb zu Betrieb unterschiedlich. Die Kontingentierung der subventionsfähigen Menge verliert dadurch im Laufe der Zeit die angestrebte Wirkung. Wo kostensenkende Produktivitätssteigerungen vorherrschen, wird mehr als die subventionierte Menge produziert; wo die Kosten steigen, wird die Produktion nicht eingeschränkt, solange der subventionierte Erzeugerpreis noch über der Gewinnschwelle liegt. Dafür gewinnt eine andere, sehr unerwünschte Wirkung an Bedeutung: Die Wanderung der Produktion zu günstiger werdenden Standorten und die Anwendung technischer Fortschritte wird aufgehalten.

In der agrarpolitischen Praxis werden diese Überlegungen allerdings meistens gar nicht angestellt. In Anbetracht der großen Schwierigkeiten, die die einzelbetriebliche Festsetzung von subventionsfähigen Lieferkontingenten und die laufende Kontrolle ihrer Ausnutzung schon rein technisch bereitet, begnügt man sich im allgemeinen mit der Festsetzung eines Gesamtkontingents, das subventioniert wird. Im Grunde genommen handelt es sich dabei um die Begrenzung der Subventionssumme, auf die es den verantwortlichen Politikern zunächst auch nur ankommt; denn die Aufwendungen für eine begonnene Subventionsaktion haben die Tendenz, kräftig zu steigen, wenn ein bestimmter Erzeugerpreis angestrebt wird und die Produktion preiselastischer als die Nachfrage ist. Wird das Angebot größer als die zu subventionierende Menge, so wird der für die Subvention bereitgestellte Betrag auf die größere Menge umgelegt, d. h. der Subventionssatz wird gesenkt. Die produktionsstimulierende Wirkung der Subvention wird dadurch nicht aufgehoben. Die Produktion wird zwar begrenzt, jedoch nur dadurch, daß sowohl der erzielbare Marktpreis als auch die Stücksubvention bei wachsendem Angebot sinken. Die Wirkung der Preiselastizität wird also nicht ausgeschaltet, sondern ausgenutzt.

Eine besondere Form der Subventionierung einer begrenzten Menge ist die Preisgarantie für eine begrenzte Absatzmenge. Sie wurde z. B. im Rahmen des französischen Quantumsystems für Weizen praktiziert. Im Prinzip sah diese Maßnahme folgendes vor: Für ein ihnen zugeteiltes »Quantum« (Kontingent) erhielten die einzelnen landwirtschaftlichen Betriebe einen garantierten Preis; für die darüber hinaus an das staatliche Weizenmonopol abgelieferte Menge wurde ein niedrigerer Preis gezahlt. In den Vereinigten Staaten ist die Preisgarantie (das Recht zur Inanspruchnahme der Einrichtungen zur Preisstützung) vielfach mit der Auflage zur Beschränkung der Produktion um oder auf ein bestimmtes Maß verbunden worden. Die Festsetzung von Absatzkontingenten für die einzelnen Betriebe und noch mehr die Kontrolle ihrer Einhaltung ist jedoch – wie schon erwähnt – technisch außerordentlich schwierig und praktisch überhaupt nur bei Produkten möglich, die einen kontrollierbaren Absatzkanal durchlaufen müssen oder deren Absatz man künstlich kanalisieren kann[1]). Dazu kommen die ebenfalls schon erwähnten Nachteile der Zementierung der Standorte und der Behinderung des technischen Fortschritts.

Bei den Bodenerzeugnissen hat die Absatzkontingentierung noch einen weiteren Nachteil. Wegen der Witterungsabhängigkeit der Erträge hat es der Landwirt nicht in der Hand, eine ganz bestimmte Menge zu erzeugen. Bei Absatzkontingentierung bleibt es ihm überlassen, etwaige Überschüsse nach großen Ernten zu lagern, inferior zu verwenden oder zu vernichten. Der Anreiz, das Absatzkontingent zu überschreiten, die Ware unberechtigt abzusetzen und die Gefahr, daß der Garantiepreis auf diese Weise unterhöhlt wird, ist sehr groß, zumal wenn eine lückenlose Kontrolle nicht möglich ist. Vielfach – so z. B. in den Vereinigten Staaten von Amerika – hat man deshalb statt der Absatzmengen die Anbauflächen kontingentiert. Dadurch wird dem Landwirt das Risiko der Ernteschwankungen abgenommen, und die Einhaltung der Kontingente läßt sich leichter kontrollieren. Dabei ist jedoch eine andere Schwierigkeit aufgetreten. Die Wirksamkeit der Flächenkontingentierung hängt davon ab, in welchem Umfang und mit welchen Kosten Boden durch Kapital substituiert werden kann. Der Anreiz hierzu ist gegeben, wenn die Anbaufläche einer Frucht kontingentiert und ihr Preis angehoben wird. Wird Gewinnmaximierung angestrebt, so erfordert der höhere Preis eine höhere Intensität der Nutzung des verknappten Faktors Boden; technische Fortschritte auf den Gebieten der Züchtung, Pflanzenernährung, Schädlingsbekämpfung und Bodenbearbeitung haben aber die Grenzen der Substituierbarkeit des Bodens durch Kapital weit hinausgeschoben. Die durch die Kontingentierung frei werdenden Flächen werden einer anderen Nutzung zugeführt. Infolgedessen steigt die Erzeugung von nicht kontingentierten Produkten, während die Erzeugung der Produkte mit Anbaukontingentierung nur wenig sinkt. Die gesamte Agrarproduktion wird durch diesen Eingriff stimuliert. Um diese Wirkung einzudämmen, hat man in den Vereinigten Staaten zunächst immer mehr Produkte in die Anbaubeschränkung einbezogen, hat aber – wie zu erwarten – keine überzeugenden Erfolge damit erzielt. Schließlich ist man dazu übergegangen, die Stilllegung eines bestimmten Flächenanteils zu verlangen und für den Nutzungsverzicht zusätzliche Entschädigungen zu zahlen. Aber auch damit hat man keine entscheidenden und befriedigenden Erfolge erzielt. Bei steigender Gesamtproduktivität der Agrarproduktion infolge technischer und organisatorischer Fortschritte steigt auch die Entschädigung, die für den Verzicht auf die Nutzung von Bodenflächen gezahlt werden muß, wenn man einen bestimmten Produktpreis anstrebt und die Nachfrage nicht entsprechend steigt.

---

[1]) Zum Beispiel ist der Weizenabsatz in Frankreich künstlich kanalisiert worden. Nur die vom Office National Interprofessionnel des Céréales (ONIC) zugelassenen Erfassungsunternehmen (Organismes stockeurs) waren berechtigt, Weizen vom Landwirt zu kaufen und weiterzuverkaufen. Um anderweitigen Handel zu unterbinden, durfte Weizen auf öffentlichen Wegen nur mit einem Begleitschein des ONIC transportiert werden. Die Einhaltung dieser Vorschrift wurde polizeilich überwacht.

Zusammengefaßt ist also festzuhalten: Preisspaltung durch Gewährung einer Subvention oder einer Preisgarantie für eine begrenzte Menge setzt die Preiselastizität des Angebots nur in der gewünschten Weise herab, wenn jedem einzelnen Unternehmer ein preis- oder subventionsbegünstigtes Kontingent zugeteilt wird, das etwa seinem Produktionsoptimum zum Marktpreis ohne Subvention entspricht. Die Festsetzung solcher Absatzkontingente ist aber technisch äußerst schwierig. Die Kontrolle ihrer Einhaltung ist nur bei Absatzkanalisierung, also nur für bestimmte Produkte möglich. Durch Änderung des Kosten- und Preisgefüges verliert die Kontingentierung – und damit die Preisspaltung – im Laufe der Zeit die erstrebte angebotsbegrenzende Wirkung, während unerwünschte Nebenwirkungen zunehmen. Trotz vieler praktischer Versuche sind keine überzeugenden positiven Ergebnisse solcher Maßnahmen zu verzeichnen.

3.4.7 Unterschiedliche Belastung von Teilmengen des Angebots gleicher Herkunft

Eine unterschiedliche Belastung einer Teilmenge des Angebots bestimmter Herkunft mit Abgaben – also das Gegenstück zur Subventionierung begrenzter Mengen – kommt praktisch in Form der zollfreien oder zollbegünstigten Einfuhrkontingente vor. Dabei darf eine Ware bis zu einem festgesetzten Umfang zollfrei oder zu einer niedrigeren Abgabe eingeführt werden als alle weiteren Mengen.
Ist das zollbegünstigte Einfuhrkontingent so groß, daß es zusammen mit der Inlandsproduktion – falls letztere nicht vorhanden, allein – die Nachfrage deckt, so wird der Binnenmarktpreis durch den Preis der zollbegünstigten Einfuhr bestimmt. Reicht dieses Angebot nicht aus, um die Nachfrage zu befriedigen, so steigt der Binnenmarktpreis auf den Preis der nicht zollbegünstigten Einfuhrware. Die Käufer am Binnenmarkt (Verbraucher) haben keinen Nutzen davon, daß der Staat bei einem Teil der Einfuhr auf die volle Zolleinnahme verzichtet. Will man, daß ihnen das durch Zollverzicht verbilligte Teilangebot zugute kommt, so muß man die Verteilungsspanne und den Endpreis binden. Die Kontrolle der Einhaltung der Preisbindung ist sehr schwer und meistens nicht lückenlos möglich. Selbst wenn Preiskontrolle möglich ist, bleibt es doch den Verkäufern meistens frei, welchen Kunden sie die selbstverständlich begehrte preisgünstigere Ware überlassen wollen. Zollbegünstigte Einfuhrkontingente sind also für die Beeinflussung des Binnenmarktes nur selten geeignet.
Reicht das zollbegünstigte Kontingent nicht aus, um die Nachfrage zu befriedigen und steigt der Preis am Binnenmarkt auf den Preis der nicht zollbegünstigten Einfuhrware, so ergibt sich bei der Einfuhr der zollbegünstigten Ware eine Kontingentsrente in etwa der Höhe der Zolldifferenz. Kaufen die Importeure auf Außenmärkten ein, auf denen uneingeschränkter Wettbewerb zwischen den Anbietern herrscht, so fällt ihnen die Kontingentsrente zu. Ist das Angebot auf dem Außenmarkt monopolisiert, so kommen die Verkäufer in den Genuß der Kontingentsrente. Bei entsprechenden Wettbewerbsverhältnissen ist auch eine Teilung der Kontingentsrente zwischen Importeuren und Exporteuren denkbar.
Zollbegünstigte Kontingente, die bestimmten Ländern eingeräumt werden, geben diesen Ländern einen Wettbewerbsvorteil gegenüber anderen Anbietern. Zollkontingente sind also vor allem ein Instrument der Außenhandels- und Außenpolitik, nicht aber der Binnenmarktpolitik. Um in den Genuß der Kontingentsrente zu gelangen, versuchen die

durch ein Zollkontingent begünstigten Länder häufig, die Ausfuhr zu monopolisieren oder den Preiswettbewerb zwischen den Exporteuren auszuschalten, indem sie die Exporteure zwangsweise zusammenschließen und die Erlöse aus dem Export in verschiedene Länder über eine gemeinsame Kasse ausgleichen; auch kann die Kontingentsrente durch Erhebung besonderer Ausfuhrabgaben vom Ausfuhrland teilweise in Anspruch genommen werden.

3.4.8 Subventionierung von Produktionsmitteln

Will man die Wirkung der Subventionierung von landwirtschaftlichen Produktionsmitteln beurteilen, so ist zunächst die Frage zu klären, inwieweit die Subvention in einer Senkung des Einkaufspreises der Landwirte und inwieweit sie in einer Erhöhung des Verkaufspreises der Produktionsmittelproduzenten zum Ausdruck kommt. Wie oben (S. 126) dargelegt, wird dies durch das Verhältnis der Elastizitäten von Angebot und Nachfrage bestimmt. Nur wenn die Nachfrage völlig unelastisch oder das Angebot unendlich elastisch ist, schlägt sich die Subvention voll im Einstandspreis der Landwirte nieder. Beides ist praktisch annäherungsweise möglich, doch keineswegs immer gegeben. Vor allem ist zu beachten, daß der Wettbewerb unter den Anbietern bei manchen Produktionsmitteln erheblich beschränkt ist.

Die Senkung des Einstandspreises eines Produktionsmittels führt zur Kostensenkung bei denjenigen Agrarprodukten, für die das Produktionsmittel verwendet wird. Bei den in der Landwirtschaft herrschenden Wettbewerbsverhältnissen ist anzunehmen, daß die Tendenz besteht, auf solche Kostensenkung mit Produktionssteigerung zu reagieren. Das bedeutet, daß die Angebotskurve um den Betrag der Stückkostenersparnis sinkt. In dem Modell in Abb. 47 (S. 122) würde also die auf den Erzeugerpreis bezogene Angebotskurve A_e sinken, und mit ihr bei unveränderter Vermarktungsspanne auch die auf den Markt- oder Verbraucherpreis bezogene Angebotskurve A_v. Die Angebotsmenge würde also steigen, und sowohl der Erzeugerpreis als auch der Verbraucherpreis würden sinken.

Im Sinne der Hebung der nationalen Selbstversorgung ist eine Produktionsmittelsubvention um so wirksamer,
– je preiselastischer das Angebot des Produktionsmittels, die Nachfrage der Landwirte nach ihm und die Produktion des damit erzeugten Agrarprodukts sind,
– je weniger preiselastisch die Nachfrage nach dem Agrarprodukt ist und
– je preiselastischer das Auslandsangebot ist.

Im Sinne der Einkommenshebung wirkt eine Produktionsmittelsubvention um so mehr,
– je preiselastischer das Angebot des Produktionsmittels ist,
– je weniger preiselastisch die Nachfrage der Landwirte nach diesem Produktionsmittel und die Produktion des damit erzeugten Agrarprodukts sind und
– je preiselastischer die Nachfrage nach und das Auslandsangebot an diesem Agrarprodukt sind.

Eine Hebung der Agrareinkommen läßt sich am ehesten durch Subventionierung von Produktionsmitteln erzielen, die in möglichst vielen Produktionszweigen der Landwirtschaft eingesetzt werden, da die Agrarproduktion insgesamt weniger preiselastisch ist als die Produktion einzelner Agrarprodukte. Die Treibstoffverbilligung erfüllt z. B. diese Bedingung; die Nachfrage der Landwirtschaft nach Treibstoff dürfte auch nahezu unelastisch sein, während das Angebot sehr elastisch ist.

3.4.9 Ursachen unzutreffender Vorstellungen von der Wirkung der Subventionierung und der Belastung von Agrarprodukten

Die landläufigen Vorstellungen von der Wirkung der Subventionierung von Agrarprodukten sowie landwirtschaftlicher Produktionsmittel und der Belastung von Agrarprodukten weichen z. T. weit von den in den vorangegangenen Abschnitten dargelegten, auf Grund modelltheoretischer Überlegungen gewonnenen Erkenntnissen ab. Häufig bestehen sehr unterschiedliche, sogar völlig entgegengesetzte Meinungen über die Wirkungsweise einer Subvention oder Abgabe auf ein Erzeugnis. Mitunter wechseln die Meinungen im Laufe der Zeit. So ist z. B. die Subventionierung der an die Molkereien angelieferten Milch bei ihrer Einführung im Jahre 1957 von der überwiegenden Mehrheit der damit Befaßten als eine »Erzeugersubvention« betrachtet worden, während sie 10 Jahre später von einem nicht geringen Teil des gleichen Personenkreises als »Verbrauchersubvention« bezeichnet wurde. Die Unsicherheit, die Widersprüchlichkeit und der Wechsel der landläufigen Ansichten sind hauptsächlich auf folgende drei Tatsachen zurückzuführen:
– Die Zeit spielt bei der Reaktion des Angebots auf Preisänderungen eine Rolle, infolgedessen ändert sich die Wirkungsrichtung einer Subvention (Abgabe) im Laufe der Zeit.
– Die Wirkung einer Subvention (Abgabe) wird meistens durch den Einfluß anderer Faktoren überlagert und ist daher nicht ohne weiteres zu erkennen.
– Die für die Wirkungsrichtung einer Subvention (Abgabe) maßgeblichen Preiselastizitäten, insbesondere die Angebotselastizitäten, lassen sich meistens nicht exakt feststellen und werden oft falsch eingeschätzt.

3.4.9.1 *Reaktionszeit des Angebots und Wirkungsrichtung der Subvention (Abgabe)*

Während die Nachfrage nach Verbrauchsgütern unverzüglich auf Preisänderungen reagieren kann und normalerweise auch ohne größere Verzögerung reagiert, spielt bei der Reaktion des Angebots auf Preisänderungen die Zeit eine erhebliche Rolle (vgl. S. 70f.). Das sofort verfügbare Angebot von Agrarprodukten ist in der Regel wenig preiselastisch; bei leicht verderblichen, nicht lagerfähigen Produkten ist es sogar fast völlig unelastisch. Infolgedessen führt die Subventionierung eines Agrarerzeugnisses in der ersten Zeit nach ihrer Einführung fast stets zu einer Anhebung des Erzeugerpreises um nahezu die gesamte Stücksubvention und die Belastung zu einer Senkung des Erzeugerpreises um nahezu die gesamte Abgabe je Einheit.
Nach Ablauf der Produktionsperiode, die nach der Erhöhung (Senkung) des Erzeugerpreises eines Produkts durch die Subventionierung (Belastung) beginnt, kann jedoch bereits eine größere (kleinere) Produktion erstellt und angeboten werden. Bei vielen Agrarprodukten besteht hierfür ein verhältnismäßig weiter Spielraum, weil ihre Erzeugung auf Kosten von Alternativprodukten ausgedehnt oder zu deren Gunsten eingeschränkt werden kann. Nach Ablauf einer vollen Produktionsperiode reagiert das Angebot daher im allgemeinen schon recht elastisch. Der zunächst durch die Subvention erhöhte Erzeugerpreis geht unter sonst gleichbleibenden Bedingungen wieder zurück; die Subvention beginnt sich nun auch stärker in einer Senkung des Verbraucherpreises dieses Produkts auszuwirken. Entsprechend beginnt der zunächst durch die Abgabe gesenkte Erzeugerpreis wieder zu steigen; die Abgabe wirkt sich nun auch stärker in einer Erhöhung des Verbraucherpreises aus.

Auf längere Sicht ist die Möglichkeit der Ausdehnung und Einschränkung der Produktion eines Erzeugnisses im allgemeinen noch erheblich größer, weil auch größere Investitionen und tiefergreifende Änderungen der Betriebsorganisation vorgenommen werden können. Die Elastizität der Produktion und des Angebots einzelner Produkte ist also langfristig noch größer; die Wirkung der Subventionierung oder Belastung verlagert sich damit im allgemeinen noch mehr vom Erzeugerpreis auf den Verbraucherpreis.

Man kann sich die Veränderung der Wirkung einer Warensubvention an dem in Abb. 52 (S. 128) dargestellten Modell klarmachen. Das sofort verfügbare Angebot ist meistens wenig elastisch; die Angebotskurve verläuft also annäherungsweise wie A_1. Nach Ablauf einer vollen Produktionsperiode ist der Verlauf der Angebotskurve flacher, etwa in der Art wie A_2. Längerfristig verläuft die Angebotskurve noch flacher, möglicherweise nähert sich ihr Verlauf dem von A_3. Wie sich die Wirkung einer Abgabe im Zeitablauf ändert, kann man sich an Hand der Abb. 49, unterer Teil (S. 125), vor Augen führen.

3.4.9.2 *Überlagerung der Wirkung einer Subvention (Abgabe) durch den Einfluß anderer Faktoren*

Bisher wurden die Wechselwirkungen zwischen Angebot, Nachfrage und Preisen, die eintreten, wenn letztere durch Subventionierung oder Belastung verändert werden, isoliert von anderen Vorgängen betrachtet. Die Preise eines Produkts können aber gleichzeitig durch Subventionierung oder Belastung und durch Erhöhung oder Senkung der Vermarktungsspanne verändert werden. Vor allem werden aber Angebot und Nachfrage im Laufe der Zeit außer durch den Preis des betreffenden Produkts auch noch durch zahlreiche andere Faktoren beeinflußt.

Die wichtigsten Faktoren dieser Art, die das Angebot beeinflussen können, wurden schon im Teil 2 eingehend erörtert; es sind:
– Veränderungen der Preise der Produktionsfaktoren;
– Veränderungen der Preise von Erzeugnissen, die alternativ produziert werden können;
– Veränderungen der Produktivität bei der Erzeugung des Produkts selbst und bei der Erzeugung von Alternativprodukten (verursacht durch technische und organisatorische Fortschritte, Strukturveränderungen, äußere Ersparnisse und Belastungen u. a. m.).

Dazu kommen noch Faktoren, die das Angebot kurzfristig maßgeblich beeinflussen können, so vor allem
– der Witterungsverlauf und das dadurch bedingte Wachstum der Kulturpflanzen;
– Seuchengänge in den Viehbeständen.

Die wichtigsten Faktoren, die die Nachfrage nach Agrarprodukten im Zeitablauf beeinflussen, sind im Teil 1 im einzelnen behandelt worden; es handelt sich um
– Veränderungen der Konsumentenzahl;
– Veränderungen von Umfang und Streuung der Konsumenteneinkommen;
– Veränderungen der Bedarfsstruktur der Konsumenten;
– Veränderungen der Preise von Substituten und Komplementärgütern.

Entscheidend ist, in welcher Richtung und wie stark sich Angebot und Nachfrage im Zeitablauf unter dem Einfluß dieser mannigfaltigen, z. T. entgegengesetzt wirkenden Faktoren ändern. Nimmt die Nachfrage schneller zu als das Angebot oder ist das Angebot bei gleichbleibender oder zunehmender Nachfrage rückläufig, so besteht die Tendenz zur Preissteigerung. Wächst dagegen das Angebot schneller als die Nachfrage oder geht die

Nachfrage bei unverändertem oder wachsendem Angebot zurück, so hat der Preis sinkende Tendenz (vgl. Abb. 42, S. 112). Beides ist praktisch möglich und vollzieht sich laufend bei einzelnen Produkten der Landwirtschaft.

Solche Vorgänge ändern zwar nichts an der Wirkung einer Subventionierung, überlagern sie aber. Hat z. B. die Vermarktungsspanne eines Gutes steigende Tendenz, so führt das unter sonst gleichbleibenden Umständen in der Mehrzahl der Fälle zu einer Senkung des Erzeugerpreises und einer Erhöhung des Verbraucherpreises. Die Spannenausdehnung hat also die entgegengesetzte Wirkung einer Subventionierung. Beide Wirkungen können sich also zeitweilig aufheben oder die eine schwächt die andere ab. Hat der Preis eines Gutes aus den obengenannten Gründen steigende Tendenz, so erscheint die durch die Subventionierung bewirkte Erhöhung des Erzeugerpreises verstärkt und die Senkung des Verbraucherpreises abgeschwächt, falls sie nicht voll kompensiert oder sogar überkompensiert wird. Das Umgekehrte ist der Fall, wenn der Preis des subventionierten Guts fallende Tendenz hat.

Diese Vielschichtigkeit der Ursachen der in Erscheinung tretenden Preis- und Mengenänderungen wird häufig nicht beachtet. Die Phänomene werden nur einer – nämlich der ohne weiteres erkennbaren – Ursache, hier also der Einführung einer Subvention oder Abgabe zugeschrieben, was dann zu falscher Beurteilung ihrer Wirkung führt.

3.4.9.3 *Mangelnde Kenntnis der Preiselastizitäten*

Über die Preiselastizität der Nachfrage liegen brauchbare Angaben für zahlreiche Nahrungsmittel vor, für weitere können sie berechnet werden. Die Angaben beziehen sich allerdings in der Regel auf die Verbraucherpreise. Will man die Preiselastizität der Nachfrage der Angebotselastizität gegenüberstellen, so muß man auch die Nachfrageelastizität auf den Erzeugerpreis (die gleiche Handelsstufe) beziehen, was aber nur durch Schätzung unter vereinfachenden Annahmen möglich ist (vgl. S. 122).

Weit schwieriger ist es, brauchbare Werte über die Preiselastizität des Angebots (der Produktion) zu ermitteln. Veränderungen der Produktionskosten haben den gleichen Einfluß auf die Produktion wie Änderungen des Produktpreises (vgl. S. 74). Die durch Änderung der Faktorpreise, der Preise für Alternativprodukte und der Produktivität verursachten Kostenänderungen lassen sich aber makroökonomisch nicht feststellen. Infolgedessen ist es nicht möglich, den Einfluß von Preisänderungen vom Einfluß der Kostenänderungen zu isolieren. Man ist auf eine grobe Schätzung, die von der bisherigen Entwicklung und den vorherrschenden Produktionsbedingungen ausgeht, angewiesen.

Sehr häufig wird die Preiselastizität der Produktion einzelner Agrarerzeugnisse unterschätzt oder doch deren Auswirkung auf den Marktpreis zu gering bewertet. Hierzu verleitet die starke Traditionsgebundenheit der Landwirte; man glaubt nicht, daß die Landwirte stark auf Preisänderungen reagieren. Vielfach mag das auch zutreffen. Dabei wird aber übersehen, daß bei der meistens recht geringen Preiselastizität der Nachfrage schon Angebotsänderungen um wenige Prozent den Marktpreis stark beeinflussen. In diesem Zusammenhang kommt es ja nicht auf die absolute Höhe der Preiselastizität des Angebots an, sondern auf ihr Verhältnis zur Preiselastizität der Nachfrage.

3.5 Wirkung der Mengenregelung (Kontingentierung) von Agrarprodukten auf den Preis

3.5.1 Kontingentierung des Gesamtangebots eines Produkts

Wird das Angebot eines Produkts begrenzt, so knickt die Angebotskurve senkrecht nach oben ab, sobald die durch das Kontingent festgelegte Menge erreicht ist; verliefe sie vorher wie A in Abb. 57 und wird das Angebot auf die Menge m' begrenzt, so verläuft sie nunmehr wie A'.

Ist das Kontingent m' kleiner als die Gleichgewichtsmenge m, so steigt der Marktpreis über den bisherigen Gleichgewichtspreis. Die Preissteigerung ist um so größer, je weniger elastisch die Nachfrage in bezug auf den Preis ist. Denkt man sich die Nachfragekurve N in Abb. 57 im Uhrzeigersinn um S gedreht (abnehmende Preiselastizität), so steigt p'; dreht sich N entgegen dem Uhrzeigersinn (zunehmende Elastizität), so sinkt p'. Eine nicht durch den Preis bedingte Veränderung der Nachfrage (Verschiebung der Nachfragekurve nach links oder rechts) hat wegen des völlig starren Angebots starke Auswirkungen auf den Preis. Erzeugerpreis und Verbraucherpreis ändern sich um den absolut gleichen Betrag, sofern die Vermarktungsspanne unabhängig von der Preishöhe ist.

Ist das Kontingent m' größer als die Gleichgewichtsmenge m, so ist die Kontingentierung ohne Wirkung auf den Preis. Die Anbieter »nutzen das Kontingent nicht aus«, weil der Preis ihr Angebot enger begrenzt als das Kontingent.

Soll mit Hilfe der Angebotskontingentierung ein bestimmter Preis aufrechterhalten werden (Preisstabilisierung angestrebt werden), so muß das Kontingent der Nachfrage zum gesetzten Preis laufend angepaßt werden; Änderungen der Nachfrage (Verlagerungen der Nachfragekurve nach links oder rechts) muß also durch Änderung der Kontingentsmenge Rechnung getragen werden.

Bei wenig elastisch nachgefragten Produkten ist die Kontingentierung des Angebots ein sehr wirksames Mittel zur Erhöhung der Gewinne der Produzenten. Da die Agrarpro-

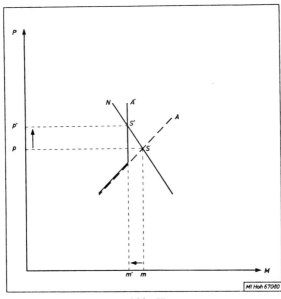

Abb. 57

dukte insgesamt und auch die meisten einzelnen Agrarprodukte nur wenig preiselastisch nachgefragt werden, würden die Einkommen der Landwirte durch Angebotsbeschränkung nachhaltig erhöht werden. Wegen der Konkurrenzverhältnisse in der Landwirtschaft (typisches Mengenanpasser-Verhalten der Produzenten) ist jedoch eine Angebotskontingentierung in der Regel nicht durchführbar. Lediglich bei Produkten, die einen bestimmten, leicht kontrollierbaren Absatzkanal durchlaufen müssen, läßt sich eine Kontingentierung ohne besondere Schwierigkeiten praktizieren.

Ein treffendes Beispiel hierfür ist die Zuckerrübenproduktion. Zuckerrüben können in größerer Menge nur durch Verarbeitung zu Zucker wirtschaftlich verwertet werden. Die Zahl der Zuckerfabriken ist nicht groß (1973: 55 in der BRD); noch kleiner ist die Zahl der Unternehmungen in der Zuckerindustrie (1973: 36). Sofern sich die Unternehmungen über ihre Marktanteile freiwillig oder unter staatlichem Zwang einigen, sämtliche Absatzkanäle für Zuckerrüben also *einer* Entscheidungszentrale unterworfen werden können, ist eine Produktionsregulierung möglich. Jedes Unternehmen erhält ein Vermarktungskontingent und richtet seine Zuckerproduktion durch Abschluß von Rübenanbau- oder Rübenlieferverträgen darauf aus.

Es gibt nur wenige Produkte, die – wie die Zuckerrübe – einen leicht kontrollierbaren Absatzkanal durchlaufen müssen. Allerdings besteht bei manchen Produkten die Möglichkeit der künstlichen Absatzkanalisierung. Sie ist bei Fernabsatz, insbesondere bei Absatz über nationale (Handels-)Grenzen leichter möglich als bei Nahabsatz; praktisch undurchführbar ist sie, wo Direktverkehr zwischen Erzeugern und Verbrauchern in größerem Umfange leicht möglich ist. Großbetriebliche Struktur und Spezialisierung der Landwirtschaft begünstigen die künstliche Absatzkanalisierung, kleinbetriebliche Struktur und Vielprodukteerzeugung im Einzelbetrieb erschweren sie. Die Kanalisierung des Absatzes *sämtlicher* – oder wenigstens aller wichtigen – Agrarprodukte ist praktisch nicht möglich, vor allem nicht unter den in der BR Deutschland und den meisten EWG-Ländern gegebenen Verhältnissen. Und wäre sie möglich, so könnte kein Gebrauch davon gemacht werden, weil dem Landwirt mit der Produktionsplanung auch die Möglichkeit der Kostenminimierung genommen würde.

Die Kontingentierung des Angebots *einzelner Agrarprodukte* hat entscheidende Nachteile:
– Der Einsatz von Boden und Arbeit in der Agrarproduktion ist wenig elastisch (»Immobilität der Produktionsfaktoren«). Wird der Einsatz der Faktoren in bestimmte Produktionszweige durch Kontingentierung des Absatzes eingeschränkt, so erfolgt er verstärkt in anderen Produktionszweigen. Die Begrenzung der Produktion einzelner Agrarerzeugnisse führt also zu erhöhter Produktion anderer Agrarerzeugnisse. Die Gesamterzeugung von Agrarprodukten wird nicht eingeschränkt. Infolgedessen werden die Agrareinkommen insgesamt nicht entscheidend angehoben. Letzteres wäre nur möglich, wenn lediglich das Angebot preisunelastisch nachgefragter Produkte eingeschränkt und dafür das Angebot preiselastisch nachgefragter Erzeugnisse erhöht würde. Solche Möglichkeit besteht aber praktisch nicht.
– Der Preis- und Gewinnanhebung bei den kontingentierten Produkten stehen also Preis- und Gewinnminderungen bei den nichtkontingentierten Produkten gegenüber. Die Kontingentierung der Produktion einzelner Agrarerzeugnisse beeinflußt somit die Einkommensverteilung innerhalb der Landwirtschaft unkontrollierbar und ungerecht. Die Inhaber von Kontingenten kommen in den Genuß einer Kontingentsrente, die nur bei völlig unelastischer Nachfrage allein zu Lasten der Konsumenten, sonst mit zu Lasten der übrigen Landwirte geht.

- Die Zuteilung und der Entzug von Produktions- oder Absatzrechten ist ein harter Eingriff in die Vermögens- und Erwerbsverhältnisse und löst daher starken Widerstand bei einem Teil der Betroffenen aus. In der Regel erfolgt die Zuteilung in Anlehnung an den Zustand in einer Referenzperiode. Das bereitet noch die geringsten Schwierigkeiten. Die Anpassung der Kontingente an die sich im Laufe der Zeit ändernden Produktions- und Marktverhältnisse ist jedoch praktisch kaum möglich; die politischen Instanzen sind meistens zu schwach, eine Umverteilung der Absatzrechte nach objektiven Gesichtspunkten gegen den Widerstand eines Teils der Betroffenen durchzusetzen. Somit werden die Produktionsstandorte und -strukturen weitgehend zementiert, was die Produktivitätssteigerung behindert. Die Kontingentsrente wird zunehmend durch Kosten in Anspruch genommen. Diese Nachteile werden gemildert, jedoch nicht aufgehoben, wenn die Absatzkontingente handelsfähig gemacht werden.

Aus diesen Gründen ist die Kontingentierung der Produktion oder des Absatzes *einzelner* Agrarerzeugnisse, die praktisch allein möglich ist, keine geeignete Maßnahme zur Einkommensverbesserung der gesamten Landwirtschaft. Sie ist nur geeignet, die Einkommen bestimmter Erzeugergruppen zu stützen und zu stabilisieren. Ohne nachteilige Folgen für andere Erzeugergruppen kann diese Möglichkeit jedoch nur genützt werden, wenn es sich um Erzeugnisse handelt, die nur von einer begrenzten Zahl von Landwirten in regionaler Ballung produziert werden und deren Produktionsbegrenzung nicht zu merklicher Ausdehnung der Erzeugung anderer Agrarprodukte führen kann.

3.5.2 Kontingentierung des Angebots bestimmter Anbietergruppen

Von größerer praktischer Bedeutung als die Kontingentierung des Gesamtangebots bestimmter Agrarprodukte ist die Kontingentierung des Angebots bestimmter Anbietergruppen oder des Angebots bestimmter Herkunft. So wird häufig die Einfuhr bestimmter

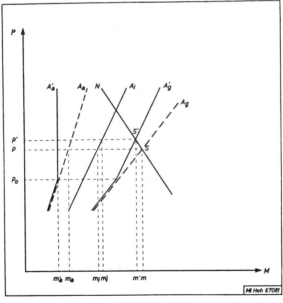

Abb. 58

Produkte, also das Angebot ausländischer Herkunft am Binnenmarkt, kontingentiert. Die Wirkungsweise dieser Maßnahme ist in dem Modell in Abb. 58 dargestellt.

Die Gesamtangebotskurve A_g ergibt sich durch Aggregation der Angebotskurven A_i und A_a (Angebot inländischer und ausländischer Herkunft). Durch den Schnittpunkt S der Gesamtangebotskurve A_g mit der Nachfragekurve N sind der Gleichgewichtspreis p und die Gleichgewichtsmenge m bestimmt. Die Gleichgewichtsmenge m setzt sich aus den Teilmengen m_i und m_a zusammen.

Wird die Einfuhrmenge, also das Angebot ausländischer Ware am Binnenmarkt, auf m_a' begrenzt, so ist das Auslandsangebot völlig preisunelastisch, sobald der Marktpreis über p_0 liegt. Die neue Angebotskurve A_a' ist bei Marktpreisen unterhalb p_0 mit der alten Angebotskurve A_a identisch, bei Preisen oberhalb p_0 verläuft sie senkrecht. Dadurch wird auch die Gesamtangebotskurve bei Preisen oberhalb p_0 steiler; sie verläuft hier parallel zu A_i. Der Schnittpunkt S' der neuen Angebotskurve A_g' mit der Nachfragekurve N liegt links oberhalb S. Der neue Gleichgewichtspreis p' ist höher als der ursprüngliche, die neue Gleichgewichtsmenge m' ist kleiner als die ursprüngliche. In welchem Verhältnis sich Gleichgewichtspreis und Gleichgewichtsmenge ändern, hängt von der Relation zwischen den Preiselastizitäten der Nachfrage und des Inlandsangebots ab. Je elastischer die Nachfrage ist, um so weniger steigt der Preis und um so stärker geht die Menge zurück. Je elastischer das Inlandsangebot ist, um so weniger steigt der Preis, um so weniger geht aber auch die Menge zurück.

Die Kontingentierung der Einfuhr unterhalb der bisherigen Gleichgewichtsteilmenge m_a hat für die verschiedenen Marktbeteiligten folgende Wirkungen:

Die Verbraucher müssen einen höheren Preis zahlen (p' statt p) und konsumieren entsprechend der Preiselastizität ihrer Nachfrage weniger (m' statt m).

Die inländischen Anbieter erhalten einen höheren Preis (p' statt p) und setzen entsprechend der Elastizität ihres Angebots mehr ab (m_i' statt m_i).

Die Auslandsware erzielt ebenso wie die Inlandsware einen höheren Preis (p' statt p), die Absatzmenge geht aber erheblich zurück, nämlich um den Rückgang des Gesamtabsatzes und die Zunahme des Inlandsangebots.

Die inländischen Produzenten profitieren also sowohl auf Kosten der Konsumenten als auch auf Kosten der ausländischen Anbieter. Sofern ein wesentlicher Teil der Nachfrage am Binnenmarkt durch Einfuhr gedeckt wird, können mit Hilfe der Einfuhrkontingentierung die Erhöhung der Selbstversorgung, die Hebung der Agrareinkommen und Preisstabilisierung angestrebt werden.

Im Sinne der Erhöhung der Selbstversorgung ist Einfuhrkontingentierung um so wirksamer, je preiselastischer das inländische Angebot und die Nachfrage sind.

Im Sinne der Hebung der Agrareinkommen wirkt Einfuhrkontingentierung um so stärker, je weniger elastisch Inlandsangebot und Nachfrage sind. Beides wirkt sich zugunsten der Preissteigerung aus, die sich – soweit sie für die bisherige Angebotsmenge m_i erzielt wird – voll als zusätzlicher Gewinn niederschlägt. Die Umsatzsteigerung, die die inländischen Produzenten durch Mehrabsatz erzielen, ist allerdings nur zum Teil Gewinn, nämlich soweit sie die Kosten der vermehrten Produktion übersteigt. Erfolgt die Mehrproduktion zu Lasten der Erzeugung von anderen Produkten, so ist der Gewinn, der bei der alternativen Produktion erzielt worden wäre, den Kosten zuzuschlagen.

Wie schon bei der Behandlung der Wirkungen der Subventionierung der Inlandsproduktion und der Belastung der Einfuhr mit Abgaben ausgeführt wurde (s. S. 130ff. und S. 132ff.), bedeutet die Zurückdrängung der Einfuhr einzelner Agrarprodukte nicht ohne weiteres, daß die nationale Selbstversorgung mit Agrarprodukten insgesamt oder das Agrareinkommen insgesamt merkbar erhöht wird. Oft bewirkt die Zurückdrängung der Einfuhr nur, daß die inländische Erzeugung von anderen Produkten auf das gegen ausländische Konkurrenz (stärker) geschützte Produkt und die Einfuhr in entgegengesetzter Richtung verlagert wird. Eine entscheidende Wirkung auf Selbstversorgung und Agrareinkommen ist nur zu erwarten, wenn die Einfuhr aller im Inland erzeugbaren Produkte und ihrer Substitute so begrenzt wird, daß das gesamte Agrarpreisniveau unter Wahrung des sich aus der inländischen Nachfrage- und Kostenstruktur ergebenden Agrarpreisgefüges angehoben wird.

Preisstabilisierung am Binnenmarkt kann mit Hilfe der Einfuhrkontingentierung nur erreicht werden, wenn das Kontingent laufend kurzfristig den Veränderungen der Nachfrage und des Inlandsangebots angepaßt werden kann. Die Nachfrage zum Zielpreis und die Inlandsproduktion müssen laufend vorausgeschätzt werden, um den voraussichtlichen Einfuhrbedarf zu ermitteln. Schätzfehler sind dabei unvermeidlich, besonders wenn es an zuverlässigen einschlägigen Statistiken fehlt. Vollständige Preisstabilisierung ist schon aus diesem Grunde mit Hilfe der Einfuhrkontingentierung nicht möglich.

Die Einfuhrkontingentierung hat mehrere entscheidende Mängel:
– Der internationale Güteraustausch wird in besonders auffälliger Weise gestört. Die Nachfrage nach ausländischer Ware wird völlig preisunelastisch. Wird mit der Einfuhrkontingentierung Preisstabilisierung angestrebt, was häufig der Fall ist, so ergeben sich außerordentlich starke, für die Ablader kaum vorhersehbare Schwankungen der Nachfrage nach Auslandsware. Zwar haben das Abschöpfungssystem, der Gleitzoll und das »deficiency payment« etwa gleiche Wirkungen, doch wird das den Betroffenen offenbar nicht in gleicher Weise bewußt. Die Festsetzung von Einfuhrkontingenten empfinden die ausländischen Anbieter als Willkür, besonders wenn die Kontingentshöhe häufig wechselt und dadurch längerfristige Dispositionen unmöglich werden.
– Wegen der häufig und schnell zu treffenden Entscheidungen muß die Kontingentsfestsetzung der Exekutive überlassen werden, die dadurch einen unangemessen starken Einfluß auf die Preispolitik gewinnt.
– Die Auslandsware erzielt infolge der Einfuhrkontingentierung einen höheren Preis als den Gleichgewichtspreis. Es fällt eine Kontingentsrente an. In welchem Verhältnis sie den Exporteuren und den Importeuren zufällt, hängt von den Wettbewerbsverhältnissen in beiden Gruppen ab (vgl. S. 142). In jedem Fall führt es zur Bildung von Pfründen auf Kosten der inländischen Verbraucher. Sowohl die Empfänger solcher Pfründen (Inhaber von Import- oder Exportkontingenten) als auch diejenigen, die sie zu vergeben haben, sind der Gefahr der Korruption ausgesetzt.

3.5.3 Kontingentierung der gesamten Nachfragemenge

Wird die Nachfrage nach einem Gut begrenzt, so knickt die Nachfragekurve senkrecht nach unten ab, sobald die durch das Kontingent festgelegte Menge erreicht ist; verläuft sie vorher wie N in Abb. 59, und wird die Nachfrage auf die Menge m' begrenzt, so verläuft sie nunmehr wie N'. Der Gleichgewichtspreis (p') ist niedriger als vorher (p). Der Unterschied zwischen beiden Preisen ist um so größer, je weniger elastisch das Angebot in bezug auf den Preis ist.
Die Rationierung des Nahrungsmittelbezugs ist ein praktischer Fall von Nachfrage-

kontingentierung. Sie wird angewendet, wenn das Angebot an Nahrungsmitteln im Verhältnis zum physiologischen Bedarf der Bevölkerung knapp, die Kaufkraft der Haushaltungen aber nicht entsprechend begrenzt ist. Da die Preiselastizität der Nachfrage nach Nahrungsmitteln ohnehin gering ist, bei mangelnder Sättigung des physiologischen Bedarfs schnell sinkt und sich bei Grundnahrungsmitteln dem Nullpunkt nähert, ergeben sich in solcher Situation starke Preissteigerungen. Die Verteilung der Lebensmittel nach Maßgabe der Kaufkraft würde zu einer so ungleichen Versorgung der Haushaltungen führen, daß der soziale Friede bedroht wäre. Deshalb setzt man den Preismechanismus bei der Verteilung von Nahrungsmitteln außer Kraft, indem man den Bezug rationiert und Preise festsetzt, die etwa dem Verhältnis von Angebot und Nachfragekontingent (Summe der Je-Kopf-Rationen) entsprechen.

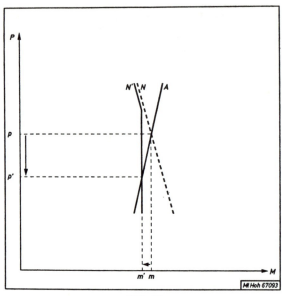

Abb. 59

Die Nahrungsmittelbewirtschaftung funktioniert natürlich nur, solange die Bezugskontingente eingehalten werden. Sie setzt ein hohes Maß von gutem Willen bei der Bevölkerung und von Autorität des Staates voraus. Beides nützt sich im Laufe der Zeit ab. Die Bewirtschaftung bleibt daher nur begrenzte Zeit funktionsfähig, wenn nicht sehr drastische Strafen für Übertretungen verhängt werden.

3.5.4 Kontingentierung der Nachfrage nach Teilmengen (Verwendungszwang)

Eine besondere Art der Nachfragekontingentierung ist der Verwendungszwang. Den Verarbeitern eines landwirtschaftlichen Rohprodukts wird z. B. vorgeschrieben, welcher Anteil der von ihnen verarbeiteten Gesamtmenge inländischer Herkunft sein muß; oder es wird vorgeschrieben, welcher Anteil des Rohprodukts durch ein Surrogat ersetzt werden muß. Dadurch wird zwar die Nachfrage insgesamt nicht unmittelbar beeinflußt, wohl aber auf bestimmte Herkünfte oder Substitute hingelenkt und damit von anderen Herkünften oder Substituten abgelenkt. So war z. B. den Handelsmühlen in der BR

Deutschland vor Inkrafttreten der EWG-Getreidemarktordnung vorgeschrieben, daß ein bestimmter Teil des von ihnen vermahlenen Weizens inländischer Herkunft sein muß. Die Mischfutterindustrie mußte zeitweise einen bestimmten Anteil des verarbeiteten Getreides in Form von Roggen beziehen, und die Margarineindustrie war verpflichtet, einen bestimmten Anteil inländischen Rapsöls zu verwenden. Selbstverständlich läßt sich ein Verwendungszwang lediglich durchsetzen, wenn nur eine begrenzte Zahl von kontrollierbaren Unternehmungen als Nachfrager in Betracht kommt. Die Wirkungsweise des Verwendungszwangs ergibt sich aus dem Modell in Abb. 60.

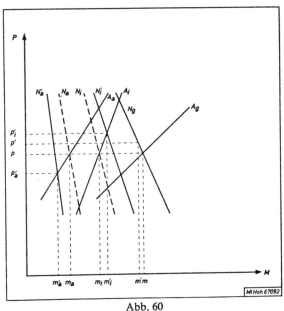

Abb. 60

N_g sei die Kurve der Gesamtnachfrage nach einem bestimmten Produkt, A_g die Kurve des Gesamtangebots. Durch den Schnittpunkt beider Kurven sind der Gleichgewichtspreis p und die Gleichgewichtsmenge m festgelegt. Das Gesamtangebot besteht aus dem Inlandsangebot und dem Auslandsangebot; die entsprechenden Angebotskurven sind A_i und A_a. Der Einfachheit halber sei unterstellt, daß beide Herkünfte qualitativ gleich sind. Infolgedessen werden die Nachfrager nur den gleichen Preis für beide Herkünfte bewilligen, nämlich den Preis p. Zum Preis p werden die Teilmengen m_i und m_a nachgefragt. Die Nachfragekurven N_i, N_a und N_g sind Kurven gleicher Elastizität, da die beiden Herkünfte definitionsgemäß gleichwertig sind und somit keine Präferenz für eine Herkunft besteht.

Werden die Nachfrager gezwungen, einen höheren Anteil ihres Gesamtbedarfs durch Ware inländischer Herkunft zu decken, so verschiebt sich die Nachfragekurve N_i nach rechts auf $N_i{}'$. Die neue Nachfragekurve hat ebenfalls die gleiche Elastizität wie N_g. Denn gemäß der Verwendungsauflage steht die Nachfrageteilmenge $m_i{}'$ bei jedem Preis im gleichen Verhältnis zur Gesamtnachfrage m. Entsprechend verlagert sich die Nachfragekurve N_a nach links auf $N_a{}'$. Die Mengen, die von den beiden Herkünften nunmehr nachgefragt werden, und die Preise, die dafür zu zahlen sind, ergeben sich durch die Schnittpunkte der veränderten Nachfragekurven mit den zugehörigen Angebotskurven.

Die Nachfrage nach Inlandsware steigt von m_i auf m_i', ihr Preis steigt von p auf p_i'. Die Nachfrage nach Auslandsware geht von m_a auf m_a' zurück, ihr Preis sinkt von p auf p_a'. Die Gesamtnachfrage geht von m auf m' zurück, weil der gewogene Durchschnitt aus den Preisen der beiden Herkünfte von p auf p' steigt.

Durch die zwangsweise Lenkung der Nachfrage ist Preisspaltung möglich. Für die gleichwertige Ware bilden sich unterschiedliche Preise. Die Verarbeiter werden bei ihrer Kalkulation von dem gewogenen Durchschnitt beider Preise (dem »Mischpreis«) ausgehen. Haben die Herkünfte unterschiedliche Qualität, so lassen sich mit Hilfe des Verwendungszwangs Preisunterschiede durchsetzen, die größer oder kleiner sind als die durch die Qualität bedingten Wertunterschiede.

3.6 „Interventionen" zur Preisstützung und Preisstabilisierung

3.6.1 Begriff, Ziele und Träger der Intervention

Als »Intervention« (Eingreifen) in den Markt wird das Ankaufen oder das Verkaufen von Produkten verstanden, wenn es ausschließlich mit dem Ziel erfolgt, die auf dem Markt verfügbare Menge dieser Produkte und auf diese Weise deren Marktpreis zu manipulieren. Der Begriff »Intervention« sagt nichts darüber aus, wie die intervenierende Stelle die angekaufte Ware verwendet und wie sie die verkaufte Ware beschafft hat; beides kann auf verschiedenartige Weise geschehen, worauf noch eingegangen wird. Ziele dieser Manipulation sind in der Regel Preisstabilisierung und/oder Preisstützung. Bei Preisstabilisierung ist das Interventionsziel die Milderung oder völlige Eindämmung von Schwankungen des Preises um seine (längerfristige) Gleichgewichtslage. Bei Preisstützung soll der Marktpreis eines Produktes mit Hilfe der Intervention längerfristig über dem Gleichgewichtspreis gehalten werden, der sich ohne dieses Eingreifen in den Markt einstellen würde. Im allgemeinen wird zugleich mit der Hebung des Preises über sein Gleichgewichtsniveau auch seine Stabilisierung angestrebt. Selbstverständlich könnte es auch das Ziel der Intervention sein, den Marktpreis längerfristig unter dem Gleichgewichtspreis zu halten, der sich sonst einstellen würde; hierauf soll jedoch hier nicht näher eingegangen werden.

Träger der Intervention, die der Preisstabilisierung oder der Preisstützung auf polypolistischen Märkten dient, kann nur die öffentliche Hand oder ein Zusammenschluß der Produzenten sein. Auf monopolistischen und oligopolistischen Märkten können auch einzelne Unternehmungen unter bestimmten Voraussetzungen eine entsprechende Marktpolitik betreiben; sie wird jedoch nicht als Intervention bezeichnet.

Die Voraussetzungen, unter denen einerseits Preisstabilisierung und andererseits Preisstützung mit Hilfe der Intervention erfolgreich angestrebt werden können, sind sehr unterschiedlich, was in der praktischen Wirtschaftspolitik nicht immer ausreichend beachtet worden ist. Vor allem ist das Ziel der Intervention – Preisstabilisierung oder Preisstützung – nicht immer eindeutig deklariert worden. Eine häufige Ursache von Fehlschlägen ist, daß zunächst nur an Preisstabilisierung gedacht wird, im Laufe der Zeit jedoch bewußt oder unbewußt Preisstützung durch Intervention angestrebt wird, obwohl die Voraussetzungen hierfür, die nachstehend erörtert werden sollen, nicht gegeben sind.

3.6.2 Preisstützung durch Intervention

Um Preisstützung mit Hilfe der Intervention betreiben zu können, muß zunächst die Möglichkeit bestehen, ständig eine gewisse Menge des Gutes, dessen Preis gestützt werden soll, anderweitig als zur Deckung der am Binnenmarkt vorhandenen normalen Nachfrage zu verwenden. Es muß also entweder Dumping-Ausfuhr oder Absatz für inferiore Zwecke am Binnenmarkt möglich sein. Die Stützung des Preises eines einzelnen Agrarproduktes kann jedoch nicht für sich allein, sondern nur als Mittel der landwirtschaftlichen Einkommenspolitik ein sinnvolles Ziel der Agrarmarktpolitik sein. Deshalb ist in jedem Fall zu prüfen, ob die Aufwendungen für die Intervention auf lange Sicht in einem angemessenen Verhältnis zur Einkommenswirkung stehen. Das ist nur der Fall, wenn folgende Voraussetzungen gegeben sind:
- Sowohl das Angebot als auch die Nachfrage müssen nahezu unelastisch in bezug auf den Preis sein; denn nur unter dieser Bedingung bewirkt die Herausnahme einer relativ geringen Angebotsmenge aus dem Markt eine stärkere Anhebung des Preises.
- Es muß die Wahrscheinlichkeit bestehen, daß das Angebot auf längere Sicht nicht aus anderen Gründen als durch die Preisanhebung stärker steigt oder schwächer sinkt als die Nachfrage; denn sonst wird die aus dem Markt herauszunehmende Angebotsmenge und mit ihr der Aufwand für die Intervention im Laufe der Zeit immer größer.
- Die Differenz zwischen Binnenmarktpreis und Exportpreis bzw. zwischen Binnenmarktpreis und dem bei inferiorer Verwendung erzielbaren Preis darf nur gering sein, weil sonst der Aufwand für den Absatz der Interventionsmenge erheblich größer werden kann als die Wirkung der Intervention auf das Agrareinkommen.

Da die europäischen Landwirte überwiegend Mehrprodukteerzeuger sind, die ihre Produktionsstruktur nach den für sie gegebenen Preis- und Kostenrelationen ausrichten, gibt es kein wichtiges Agrarprodukt, das vollkommen unelastisch oder nahezu unelastisch in bezug auf den Preis produziert wird. Die erste der drei genannten Voraussetzungen ist mithin in einem wesentlichen Teil nicht erfüllt. Werden die Preise einzelner Produkte durch Intervention über ihr langfristiges Gleichgewicht angehoben und somit aus dem Gefüge der Agrarpreise herausgehoben, so werden bei diesen Produkten Überschüsse erzeugt, und zwar hauptsächlich zu Lasten der Erzeugung anderer Produkte, die dann unter gleichbleibenden Einfuhrbedingungen vermehrt importiert werden. In Ländern, die Nettoimporteure für im Inland wirtschaftlich erzeugbare Agrarprodukte sind, wie die BR Deutschland und der EWG-Raum, ist daher die Stützung von Einzelpreisen durch Intervention von vornherein ein sehr fragwürdiges Instrument der Agrareinkommenspolitik. Hauptsächlich bewirkt sie nur eine Verlagerung der Produktion in Richtung auf die preisgestützten Produkte und eine Verlagerung der Einfuhr in entgegengesetzter Richtung. Der Effekt auf das Agrareinkommen ist gering, während der Aufwand für den Absatz der künstlich erzeugten Überschüsse bei einzelnen Produkten hoch ist, vor allem, wenn schon ein starker Außenhandelsschutz besteht, ein Absatz der partiellen Überschüsse auf den Außenmärkten also nur mit Hilfe hoher Exportsubventionen möglich ist. Typische Beispiele für unzweckmäßige Aktionen dieser Art sind die Roggenpreisstützung durch Intervention in Verbindung mit Subventionierung, die in den 50er Jahren praktiziert wurde, weiter der Versuch, den Weichweizenpreis in der EWG durch Intervention auf einem Niveau zu fixieren, das im Vergleich zu den Preisen der übrigen Getreidearten zu hoch ist, sowie schließlich der Versuch, den Milchpreis in der EWG durch Intervention auf dem Butter- und Magermilchpulvermarkt über seinem Gleichgewichtspreis zu halten.

3.6.3 Preisstabilisierung durch Intervention

Auf die Notwendigkeit preisstabilisierender Maßnahmen auf den Agrarmärkten ist bereits bei der Behandlung der Nachfrage hingewiesen worden (vgl. Seite 52). Die geringe Preiselastizität der Nachfrage nach Agrarprodukten und die entsprechend hohe Flexibilität der Agrarpreise sind eine der wesentlichen Ursachen großer Unstabilität der Agrarmärkte, die für alle Marktbeteiligten ein hohes Risiko darstellt, insbesondere aber für die Landwirte, weil sie erheblich längerfristig als alle anderen Marktbeteiligten disponieren müssen.

3.6.3.1 *Ausgleich von Saisonschwankungen*

Allerdings besteht ein Risiko nur, wenn die Preisschwankungen nicht vorhersehbar sind. Die regelmäßigen, also vorhersehbaren und kalkulierbaren Saisonschwankungen bedeuten mithin im allgemeinen kein erhebliches Risiko für die Marktbeteiligten. Dabei darf auch nicht übersehen werden, daß die normalen saisonalen Preisunterschiede durch unterschiedliche Kosten der Bereitstellung (Produktions- und Lagerkosten) bedingt sind. Würde man die jahreszeitlichen Schwankungen der Preise durch Intervention oder auf andere Weise einebnen, so würden die Produzenten die Produktion – soweit möglich – noch stärker in die kostengünstige Jahreszeit verlagern, und die Produktions- und Distributionsunternehmungen würden sich von der saisonalen Lagerhaltung zurückziehen. Die jahreszeitlichen Angebotsschwankungen, die durch Interventionen oder auf andere Weise aufzufangen wären, würden also erheblich verstärkt werden. Im allgemeinen empfiehlt es sich also nicht, die regelmäßigen Saisonschwankungen der Agrarpreise durch Eingriffe in den Markt auszugleichen.
Es gibt allerdings Fälle, in denen der Saisonausgleich des Angebots und der Verbraucherpreise den Erlös der Produzenten für die gesamte Jahresproduktion (abzüglich der Interventionskosten) erhöht und außerdem der Absatzpflege dienlich ist. Das ist der Fall, wenn mit sinkenden Preisen die Elastizität der Nachfrage stark abnimmt, weil sich der Verbrauch der Mehrzahl der Haushaltungen der Sättigungsgrenze nähert, mit steigenden Preisen die Nachfrageelastizität aber bald zunimmt, weil die Haushaltungen auf Substitute ausweichen können. Der durch knappes Angebot und höhere Preise in bestimmten Jahreszeiten veranlaßte stärkere Verbrauch von Substituten kann überdies dazu führen, daß sich die Konsumenten an deren Genuß gewöhnen und ständig bei einem höheren Verbrauch von Substituten auf Kosten des ursprünglichen Produktes bleiben. Diese Gefahr besteht vor allem dann, wenn die Substitute erheblich billiger sind, aber von den Konsumenten zunächst nicht als vollwertig angesehen werden. Ein typisches Beispiel für diese Konstellation ist der Buttermarkt. Hier würde es sich empfehlen, die Saisonschwankungen des Angebots und des Verbraucherpreises weitgehend einzuebnen, die Saisonschwankungen des Erzeugerpreises für Werkmilch dabei aber aufrechtzuerhalten. Theoretisch ließe sich das erreichen, wenn ein Zusammenschluß der Produzenten die Kosten der saisonalen Lagerhaltung übernähme und sie auf die einzelnen Erzeuger entsprechend ihrer Milchanlieferung in der Zeit der jahreszeitlichen »Milchschwemme« umlegen würde. Die hierzu notwendige straffe Organisation der Milchproduzenten und die Kontrolle ihrer Absatzmengen ist aber selbst mit staatlicher Rechtshilfe nur schwer herzustellen. Sie setzt auf jeden Fall ein fast lückenloses, gut organisiertes Molkereiwesen voraus; ein solches besteht bisher jedoch noch nicht in allen EWG-Ländern.

3.6.3.2 Ausgleich erratischer Schwankungen durch Intervention in Verbindung mit Lagerhaltung

Unregelmäßige (erratische) Angebotsschwankungen werden bei Agrarprodukten hauptsächlich durch den Witterungsverlauf verursacht. Der Witterungsverlauf beeinflußt einmal die Höhe der Erträge, zum anderen die Erntetermine in von Jahr zu Jahr unterschiedlicher und unvorhersehbarer Weise. Dazu kommen Angebotsschwankungen, die sich daraus ergeben, daß die Landwirte als Mengenanpasser ihre Produktion nicht reibungslos an veränderte Gleichgewichtslagen anzupassen vermögen (vgl. Abschnitt 3.2, S. 113ff.). Solche Schwankungen lassen sich zwar durch gute Information der Produzenten mildern, aber nicht restlos verhindern.

Handelt es sich um praktisch *unbegrenzte Zeit lagerfähige Produkte,* so können erratische Angebotsschwankungen sehr weitgehend durch Intervention in Verbindung mit Lagerhaltung ausgeglichen werden. Sinkt der Preis unter den langfristigen Gleichgewichtspreis, so tritt die mit der Intervention beauftragte Stelle als Käufer auf dem Markt auf und legt Vorräte an. Steigt der Preis über das langfristige Gleichgewicht, so werden die Vorräte wieder abgebaut und in den Markt gegeben.

Intervention in Verbindung mit Lagerhaltung ist z. B. in der Getreidemarktordnung der EWG vorgesehen. Die Getreidepreise werden allerdings schon durch die Anwendung des Abschöpfungssystems (vgl. Abschnitt 3.4.5.3, S. 137) weitgehend stabilisiert. Um ein stärkeres Absinken des Preises bei zeitlich begrenztem Mehrangebot von Inlands-

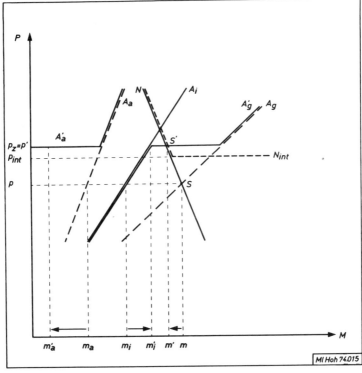

Abb. 61

getreide (z.B. nach sehr großen Ernten oder bei einer durch mangelnde Liquidität der Landwirte ausgelösten Angebotswelle) zu verhindern, sind die staatlichen Marktordnungsstellen verpflichtet, jede ihnen angebotene Menge Inlandsgetreide, das bestimmten Qualitätsbedingungen entspricht, zu einem festgesetzten Preis (Interventionspreis) zu kaufen. Dadurch ist die Nachfrage zu diesem Preis praktisch unendlich elastisch. Die Nachfragekurve N in Abb. 61 knickt in Höhe dieses Preises (p_{int}) nach rechts ab und verläuft waagerecht (N_{int}). In Verbindung mit dem Abschöpfungssystem, dessen Modell in Abb. 61 ebenfalls dargestellt (und in Abschnitt 3.4.5.3 erklärt) ist, führt die obligatorische Intervention zu einer praktisch vollkommenen Stabilisierung des Binnenmarkts. Der Preis kann nur in dem engen Raum zwischen Zielpreis (p_z) und Interventionspreis (p_{int}) schwanken.

Für die Funktionsfähigkeit der Intervention in Verbindung mit Lagerhaltung ist entscheidend, daß Änderungen des langfristigen Gleichgewichtspreises – des Preises, der Produktion und Verbrauch auf längere Sicht zum Ausgleich bringt – rechtzeitig erkannt und berücksichtigt werden. In der Praxis geschieht das häufig nicht. Insbesondere besteht die Tendenz, einen Rückgang des langfristigen Gleichgewichtspreises, selbst wenn er erkennbar wird, nicht zu berücksichtigen. Das bedeutet, daß außer der beabsichtigten Preisstabilisierung auch Preisstützung betrieben wird, was aber mit Hilfe der Lagerhaltung nicht möglich ist. Unter der Last wachsender Vorräte brechen dann solche Aktionen meistens zusammen.

Bei *nur begrenzte Zeit lagerfähigen Produkten* ist eine automatische Ausrichtung der Vorratskäufe und Vorratsabgaben nach dem Stand des Marktpreises im Verhältnis zum langfristigen Gleichgewichtspreis nicht möglich. Sinkt der Marktpreis unter den langfristigen Gleichgewichtspreis, so muß zunächst geprüft werden, ob das Angebot aus laufender Produktion innerhalb der technisch möglichen Lagerungszeit soweit zurückgehen wird, daß die angelegten Vorräte wieder in den Markt gegeben werden können, ohne eine Preisbaisse auszulösen. Ist das nicht der Fall, so würde die Intervention in Verbindung mit Lagerhaltung die Preisbaisse nicht verhindern, sondern sie nur mit erheblichem Aufwand zeitlich verlagern.

In vielen Fällen ist es allerdings möglich, begrenzt lagerfähige und leicht verderbliche, also nicht lagerfähige Produkte zu unbegrenzt lagerfähigen Produkten zu verarbeiten. Dabei ist allerdings besonders gründlich zu prüfen, ob Kosten und Nutzen in einem angemessenen Verhältnis zueinander stehen. Die Verarbeitung von Rohprodukten landwirtschaftlicher Herkunft zu lagerfähigen Produkten erfordert meistens Einrichtungen von hohem Kapitalwert, die nicht allein zur Aufnahme unregelmäßig anfallender Produktionsspitzen bereitgestellt werden können. In der Regel läßt sich daher die Verarbeitung von Agrarprodukten bei überdurchschnittlichem Anfall nur in engen Grenzen durch übernormale Kapazitätsausnutzung (Arbeit in mehreren Schichten, Ausdehnung der Kampagne) verstärken.

3.6.3.3 *Ausgleich erratischer Schwankungen durch Intervention in Verbindung mit subventionierter Aus- und Einfuhr*

Marktstabilisierung kann selbstverständlich auch durch Intervention in Verbindung mit subventionierter Ausfuhr und Einfuhr der Interventionsmengen betrieben werden. Das ist jedoch nur zweckmäßig, wenn bei dem betreffenden Produkt kein großer Unterschied zwischen dem Preisniveau auf dem Binnenmarkt und dem Preisniveau auf dem Außenmarkt besteht. Wird das gesamte Agrarpreisniveau und damit auch der Preis des in Betracht stehenden Produktes auf dem Binnenmarkt durch Außenhandelsschutz ständig erheblich über dem Preisniveau auf dem Außenmarkt gehalten, so ist es natürlich zweckmäßiger, die Preisstabilisierung mit dem gleichen Mittel zu betreiben wie die Preisdifferenzierung gegenüber dem Außenmarkt, also durch Außenhandelsschutz, dessen Höhe dann allerdings der jeweiligen Lage angepaßt werden muß. Hierfür sind bestimmte Verfahren entwickelt worden, wie der Gleitzoll (vgl. S. 137) und das Abschöpfungsverfahren (vgl. S. 137ff.); weniger geeignet ist wechselnde Einfuhrkontingentierung (vgl. S. 151). Entsprechendes gilt auch für den Fall, daß der Preis eines Produktes im Rahmen des gesamten Agrarpreisniveaus durch Exportsubventionierung ständig erheblich über dem Preisniveau auf dem Außenmarkt gehalten wird. In diesen Fällen ist es natürlich zweckmäßig, durch laufende Anpassung der Exportsubvention an die gegebene Binnen- und Außenmarktlage den Binnenmarktpreis zu stabilisieren.

Bei dem Ausgleich erratischer Schwankungen über den Außenhandel – mit oder ohne Intervention – spielt die Export- und Importfähigkeit des Produkts die entscheidende Rolle. Hierzu ist nicht nur eine begrenzte Haltbarkeit (Lagerfähigkeit) des Produktes notwendig, sondern auch das Verhältnis zwischen dem Wert des Produktes und den Bewegungskosten ist von entscheidender Bedeutung. Vor allem kommt es aber darauf an, daß der Außenmarkt groß und vielseitig genug ist, um die vom Binnenmarkt abgewälzten Schwankungen elastisch, also ohne selbst stark gestört zu werden, aufnehmen zu können. Ist das nicht der Fall, so kommt es bald zu Abwehrmaßnahmen anderer am Außenmarkt beteiligter Länder, die unter dessen Unstabilität leiden.

3.6.3.4 *Ausgleich erratischer Schwankungen durch Intervention in Verbindung mit inferiorer Verwendung und Überschußvernichtung*

Bei Produkten, die nicht voll lagerfähig sind und auch nicht wirtschaftlich in lagerfähige Produkte umgewandelt werden können und die auch nicht oder nur sehr begrenzt außenhandelsfähig sind, kann Marktstabilisierung durch Intervention in Verbindung mit inferiorer Verwendung oder Vernichtung der Interventionsmenge angestrebt werden. Allerdings ist dadurch kein vollständiger Angebots- und Preisausgleich zu erreichen, weil nur Angebotsspitzen aus dem Markt genommen, aber nicht auch Angebotslücken aufgefüllt werden können. Da diese Maßnahme einseitig Preisbaissen verhindert, bewirkt sie zugleich eine Preisstützung; im längerfristigen Durchschnitt wird der Preis angehoben.
Als inferiore Verwendung kommt für Agrarprodukte, die normalerweise für Nahrungszwecke erzeugt werden, hauptsächlich die Verfütterung in Betracht. So sind seit jeher zeitweilige Überschüsse an Gemüse und Obst als Viehfutter verwendet worden. Die Möglichkeiten hierzu nehmen jedoch zusehends ab, einmal durch die fortschreitende Spezialisierung der landwirtschaftlichen Betriebe auf wenige Produktionszweige, zum anderen weil steigende Arbeits- und Stallkosten zu gleichmäßig intensiver Ausnutzung der Leistungsanlagen des Nutzviehes zwingen; Viehhaltung zur Ausnutzung unregelmäßig anfallender Futterreste ist unter solchen Bedingungen unrentabel. So bleibt in vielen Fällen nur der teilweise Marktausgleich durch Vernichtung – besser gesagt: Nichtausnutzung, Verderbenlassen – von Angebotsspitzen.
Solche Angebotsspitzen treten bei leicht verderblichen und infolgedessen weder lager-

fähigen noch über weitere Entfernungen handelsfähigen Produkten aus den schon genannten drei Gründen – witterungsbedingte übernormale Erträge, witterungsbedingte Abweichungen der Erntetermine vom Normalverlauf und falsche Reaktionen der Produzenten auf Preis- und Kostenänderungen – besonders häufig auf. Das Angebot ist infolge der Natur der Ware (leichte Verderblichkeit) völlig unelastisch. Da bei steigendem Angebot dieser Produkte schnell volle Sättigung des Bedarfs eintritt, wird auch die Nachfrage völlig unelastisch. Der Preis kann unter solchen Umständen keinen Ausgleich mehr zwischen Angebot und Nachfrage herbeiführen. Die Produzenten können nur dadurch vor empfindlichen Verlusten bewahrt werden, daß ein Teil der Produktion vom Markt zurückgehalten und beseitigt wird.

Dies stößt häufig aus ethischen Gründen auf Ablehnung. Es wird vorgeschlagen, die Überschüsse an Bedürftige zu verschenken, anstatt sie zu vernichten. Dabei wird übersehen, daß es fast ausschließlich an den Vermarktungskosten liegt, wenn es Menschen gibt, die noch Mangel an einer Ware leiden, die von den Produzenten in so großen Mengen angeboten wird, daß die Nachfrage nahezu völlig unelastisch auf eine Senkung des Erzeugerpreises reagiert. Der Vorschlag scheitert daran, daß sich niemand findet, der die Verteilung ohne oder zu stark ermäßigtem Entgelt übernimmt. Im übrigen ist das Verderbenlassen von nicht lagerfähigen Bodenprodukten bei überdurchschnittlich günstigen Wachstumsbedingungen nichts Neues. In den Hausgärten der Selbstversorger ist seit jeher soviel Gemüse angebaut worden, daß der Bedarf auch bei schwachen Ernten gedeckt ist; was darüber hinaus anfällt, bleibt ungenutzt. Auch das Weidefutter wird je nach dem Wachstum mehr oder weniger gut ausgenutzt. Neu wäre lediglich an der Beseitigung von Überschüssen, die für den Markt produziert worden sind, daß sie organisiert erfolgen muß. Daran entzündet sich der Widerstand; darin liegen aber auch ihre großen Schwierigkeiten.

Da sämtliche Anbieter davon profitieren, daß ein Teil des Angebots vom Markt zurückgehalten wird, müßte jeder von ihnen auf den Verkauf eines bestimmten Teils seiner mit Kosten produzierten Ware verzichten, oder ein Teil der Ware müßte aufgekauft werden, wobei die entstehenden Kosten auf die Anbieter annähernd gleichmäßig entsprechend ihrem Anteil am Gesamtangebot oder in anderer als gerecht empfundener Weise umzulegen wären. Auf freiwilliger Basis ist das jedoch bei der großen Zahl der sich als Mengenanpasser verhaltenden Produzenten, um die es sich bereits in einem einzelnen größeren Anbaugebiet handelt, nicht zu erreichen. Zwangsweise ließe es sich nur durchführen, wenn der Absatz kanalisiert ist, d. h. eine bestimmte Stelle durchlaufen muß, an der Menge und Qualität der Anlieferung jedes einzelnen Anbieters einwandfrei ermittelt werden können. Sind mehrere Anbaugebiete mit einer bestimmten Ware gleichzeitig am Markt, so müssen deren Aktionen, insbesondere die Preisschwellen, unterhalb derer nicht mehr verkauft werden soll, koordiniert werden. Dazu bedarf es in der Regel staatlicher Hilfe durch Bildung von Zwangsgemeinschaften, denen das Recht erteilt wird, in klar abgegrenzten Angelegenheiten Mehrheitsentscheidungen durchzusetzen. Wo der ernsthafte Wille zu solcher Selbsthilfe vorhanden ist und brauchbare Lösungen vorgeschlagen werden, sollte diese Staatshilfe nicht versagt werden.

Eine andere Frage ist, ob und wie weit sich die öffentliche Hand finanziell an solchen Aktionen beteiligen soll. Abgesehen davon, daß die Vorteile der Überschußbeseitigung – anders als beim Angebotsausgleich durch Lagerung – einseitig den Produzenten zugute kommen, ist folgendes von wesentlicher Bedeutung: Die Verminderung des Angebots führt bekanntlich zur Erhöhung des Umsatzes (Erlöses), solange die Nachfrage auf

Preisänderungen mit einer geringeren Elastizität als 1 reagiert. Bei weiterer Angebotsverminderung sinkt der Umsatz wieder. Ohne staatliche Finanzierung werden die Produzenten versuchen, den Mindestpreis so festzusetzen, daß die Nachfrage nicht mehr völlig unelastisch reagiert. Umsatzmaximierung werden sie kaum anstreben; denn dies bedeutet vielfach eine so starke Angebotsbeschränkung, daß die Absatzbeziehungen darunter leiden. Die vollständige oder teilweise Übernahme der Lasten der Überschußbeseitigung durch den Steuerzahler würde die Pflege der Absatzbeziehungen weniger wichtig erscheinen lassen und dazu anregen, den Mindestpreis höher anzusetzen – das Angebot stärker zu beschränken –, als nach der Marktlage gerechtfertigt wäre und als den Konsumenten, die als Steuerzahler schon die Überschußbeseitigung bezahlen müssen, billigerweise zugemutet werden könnte. Staatliche Finanzhilfen zur Überschußbeseitigung sollten deshalb allenfalls in sehr vorsichtiger Weise gewährt werden.

Die Probleme der Überschußbeseitigung sind offensichtlich noch nicht ausreichend geklärt. Die vorliegenden praktischen Erfahrungen sollten systematisch gesammelt und ausgewertet werden, um sie der Weiterentwicklung besser dienstbar machen zu können.

3.7 Maßnahmen zur Absatzförderung

Immer wenn die Agrarmärkte zu »Käufermärkten« werden, weil die Nachfrage schrumpft oder weil die Erzeugung unter dem Einfluß technischer Fortschritte schneller wächst als die Nachfrage, wird der Ruf nach Maßnahmen zur Absatzförderung laut. Zunächst wurde vor allem an Werbung gedacht. In jüngster Zeit wird das umfassendere »Marketing« propagiert. Dabei wird meistens auf die Erfolge hingewiesen, die in anderen Wirtschaftsbereichen mit Werbung und »Marketing« erzielt worden sind. Im folgenden soll untersucht werden, inwieweit diese beiden Maßnahmen unter den auf den Agrarmärkten herrschenden Bedingungen mit Aussicht auf Erfolg angewandt werden können.

3.7.1 Werbung

3.7.1.1 *Voraussetzungen für eine erfolgreiche Konsumentenwerbung*

In der Regel wird an eine Werbung gedacht, die sich unmittelbar an die potentiellen Konsumenten richtet. Die augenfällige, für die Werbungstreibenden anderer Wirtschaftsbereiche offensichtlich erfolgreiche Konsumentenwerbung dient meistens als Vorbild. Zweck der Werbung ist es, die potentiellen Käufer eines Gutes zu veranlassen, mehr von diesem Gut nachzufragen, als sie spontan, also ohne Werbung, nachfragen würden. Im allgemeinen kann die Nachfrage nach einem bestimmten Gut oder einer Gruppe von Gütern nur zu Lasten der Nachfrage nach anderen Gütern erhöht werden. Werbung *für* ein Gut ist daher unausgesprochen Werbung *gegen* ein anderes Gut oder gegen mehrere andere Güter. Oder anders ausgedrückt: durch Werbung soll Kaufkraft von anderen Gütern abgelenkt und den Gütern, für die Werbung getrieben wird, zugeleitet werden. Selbstverständlich bedeutet erfolgreiche Werbung für ein Gut nicht immer, daß für den Kauf anderer Güter nunmehr weniger Kaufkraft zur Verfügung stehen müßte als zuvor. Die verfügbare Kaufkraft der potentiellen Konsumenten des Gutes, für das geworben wird, kann sich durch Entsparen, durch Kreditaufnahme, durch verstärkte Erwerbstätigkeit (sofern der Arbeitsmarkt Gelegenheit dazu bietet) sowie im Zuge einer allgemeinen Produktivitäts- und Wohlstandssteigerung erhöhen. Aber auch um diese zusätzliche Kaufkraft konkurrieren ja die verschiedenen Güterangebote.

Bei den Gütern, von denen Kaufkraft abgezogen oder ferngehalten werden soll, kann es sich um drei verschiedene Arten von Produkten oder Leistungen handeln, nämlich
– um gleiche (physisch völlig oder nahezu identische) Güter von anderen Anbietern (Herstellern),
– um Substitute des angebotenen Gutes (nicht physisch, aber ökonomisch weitgehend identische Güter),
– um Güter, die der Befriedigung anderer Bedürfnisse dienen.

Es liegt auf der Hand, daß Werbung unter den an erster Stelle genannten Voraussetzungen, nämlich wenn sie Kaufkraft von gleichartigen Gütern anderer Anbieter abziehen oder fernhalten soll, im allgemeinen die relativ größten Erfolgschancen hat. Die Werbung für bzw. gegen Subtsitute erfolgt bereits unter schwierigeren Bedingungen; das Verhältnis von Werbeaufwand und Werbewirkung wird im allgemeinen ungünstiger sein. Die ungünstigsten Voraussetzungen bestehen in der Regel für die Werbung, die Kaufkraft von Gütern abziehen oder fernhalten soll, die der Befriedigung anderer Bedürfnisse dienen als das Gut, für das geworben wird; denn hier handelt es sich nicht nur darum, daß Kaufkraft, die von den Konsumenten zur Befriedigung eines bestimmten Bedürfnisses ohnehin eingesetzt wird, auf Produkte bestimmter Herkunft oder auf Substitute zu lenken, vielmehr muß die Rangfolge der Bedürfnisse (Bedürfnisskala, Präferenzskala) der Konsumenten geändert werden. Das Bedürfnis nach dem angebotenen Gut muß durch Werbung verstärkt oder überhaupt erst geweckt werden. Bei bestimmten Gütern mag das verhältnismäßig leicht zu erreichen sein, bei anderen stehen dem jedoch erhebliche Schwierigkeiten entgegen.

Der Erfolg einer unmittelbar an die Konsumenten gerichteten Werbung für Güter des laufenden Bedarfs hängt überdies entscheidend von folgenden Voraussetzungen ab:

1. Für eine erfolgversprechende augenfällige Werbung bei den Konsumenten müssen umfangreiche finanzielle Mittel zur Verfügung stehen; denn die Werbeträger mit größerer Reichweite, wie Fernsehen, Rundfunk, Anzeigen in Zeitungen und Zeitschriften mit hoher Auflage, größere Plakataktionen, weit gestreuter Versand von Katalogen und Werbeschriften, sind teuer. Die Werbung mit diesen Mitteln muß überdies in der Regel längere Zeit hindurch intensiv betrieben werden, um überhaupt eine Wirkung zu erzielen; die »Wirkungsschwelle« wird sonst nicht übersprungen.
2. Das Gut, für das geworben wird, muß sich leicht und eindeutig von Gütern gleicher Art unterscheiden lassen, wenn für bzw. gegen Güter gleicher Art, aber verschiedener Herkunft geworben werden soll. Praktisch geschieht das, indem das Produkt mit einer »Marke«, einem Herkunfts- oder Gütezeichen versehen wird.
3. Das Gut muß für die umworbenen Konsumenten jederzeit leicht greifbar sein, und es muß so an sie gelangen, wie es die Werbung verspricht. Der Werbungstreibende muß also dafür sorgen, daß den Konsumenten das Gut überall dort angeboten wird, wo sie es herkömmlicherweise erwarten, und er muß den Zustand des Gutes auf dem Wege bis zum Konsumenten kontrollieren können; letzteres ist um so wichtiger und auch um so schwieriger, je leichter verderblich das Gut ist.

Bei der an die Konsumenten gerichteten besonders augenfälligen Werbung der Unternehmen in anderen Wirtschaftsbereichen, an die die Fürsprecher einer groß angelegten Agrarwerbung meistens denken, handelt es sich stark überwiegend um Werbung für bzw. gegen Güter gleicher Art, aber unterschiedlicher Herkunft und um Werbung für bzw. gegen Substitute. Sie wird fast ausnahmslos von großen Unternehmungen (Oligopolisten) für Markenware betrieben. Der Wettbewerb durch Werbung tritt hier ganz oder teilweise an die Stelle des Preiswettbewerbs; dies ermöglicht den Unternehmungen u. a. die Aufbringung der für die Konsumentenwerbung erfoderlichen großen Mittel. Die Markeninhaber sind in der Lage, die erforderliche Angebotsdichte herzustellen sowie die Absatzwege zu überwachen und dafür zu sorgen, daß der Zustand der Ware bei der Abgabe an den Konsumenten der Werbeaussage entspricht; erforderlichenfalls wird zu diesem Zweck ein besonderes Absatzsystem geschaffen.

Es liegt auf der Hand, daß der *einzelne Landwirt* nicht in der Lage ist, eine solche spektakuläre Konsumentenwerbung zu treiben. Sein Angebot und seine finanziellen Mittel sind dafür viel zu klein. Groß angelegte Werbung könnten nur große, leistungsstarke *Zusammenschlüsse von Landwirten* durchführen. Dabei wäre in erster Linie an eine gemeinsame Werbeaktion der gesamten deutschen Landwirtschaft zu denken. Im folgenden sollen deshalb die Ansatzmöglichkeiten und Erfolgsaussichten von gemeinsamen Werbeaktionen der gesamten deutschen Landwirtschaft und von größeren Zusammenschlüssen von Landwirten an Hand der dargelegten Kriterien geprüft werden.

3.7.1.2 *Werbung als Gemeinschaftsaktion der deutschen Landwirtschaft*

Werbung für Agrarprodukte deutscher Herkunft, die im Wettbewerb mit gleichartigen ausländischen Produkten stehen

Es wurde zunächst ausgeführt, daß die Erfolgsaussichten der Konsumentenwerbung maßgeblich davon abhängen, ob durch sie Kaufkraft von gleichartigen Gütern anderer Herkunft oder Substituten oder sogar von Gütern, die völlig anderen Bedürfnissen dienen, abgezogen oder ferngehalten werden soll.
Für die Gesamtheit der deutschen Landwirte sind lediglich die Agrarprodukte ausländischer Herkunft und die daraus hergestellten Nahrungsmittel als gleichartige Güter anderer Herkunft zu betrachten. In dem Maße wie der Zugang ausländischer Agrarprodukte zum Binnenmarkt durch den Außenhandelsschutz erschwert wird, erübrigt sich allerdings eine Werbung für inländische Produkte, die die Verdrängung der konkurrierenden Auslandsware zum Ziele hat. Bei dem im allgemeinen recht hohen Außenhandelsschutz für Agrarprodukte, der in der BR Deutschland bisher bestand, gab es daher nur schwache Ansatzpunkte für eine solche Werbung. Durch die Bildung des gemeinsamen europäischen Marktes hat sich jedoch dieser Zustand geändert; das Angebot der Landwirte in den EWG-Partnerländern steht nunmehr in uneingeschränktem Wettbewerb mit dem Angebot der deutschen Landwirte auf dem deutschen Markt. Ebenso hat das Angebot der deutschen Landwirte freien Zugang zu den Märkten der anderen EWG-Länder und kann sich dort dem Wettbewerb stellen. Eine grundsätzliche Voraussetzung für die Möglichkeit, Kaufkraft von gleichartigen Gütern anderer Herkunft durch Werbung abzuziehen oder fernzuhalten und auf die eigenen Produkte zu lenken, ist also für die

deutsche Landwirtschaft durch die Bildung des gemeinsamen Marktes in wesentlich stärkerem Maße gegeben als zuvor.

Mithin ist nunmehr zu prüfen, inwieweit die drei weiteren Voraussetzungen für eine erfolgreiche Werbung für Agrarerzeugnisse deutscher Herkunft gegeben sind, nämlich erstens, ob ausreichende Werbemittel bereitgestellt werden können, zweitens, ob eine ausreichende Differenzierung der deutschen von der ausländischen Ware möglich ist und drittens, ob die Ware auch an die Konsumenten herangebracht werden kann, und zwar in dem Zustand, den die Werbung verspricht.

Die an erster Stelle genannte Bedingung dürfte wohl zu erfüllen sein; bei einem Jahresumsatz (Verkaufserlös) von nahezu 40 Mrd. DM könnte die deutsche Landwirtschaft einen ansehnlichen Werbefonds finanzieren. Sehr viel schwieriger sind aber die beiden anderen Voraussetzungen zu erfüllen.

Eine für den Verbraucher leicht erkennbare Kennzeichnung der Herkunft ist bei *verarbeiteten* und meistens auch bei *bearbeiteten* Produkten nicht möglich. Ist — um einige Beispiele zu nennen — das Brot aus Mehl von deutschem Getreide gebacken? Stammt das Schnitzel von einem im Inland produzierten Kalb oder Schwein? Ist das Gemüse im Gasthausessen einer inländischen Konservendose oder Tiefkühlpackung entnommen? Bei Agrarprodukten, die unverarbeitet an den Verbraucher gelangen, ist eine ausreichende Kennzeichnung der Herkünfte zwar möglich, praktisch aber schwierig durchzuführen. Der Oligopolist differenziert sein Produkt gegenüber gleichen Produkten anderer Hersteller durch eine »Marke«. An einer Marke »der deutschen Landwirtschaft« müßten Hunderte, oft Tausende von Produzenten oder Aufbereitungsstellen beteiligt werden. Sie alle müßten das Recht erhalten, ihr Produkt mit der gemeinsamen Marke zu versehen. Das ist nur angängig, wenn eine lückenlose laufende Kontrolle der Hersteller oder Aufbereiter auf Einhaltung der Vorschriften, die zur Erfüllung der Werbeaussage notwendig sind, möglich ist.

Außerdem müssen auch die an dritter Stelle genannten Voraussetzungen erfüllt werden. Die mit der Marke versehene Ware muß an möglichst vielen Verkaufsstellen erhältlich sein, insbesondere an vielen jener Stellen, an denen gleichartige ausländische Produkte feilgehalten werden; der Handel muß also bereit sein, die Markenware zu führen. Weiter muß die Gewähr bestehen, daß die Ware in einem einwandfreien, der Werbeaussage entsprechenden Zustand an den Verbraucher gelangt, an den sich ja die Werbung richtet. Bei Produkten, die nicht nahezu unbegrenzte Zeit und unter allen erdenklichen äußeren Bedingungen ihre Eigenschaften bewahren, vor allem bei leichter verderblichen Produkten, ist also eine Kontrolle der Ware auf ihrem Absatzweg bis zum Letztkäufer notwendig. Beide Bedingungen lassen sich nur durch enge Zusammenarbeit zwischen den Produzenten oder Aufbereitungsstellen einerseits und den nachfolgenden Handelsstufen andererseits erfüllen.

Aus den angestellten Überlegungen ergibt sich als Schlußfolgerung, daß ein Zusammenschluß der gesamten deutschen Landwirtschaft nur begrenzte Möglichkeiten hat, Konsumentenwerbung zugunsten deutscher – und somit gegen ausländische – Agrarprodukte zu treiben. Soweit die Möglichkeit dazu besteht, kann sie oft nur im Einvernehmen und unter Mitwirkung der Distributionsunternehmungen erfolgreich durchgeführt werden. Soweit die Werbung im Interesse der Distributionsunternehmungen liegt, können diese auch an den Kosten beteiligt werden.

Das führt zu der Überlegung, ob es nicht in den meisten Fällen zweckmäßiger ist, statt einer aufwendigen Konsumentenwerbung eine intensive gezielte Werbung zugunsten deutscher Agrarprodukte bei den Verarbeitern und Großhändlern zu betreiben. Natürlich müßte diese Werbung entsprechend der Mentalität der Umworbenen einen anderen Charakter haben als die Konsumentenwerbung. Da es sich hier um rein ökonomisch denkende Menschen handelt, kommt es in erster Linie darauf an, ihre Anforderungen an die Ware und an die Lieferungsbedingungen zu eruieren und ihnen zu beweisen, daß ihre Wünsche durch das deutsche Angebot besser befriedigt werden können als durch das ausländische. Dazu gehört allerdings auch, daß die Produzenten und der Erfassungshandel über die Anforderungen informiert und aufgefordert werden, sie gemeinsam nach Kräften zu erfüllen. Erzeugergemeinschaften, die eng mit dem Erfassungshandel und den landwirtschaftsnahen Verarbeitern zusammenarbeiten, könnten die hier erforderliche Informations- und Erziehungsarbeit nachhaltig fördern.

Werbung für deutsche Agrarprodukte, die in Konkurrenz mit Substituten nichtlandwirtschaftlicher oder ausländischer Herkunft stehen

Die deutsche Landwirtschaft könnte in einer Gemeinschaftsaktion bei den Konsumenten für Agrarprodukte deutscher Herkunft werben, die im Wettbewerb mit Substituten stehen, die oder deren Rohstoffe nicht von ihr produziert werden. Allerdings gibt es nur wenige deutsche Agrarprodukte von Bedeutung, deren Absatz durch Surrogate nichtlandwirtschaftlicher oder ausländischer Herkunft behindert wird oder behindert werden könnte. Die wichtigsten Beispiele sind *Butter,* die durch andere Fette, vor allem Margarine aus ausländischen Rohstoffen, substituiert wird, *Milch,* die — soweit sie als Getränk dient — mit anderen, hauptsächlich nichtalkoholischen Getränken in Konkurrenz steht, und *Wein,* der durch andere alkoholische Getränke ersetzt werden kann. Unter den Substituten der Milch und des Weines sind jedoch auch solche, die auf Rohstoffen basieren, die ebenfalls deutsche Agrarprodukte sind oder sein können (Fruchtsäfte, Bier, Branntwein aus Getreide und Kartoffeln); zudem ist die Milch nicht nur Getränk, sondern zugleich Nährstoffträger und substituiert somit andere Nahrungsmittel. Deutsches Obst und Südfrüchte sind zwar Substitute, aber wegen des z. T. unterschiedlichen Saisonablaufs ihres Angebots ergänzen sich auch beide bis zu einem gewissen Grad in der Versorgung.

Nach dem Fortfall des Außenhandelsschutzes gegenüber den übrigen EWG-Ländern darf die Werbung nicht allein gegen die Substitute der deutschen Produkte ausgerichtet sein, sondern sie muß auch so angelegt sein, daß sie nicht den gleichartigen Produkten ausländischer Herkunft zugute kommt. Auch hier muß also eine ausreichende Möglichkeit zur Unterscheidung der inländischen von der ausländischen Ware geschaffen werden, wie auch die meisten übrigen im vorangegangenen Abschnitt angestellten Überlegungen beachtet werden müssen. Eine spektakuläre gemeinschaftliche Konsumentenwerbung der deutschen Landwirtschaft, die sich primär gegen Substitute deutscher Agrarprodukte richtet, ist mithin nur auf wenigen Teilgebieten, eigentlich nur bei Butter, möglich.

Werbung für den Mehrverbrauch von Agrarprodukten zu Lasten der Befriedigung andersartiger Bedürfnisse

So verbleibt als Ziel einer gemeinschaftlichen Werbeaktion der deutschen Landwirtschaft hauptsächlich nur die dritte und schwierigste Möglichkeit der Konsumentenwerbung, nämlich die Änderung der Rangordnung der Bedürfnisse (Präferenzskala) der Konsumenten zugunsten von Agrarprodukten. Das stößt aber sofort auf ein großes Hindernis: Der Nährstoffbedarf der Menschen ist begrenzt, und es ist praktisch unmöglich, die Konsumenten durch Werbung zu veranlassen, die Bedarfsgrenze wesentlich zu überschreiten. Die Menschen können jedoch ihren begrenzten Nährstoffbedarf in sehr unterschiedlicher Weise decken, wie in Abschnitt 1.7.3 (S. 40ff.) ausführlich dargelegt worden ist. Die Werbung müßte also darauf abzielen, daß die Konsumenten ihren Nährstoffbedarf in stärkerem Maße durch solche Nahrungsmittel decken, deren Bereitstellung hohe Leistungen der Landwirtschaft beansprucht. Wie schon oben (S. 41) gesagt, sind dies hauptsächlich Erzeugnisse der tierischen Veredelung, Feingemüse und Tafelobst, also Produkte, denen sich der Konsum bei steigendem Wohlstand ohnehin stärker zuwendet. Die Werbung hätte den Zweck, die Änderung der Diät in dieser Richtung zu beschleunigen.

Ob die direkte Ansprache der Konsumenten über die hierfür geeigneten Medien (Fernsehen, Rundfunk, Anzeigen usw.) die zweckmäßigste Art einer Werbung mit dieser Zielsetzung ist, erscheint fraglich. Zumindest verspricht solche Werbung allein keine ausreichende Wirkung und ist auch zu aufwendig. Eine sachlich fundierte Information »meinungsbildender« Personen, wie Publizisten, Politiker, Wissenschaftler, unter ihnen insbesondere Ärzte und Ernährungswissenschaftler, würde die Werbung vermutlich erheblich wirksamer und billiger machen.

Es wird nicht zu vermeiden sein, daß von einer Werbung für eine aufwendigere Diät auch die ausländischen Anbieter, insbesondere die außerdeutsche Landwirtschaft im EWG-Raum, profitieren. Solche Werbung wäre daher nur sinnvoll, wenn die deutsche Landwirtschaft entschlossen ist, ihren heimischen Markt mit allen anderen in Betracht kommenden Mitteln zu behaupten. Die Werbung für eine aufwendigere Diät kann also nur als Teil einer umfassenden Konzeption sinnvoll sein. Zunächst ist zu prüfen, ob diejenigen Agrarprodukte, deren Absatz durch diese Werbung gefördert wird, auch in wachsenden Mengen von der heimischen Landwirtschaft produziert werden können. Weiter müssen die Verarbeiter und Großhändler durch direkte Kontakte (vgl. oben S. 164) veranlaßt werden, die heimischen Produkte bevorzugt aufzunehmen. Und schließlich muß die deutsche Landwirtschaft auch bereit sein, zeitweiligen Preiskämpfen um Marktanteile mit der ausländischen Landwirtschaft nicht auszuweichen.

3.7.1.3 *Werbung als Gemeinschaftsaktion größerer Gruppen von Landwirten*

Werbung für bestimmte Agrarprodukte durch Produzentenvereinigungen

Größere Zusammenschlüsse von Landwirten wären sowohl finanziell als auch nach Umfang ihres Angebots in der Lage, für ein bestimmtes Agrarprodukt oder eine Gruppe von Erzeugnissen, deren Absatz für sie besonders wichtig ist, Werbung zu treiben. Ihre Werbung würde sich in erster Linie gegen gleiche Erzeugnisse inländischer und ausländischer Herkunft richten. Die Produzentenvereinigung könnte mithin für jedes Agrarprodukt erfolgreiche Konsumentenwerbung treiben, sofern die in Abschnitt 3.7.1.1 (S. 161) beschriebenen Voraussetzungen geschaffen werden können. Sie muß also ihre Produkte durch eine Marke kennzeichnen, für ausreichende Angebotsdichte in einem bestimmten Absatzgebiet sorgen und den Absatzweg der Ware kontrollieren können. Diese Bedingungen werden im allgemeinen nur erfüllt werden können, wenn lediglich ein begrenzter, leicht kontrollierbarer Kreis von Teilnehmern (Produzenten oder Aufbereitungsstellen) das Recht hat, die gemeinsame Marke zu benutzen, und wenn auch das Absatzgebiet so begrenzt wird, daß die Absatzwege noch gut überschaubar bleiben. Letzteres hat u. U. zur Folge, daß bestimmte Werbungsträger, wie z. B. Fernsehen und Hörfunk, nicht eingesetzt werden können. Da Landwirte eine Werbung, die sich unmittelbar an die Konsumenten richtet, ohnehin im allgemeinen nur für Produkte treiben können, die unverarbeitet an den Letztverbraucher gelangen, sind die Möglichkeiten der Konsumentenwerbung durch Produzentenvereinigungen der eingangs beschriebenen Art beschränkt. Wohl aber könnten gerade solche Produzentengruppen besonders erfolgreich eine Werbung durch direkte Ansprache von Großabnehmern (Verarbeitern, Händlern usw.; vgl. oben S. 164) treiben.

Betreiben einzelne Gruppen von Landwirten Konsumentenwerbung für inferiore Agrarprodukte (z. B. für Speisekartoffeln), so besteht die Gefahr, daß die Gesamtheit der deutschen Landwirte dadurch geschädigt wird. Zwar richtet sich die Werbung in erster Linie gegen gleichartige Erzeugnisse anderer Hersteller, doch hat eine intensive Konsumentenwerbung zugunsten inferiorer Nahrungsmittel in Anbetracht der begrenzten Nährstoffaufnahme der Menschen ohne Frage auch die unerwünschte und unkontrollierbare Nebenwirkung, daß weniger hochwertige Nahrungsmittel nachgefragt werden; damit wird die Gesamtnachfrage nach landwirtschaftlichen Leistungen geschmälert.

Umgekehrt ist natürlich die Wirkung auf die Gesamtnachfrage nach Leistungen der Landwirtschaft günstig, wenn Zusammenschlüsse von Landwirten Konsumentenwerbung für Agrarprodukte treiben, die hohe landwirtschaftliche Leistungen einschließen. Werben mehrere Zusammenschlüsse für solche Produkte in begrenzten Absatzgebieten, so kann eine gemeinsame Werbung unter Verwendung einer »Obermarke« von Vorteil sein. So könnten vor allem in stärkerem Maße weitreichende und kostspielige Werbeträger mit Erfolg eingesetzt werden. Außerdem könnte auf diese Weise wirkungsvoll für inländische und gegen ausländische Agrarprodukte geworben werden; die oben (S. 163 f.) dargestellten Nachteile einer Gemeinschaftswerbung der gesamten deutschen Landwirtschaft unter einer Einheitsmarke (schlechte Kontrollmöglichkeit der Hersteller und der Absatzwege) würden hierbei weitgehend vermieden.

Werbung für Agrarprodukte schlechthin durch regionale Produzentenvereinigungen

Regionale Vereinigungen von Landwirten könnten in begrenzten Absatzgebieten für ihre sämtlichen Produkte werben. Diese Werbung würde sich in erster Linie gegen gleichartige Produkte anderer — inländischer und ausländischer — Herkünfte richten. Sie wäre mithin nur in Absatzgebieten sinnvoll, in denen die Erzeugnisse mehrerer Produktionsgebiete miteinander konkurrieren.

Die Möglichkeiten einer erfolgreichen Konsumentenwerbung sind ebenso wie bei der Gemeinschaftswerbung der deutschen Landwirtschaft für deutsche — und somit gegen gleichartige ausländische — Agrarprodukte (vgl. S. 163 f.) nur sehr beschränkt.

Auch hier wäre es in der Regel zweckmäßiger, statt der aufwendigen Konsumentenwerbung einen intensiven direkten Kontakt mit den Großabnehmern (Verarbeitern und Händlern) zu pflegen.

3.7.1.4 *Zusammenfassung*

Aus drei Gründen bestehen für die Landwirte nur geringe Möglichkeiten, Absatzwerbung zu betreiben, die sich unmittelbar an die Konsumenten (Letztverbraucher) ihrer Produkte wendet:
- Die meisten landwirtschaftlichen Erzeugnisse sind Rohprodukte, die erst durch Be- und Verarbeitung konsumreif gemacht werden müssen. Dadurch sind bereits die Möglichkeiten zur Konsumentenwerbung stark eingeschränkt.
- Bei den Produkten, die den landwirtschaftlichen Betrieb bereits konsumreif verlassen, erschwert die Zersplitterung der landwirtschaftlichen Erzeugung auf eine große Zahl umsatzschwacher Produzenten außerordentlich die Verwendung von Marken zur Kennzeichnung der Herkunft der Ware und die Kontrolle der Absatzwege. Der Wettbewerb zwischen den einzelnen Produzenten kann sich daher nicht in einer spektakulären Konsumentenwerbung auswirken, wie es auf den oligopolistischen Märkten für verbrauchsfertige Güter die Regel ist. Selbst größere Zusammenschlüsse von Landwirten haben nur geringe Möglichkeiten, die Konsumenten unmittelbar durch Werbung anzusprechen.
- Die begrenzte Aufnahmefähigkeit des Menschen für Nährstoffe macht die Werbung für den Mehrverbrauch von Agrarprodukten schlechthin wirkungslos; vom Standpunkt der Gesamtheit der Landwirte könnte nur die Werbung für eine aufwendigere, höhere landwirtschaftliche Leistungen erfordernde Diät Aussicht auf Erfolg haben.

Die Tatsache, daß es nur schwache Ansatzpunkte für eine erfolgversprechende Konsumentenwerbung gibt, besagt allerdings nicht, daß die Landwirte überhaupt keine erfolgreiche Werbung für den Absatz ihrer Produkte treiben könnten. Ebenso wie andere Produzenten von Rohprodukten und Zwischenerzeugnissen können die Landwirte — allerdings nur durch größere Zusammenschlüsse — bei den Verarbeitern und Großhändlern für ihre Produkte werben. Solche Werbung hat allerdings einen anderen Charakter und ist weniger augenfällig als die Umwerbung der Letztverbraucher. Bei der Werbung für eine verbesserte, mehr landwirtschaftliche Leistungen erfordernde Diät dürfte eine mittelbare Ansprache der Konsumenten über meinungsbildende Personen im allgemeinen besser wirken und billiger sein als die direkte Ansprache.

3.7.2 Kollektives »Marketing« der Landwirtschaft

Der Begriff »Marketing« umfaßt heute praktisch die gesamte unternehmerische Tätigkeit. Im einzelnen gehören folgende Funktionen zum »Marketing« in diesem umfassenden Sinn:

1. Marktforschung,
2. Produktion (einschließlich der betrieblichen Funktionen wie Beschaffung, Lagerhaltung und Finanzierung),
3. Produktgestaltung (qualitative Ausrichtung der Erzeugung auf die Bedürfnisse des Marktes),
4. Kennzeichnung des Produktes (z.B. durch eine »Marke«),
5. Preisgestaltung,

6. Gestaltung des Vertriebssystems (Wahl der Vertriebskanäle; Kundendienst, Reparaturdienst usw.),
7. Werbung (einschl. Erfolgskontrolle),
8. Öffentlichkeitsarbeit (good-will-Werbung).

»Marketing« umfaßt also erheblich mehr Funktionen als die Werbung, zu der in der Regel nur die Kennzeichnung des Produktes und die Kontrolle der Vertriebswege als Hilfsfunktionen erforderlich sind. »Marketing« ist als unternehmenspolitische Strategie für größere Unternehmen, unter ihnen speziell für Markenartikelhersteller, entwickelt worden. Einzelne Landwirte sind kaum in der Lage, diese Strategie anzuwenden. Eher können größere Gruppen von Landwirten davon Gebrauch machen, jedoch – ebenso wie bei der Werbung – stets nur in Bezug auf bestimmte für sie besonders wichtige Erzeugnisse oder Erzeugnisgruppen. Auf den Gesamtabsatz von Agrarprodukten kann das aber bestenfalls nur einen schwachen positiven Einfluß haben, wie sich bereits aus den Ausführungen über Werbung in Abschnitt 3.7.1.3 ergibt; unter Umständen hat es sogar einen negativen Einfluß auf den Gesamtabsatz.

Als Gemeinschaftsaktion der gesamten Landwirtschaft eines Landes ist »Marketing« in der beschriebenen umfassenden Form nicht praktizierbar. So kann die Funktion 2 und hier besonders die quantitative Ausrichtung der Erzeugung auf die Nachfrage, nicht wahrgenommen werden (vgl. Abschnitt 3.5.1, S. 147). Damit entfällt auch die Möglichkeit der Preisgestaltung (Funktion 5). Außer der Werbung und der Kennzeichnung, deren Anwendungsbereiche als Gemeinschaftsaktion bereits ausführlich behandelt wurden, können weitere Funktionen nur stark eingeschränkt wahrgenommen werden. So können zur Produktgestaltung (Funktion 3) nur Empfehlungen gegeben werden, sofern nicht mit gemeinschaftlichen Mitteln der Landwirtschaft die Züchtung und die Verbreitung neuer Sorten und Arten unterstützt werden soll. Im übrigen liegt das Schwergewicht der Produktgestaltung bei dem Agrarerzeugnisse verarbeitenden Gewerbe. Schließlich kann auf das Vertriebssystem (Funktion 6) auch nur ein begrenzter Einfluß im Rahmen einer Gemeinschaftsaktion der Landwirtschaft ausgeübt werden. In vollem Umfang lassen sich jedoch die wichtigen Funktionen Marktforschung und Öffentlichkeitsarbeit (good-will-Werbung) wahrnehmen.

Zusammenfassend ist festzustellen, daß »Marketing« im eigentlichen Sinne des Begriffes, nämlich als eine Erzeugung und Absatz umfassende und aufeinander abstimmende Strategie, nicht als Gemeinschaftsaktion betrieben werden kann. Immerhin können aber über die – nur begrenzten – Möglichkeiten der Absatzwerbung hinaus wichtige Funktionen des »Marketing« ausgeübt werden. Wenn sich das zugunsten der Landwirtschaft auswirken soll, müssen die Entscheidungen über Art und Umfang der Aktivitäten allein von den berufenen Vertretern der Landwirtschaft, die dann selbstverständlich auch alleiniger Träger der »Marketing-Gemeinschaft« sein muß, getroffen werden. Handel und verarbeitendes Gewerbe kommen als Partner dieser Gemeinschaft für bestimmte Aktionen in Betracht, jedoch nicht als stimmberechtigte Mitglieder, denn sie haben zum Teil wesentlich andere Interessen als die Landwirtschaft.

3.8 Förderung eines rationellen Vermarktungswesens (Marktstrukturpolitik)

3.8.1 Volkswirtschaftliche Bedeutung einer rationellen Vermarktung

Für die Vermarktung der Agrarprodukte wird fast ebensoviel aufgewendet wie für ihre Produktion. Das Verhältnis, in dem die Verbraucherausgaben für Nahrungsmittel auf die Produktion der Agrarerzeugnisse einerseits und deren Vermarktung (einschließlich der Verarbeitung) andererseits entfallen, verändert sich laufend zugunsten der Vermarktung. Um 1950 flossen noch fast zwei Drittel der Verbraucherausgaben für im Inland erzeugte Nahrungsmittel den Landwirten zu, und ein Drittel wurde für die Distribution aufgewendet; um 1965 war das Verhältnis bereits 1:1 (vgl. Übersicht 10).

Die wichtigsten Ursachen dieser Entwicklung sind:
- Laufend werden Funktionen sowohl aus den landwirtschaftlichen Betrieben als auch aus den Haushaltungen ausgegliedert und den im Vermarktungswesen tätigen Unternehmungen zugewiesen. In der Vermarktung findet also eine Funktionsanhäufung statt, während sich in der ihr vorgelagerten und in der ihr nachgelagerten Stufe eine Funktionsentleerung vollzieht. Bei den verlagerten Funktionen handelt es sich hauptsächlich um Bearbeitung, Verarbeitung, Zubereitung und Lagerhaltung.
- Mit wachsendem Wohlstand stellen die Haushaltungen steigende Anforderungen an die Be- und Verarbeitung, die Verpackung und die Bereitstellung der Nahrungsmittel.
- Durch die Ballung der wachsenden Bevölkerung in Städten und dichtbesiedelten Industriegebieten wird der Weg der Agrarerzeugnisse vom Produzenten zum Konsumenten im Durchschnitt länger. Der direkte Verkehr zwischen Landwirt und Haushalt geht zumindest anteilsmäßig zurück, und auf den längeren Absatzwegen müssen vielfach Unternehmen zwischengeschaltet und Hilfsgewerbe zugezogen werden.

Übersicht 10

Anteil der Verkaufserlöse der Landwirtschaft der Bundesrepublik Deutschland an den Verbraucherausgaben für Nahrungsmittel (in %)

Wirtschaftsjahr	Pflanzliche Erzeugnisse						Tierische Erzeugnisse				insgesamt
	Brotgetreide und Brotgetreideerzeugnisse	Speisekartoffeln	Zuckerrüben und Zucker	Gemüse	Obst	zusammen	Schlachtvieh und Fleisch und Fleischwaren	Milch u. Milcherzeugnisse	Eier	zusammen	
1950/51	46	81	42	37	67	53	69	66	81	68	64
1955/56	43	84	44	35	51	51	67	64	85	67	62
1960/61[1])	34	70	43	34	38	41	61	62	79	63	56
1960/61[2])	24	70	39	34	38	34	59	63	85	61	54
1965/66	18	71	38	32	52	32	53	63	87	58	51
1970/71	13	62	35	27	38	26	48	65	85	55	48
1971/72	12	58	34	30	40	25	51	66	87	57	49
1972/73	12	56	36	30	55	27	53	67	84	59	51

[1]) Alte Berechnungsmethode. — [2]) Ab 1960/61 veränderte Berechnungsmethode. Die Ergebnisse – besonders die für einzelne Produktgruppen – sind mit denen für die Zeit davor nicht voll vergleichbar.
Quelle: Grüner Bericht und Grüner Plan 1967. Bundestagsdrucksache V/1400, S. 171. — Agrarbericht 1974. Bundestagsdrucksache 7/1651, S. 133.

Umfang und Güte der Leistungen, die dem Vermarktungswesen abverlangt werden, wachsen also in einer expandierenden Volkswirtschaft laufend. Sowohl mit der Vermehrung der Funktionen als auch mit der Verlängerung der Absatzwege ändert sich die Struktur des Vermarktungswesens. Dazu kommt, daß die Vermarktung bisher relativ arbeitsintensiv ist. Die Substitution menschlicher Arbeit durch Kapital ist daher in diesem Bereich der Wirtschaft besonders wirkungsvoll und vollzieht sich unter dem Druck steigender Ansprüche an die Arbeitseinkommen in schnellem Tempo. Sie erfordert ebenfalls einen Strukturwandel in fast allen Stufen der Vermarktung. Dieser Strukturwandel ist voll im Gange. Es liegt im volkswirtschaftlichen Interesse, daß er zügig vorangeht und sich dabei ein rationell arbeitendes Absatzwesen entwickelt; denn da für die Vermarktung von Agrarprodukten bereits ebensoviel aufgewendet wird wie für ihre Erzeugung, ist eine rationelle Vermarktung nicht weniger wichtig als eine rationelle Produktion.

3.8.2 Bedeutung einer rationellen Vermarktung für die wirtschaftliche Lage der Landwirtschaft

Die Preiselastizität der Nachfrage nach den meisten Agrarprodukten ist schon in der Verbraucherstufe gering. Die Nachfrageelastizitäten in bezug auf Änderungen der Erzeugerpreise sind noch weit schwächer (vgl. S. 32f.), sie liegen in der Regel zwischen 0 und —0,4. Die Preiselastizitäten des Angebotes dürften langfristig bei den meisten Produkten nicht geringer, vielfach sogar höher sein als die der Nachfrage. Die Landwirte kommen also auf längere Sicht im allgemeinen nur in den Genuß der Hälfte oder weniger als der Hälfte einer Spannensenkung und werden durch eine Spannenerhöhung meistens weniger belastet als die Konsumenten. Damit ergibt sich die Frage, ob denn die Landwirtschaft überhaupt ein wesentliches Interesse an der Höhe der Vermarktungsspanne und ihrer Entwicklung hat.

Aus drei Gründen ist die Landwirtschaft zwar nicht an niedrigen Spannen schlechthin interessiert, aber an Spannen, die im Verhältnis zu den erforderlichen Vermarktungsleistungen niedrig sind:

– Die Landwirtschaft steht mit den anderen Zweigen der Volkswirtschaft im Wettbewerb um die Kaufkraft der Konsumenten. Sie muß bestrebt sein, einen möglichst hohen Anteil dieser Kaufkraft auf sich zu lenken. Dazu werden Vermarktungsleistungen benötigt. Im allgemeinen führen höhere Vermarktungsleistungen zu höheren Verkaufserlösen für Agrarprodukte in der Verbraucherstufe (zu höheren Verbraucherausgaben für Agrarprodukte). An einer Steigerung der Erlöse in der Verbraucherstufe ist die Gesamtheit der Landwirte allerdings nur interessiert, bis der Grenzerlös abzüglich der dafür beanspruchten Vermarktungsspanne noch die Grenzkosten der Produktion deckt. Je preiswerter die Vermarktungsleistungen vollbracht werden, um so höher liegt dieser Punkt, d. h. um so größer ist der Anteil der Konsumentenkaufkraft, den die Landwirtschaft für sich in Anspruch nehmen kann. Die Landwirtschaft ist daher an einem Vermarktungswesen interessiert, das hohe Leistungen billig anbietet.
– Eine leistungsfähige, billig arbeitende Vermarktung stärkt die Wettbewerbsfähigkeit der inländischen Landwirtschaft gegenüber dem Auslandsangebot. Bisher konnte unterschiedliche Rationalität der Vermarktung im Inland und im Ausland weitgehend durch den Außenhandelsschutz ausgeglichen werden. Im Gemeinsamen Markt ist das gegenüber dem Angebot aus den Partnerländern nicht mehr möglich.

– Bei rationeller Vermarktung wirken sich Veränderungen der Marktlage nicht nur in den Erzeuger- und Marktpreisen, sondern auch in den Verbraucherpreisen prompt oder mit nur geringer Verzögerung aus. Das Auffangen von Marktschwankungen in der Spanne, das die Preiselastizität der Nachfrage in der Erzeugerstufe stark herabsetzt und das Preisrisiko der Produzenten entsprechend erhöht (vgl. S. 32f.), wird weitgehend verhindert.

3.8.3 Instrumente der Marktstrukturpolitik

In einer Marktwirtschaft ist der *Wettbewerb* die entscheidende Kraft, welche bewirkt, daß sich die Struktur des Vermarktungswesens für Agrarprodukte – ebenso wie die Struktur der anderen Wirtschaftszweige – den sich in einer wachsenden Volkswirtschaft laufend wandelnden Bedingungen anpaßt. Die Förderung eines funktionsfähigen Wettbewerbs zwischen den Unternehmungen der gleichen Handelsstufe und die Sorge für eine ausgeglichene Marktstellung der Kontrahenten in aneinandergrenzenden Handelsstufen sind daher die wichtigsten – wenn auch nur mittelbar wirksamen – Maßnahmen der Marktstrukturpolitik.

Natürlich kann auch unmittelbar Einfluß auf die Entwicklung der Marktstruktur ausgeübt werden. Das geschieht durch die *Rechtsetzung* und durch die *finanzielle Förderung von Vermarktungsformen und -einrichtungen*, die man für zweckmäßig hält. Durch das Recht, besonders durch das Handelsrecht, werden Normen gesetzt, die für die Entwicklung der Strukturen von entscheidender Bedeutung sind. Hierauf kann an dieser Stelle nicht im einzelnen eingegangen werden. Materielle Anreize zur Änderung der Marktstruktur werden in vielfältiger Form gegeben, nämlich

– durch Steuerbegünstigung;
– durch verlorene Zuschüsse oder verbilligten Kredit für Investitionen in Vermarktungseinrichtungen (z. B. Lagereinrichtungen, Molkereien, Schlachthäuser). Die Gewährung solcher Hilfen wird häufig an bestimmte Auflagen gebunden;
– durch Stillegungsprämien;
– durch Subventionierung von Organisationen, die sich zu bestimmten Tätigkeiten verpflichten und von denen man erwartet, daß sie einen günstigen Einfluß auf die Marktstruktur und die Vermarktung ausüben werden (z. B. Erzeugergemeinschaften).

Solche Zuwendungen aus öffentlichen Mitteln können die Wettbewerbsverhältnisse wesentlich verändern. Es muß deshalb darauf geachtet werden, daß sie möglichst wettbewerbsneutral vergeben werden. Sie nehmen den Empfängern das mit bestimmten Entscheidungen verbundene Risiko ganz oder teilweise ab und beseitigen dadurch Hemmungen, die einer für zweckmäßig gehaltenen Entwicklung entgegenstehen. Bei zu starker Dosierung führen sie aber zu Fehlentwicklungen, besonders Fehlinvestitionen. Sie sollten deshalb grundsätzlich nur vorsichtig und mit großer Zurückhaltung angewendet werden.

3.8.4 Maßnahmen zur Förderung eines funktionsfähigen und ausgeglichenen Wettbewerbs

Wie bereits ausgeführt, wird sich die Entwicklung des Vermarktungswesens nur dann in der sowohl vom gesamtwirtschaftlichen Gesichtspunkt als auch vom Standpunkt der Landwirte wünschenswerten Weise vollziehen, wenn die Vermarktungsunternehmungen jeder Handelsstufe die notwendigen Leistungen unter Wettbewerb vollbringen müssen und wenn die Marktstellung der Unternehmen in aneinandergrenzenden Handelsstufen annäherungsweise ausgeglichen ist.

Dieser Zustand stellt sich jedoch nicht von selbst ein; denn die beteiligten Unternehmungen sind natürlich mehr daran interessiert, sich eine möglichst günstige Position sowohl gegenüber ihren Konkurrenten als auch gegenüber ihren Kontrahenten in den vor- und nachgelagerten Stufen zu sichern, also sich dem Wettbewerb zu entziehen, als sich ihm zu stellen. Damit stellt sich die Frage, auf welche Weise der Wettbewerb in der Vermarktung von Agrarprodukten gefördert werden kann.

Wie schon bei der Erörterung der Konkurrenzverhältnisse zwischen Anbietern dargelegt worden ist (S. 57f.), müssen mehrere Bedingungen erfüllt sein, wenn hochgradiger Wettbewerb herrschen soll:

1. Jeweils mehrere Unternehmen müssen das gleiche Gut anbieten oder nachfragen. Ihre Zahl spielt eine Rolle, ist aber keineswegs allein ausschlaggebend für den Wettbewerbsgrad. Wichtiger ist, daß die betreffenden Unternehmen in Konkurrenz miteinander stehen; das heißt, jeder Verkäufer (Käufer) muß glauben, daß sein Absatz (Bezug) u. a. auch von dem Verhalten der anderen Verkäufer (Käufer) abhängt. Dazu ist vor allem notwendig, daß der Markt transparent und der Zugang neuer Unternehmen nicht ernstlich behindert ist.
2. Für die Wettbewerbsverhältnisse ebenso wichtig wie das Verhalten der Konkurrenten, also der Unternehmen, die auf der gleichen Stufe tätig sind, ist das Verhalten der Kontrahenten, also der auf der vorgelagerten und auf der nachgelagerten Stufe tätigen Unternehmen (oder Haushaltungen). Dabei kommt es auf vier Dinge an:
   a) Indifferentes Verhalten gegenüber den potentiellen Kontrahenten.
   Bei den Käufern eines Gutes dürfen keine persönlichen, ideologischen oder sonstigen durch den geplanten Kauf nicht begründeten Präferenzen gegenüber den Anbietern bestehen. Ebensowenig dürfen die Verkäufer eines Gutes einen der Nachfrager oder eine bestimmte Art von Nachfragern aus derartigen Gründen bevorzugen.
   b) Warenkenntnis.
   Die Käufer müssen die ihnen angebotenen Güter richtig beurteilen können. Ebenso müssen die Verkäufer in der Lage sein, die von ihnen selbst angebotenen Güter richtig zu beurteilen.
   c) Markttransparenz.
   Die Käufer und die Verkäufer müssen über die Marktlage informiert sein; sie müssen wissen, zu welchen Bedingungen das von ihnen nachgefragte (angebotene) Gut gehandelt wird. Insbesondere müssen die Käufer die Angebote der für sie in Betracht kommenden Verkäufer kennen; ebenso müssen die Verkäufer die Kaufgebote der für sie in Betracht kommenden Abnehmer kennen.
   d) Umsatzhöhe.
   Das Verhältnis der Umsatzgrößen zweier Kontrahenten kann ebenfalls deren Verhalten beeinflussen. In der Regel befindet sich der Umsatzstärkere in einer überlegenen Verhandlungsposition. Es kommt darauf an, hierfür einen Ausgleich zu schaffen.

Wettbewerbsfördernde Maßnahmen sind demnach:
— Gründung von Unternehmungen, wenn in einer Vermarktungsstufe örtlich oder regional zu wenige vorhanden sind oder sich die vorhandenen nicht als Konkurrenten verhalten; außerdem gesetzliche Maßnahmen gegen Konkurrenzbeschränkung.

- Beseitigung von Präferenzen der Käufer gegenüber Anbietern und der Verkäufer gegenüber Nachfragern.
- Verbesserung der Warenkenntnis bei allen Marktbeteiligten.
- Verbesserung der Markttransparenz für alle am Markt Beteiligten.
- Stärkung der Verhandlungsposition (bargaining power) relativ umsatzschwacher Kontrahenten.

Diese fünf Gruppen von wettbewerbsfördernden Maßnahmen sollen nacheinander erörtert werden.

3.8.4.1 *Gründung konkurrierender Unternehmungen*

Die Gründung von Unternehmungen, sofern sie eigens und bewußt zur Hebung des Wettbewerbs vorgenommen wird, erfolgt durch diejenigen, die sich durch den Mangel an Wettbewerb beeinträchtigt fühlen, nämlich durch die Unternehmungen in vorgelagerten oder nachgelagerten Stufen. In der Regel werden Gemeinschaftsunternehmungen gegründet, wobei die Rechtsform der Genossenschaft vorherrscht.

So haben die Landwirte in der ihnen unmittelbar vorgelagerten und nachgelagerten Stufe genossenschaftliche Unternehmungen

für den Bezug von Produktionsmitteln,
für den Absatz ihrer Erzeugnisse (Erfassungshandelsunternehmen) und
für die landwirtschaftsnahe Be- und Verarbeitung (z. B. Molkereien, Zuckerfabriken, Versandschlachtereien)

geschaffen.

Sie sind auch über die unmittelbar vorgelagerte und nachgelagerte Stufe hinausgegangen und haben in Form der Zentralgenossenschaften Großhandelsunternehmungen für Produktionsmittel und Erzeugnisse der Landwirtschaft gegründet, die sich z. T. auch im Außenhandel betätigen.

Auf der anderen Seite der Handelskette haben sich die Konsumenten zu Konsumgenossenschaften zusammengeschlossen und haben Unternehmungen geschaffen, die sich im Einzelhandel, im vorgelagerten Verteilergroßhandel und z. T. auch in der Ernährungsindustrie und im Importhandel betätigen.

Der mittelständische Lebensmitteleinzelhandel und das Ernährungshandwerk (Bäcker, Fleischer) haben Einkaufsgenossenschaften gegründet, sind also mit Gemeinschaftsunternehmungen in die ihnen vorgelagerte Stufe des Verteilergroßhandels eingedrungen. Wenn die Transportkosten oder -möglichkeiten das Überschneiden der Einzugsgebiete mehrerer Unternehmungen nicht erlauben, können monopsonartige Stellungen allerdings nicht durch Gründung von Konkurrenzunternehmungen beseitigt werden. So können z. B. Molkereien, Zuckerfabriken sowie Betriebe für die Konservierung und Verarbeitung von Gemüse und Obst in den meisten Fällen nicht in Konkurrenz um den Bezug der benötigten Rohprodukte miteinander gebracht werden, weil die Transportfähigkeit oder Transportwürdigkeit dieser Erzeugnisse zu gering ist. In solchen Fällen bestehen aber oft andere Möglichkeiten, solche Unternehmungen am Mißbrauch ihrer starken Marktstellung zu hindern. Dazu gehören Preis- oder Leistungsvergleiche mit anderen Unternehmungen gleicher Art und der Zusammenschluß der Rohstofflieferanten zwecks Stärkung ihrer Verhandlungsposition (vgl. weiter unten die Abschnitte 3.8.4.4 und 3.8.4.5).

In weniger dichtbesiedelten Wohngebieten stehen die Einzelhandelsgeschäfte, insbesondere der Facheinzelhandel (Bäcker, Fleischer, Gemüse- und Obstfachgeschäfte) oft unzureichend in Wettbewerb miteinander, weil das einzelne Geschäft allein durch seine Lage eine ausgeprägte Präferenz bei einem bestimmten Käuferkreis genießt. Weitere Geschäfte am gleichen Standort zu gründen, ist wegen der geringen Nachfragedichte nicht möglich. In solchen Fällen kann mitunter durch Einrichtung von Wochenmärkten Abhilfe geschaffen werden. Leistungsfähige »ambulante« Einzelhändler treten regelmäßig begrenzte Zeit als Konkurrenten auf, wodurch meistens auch der standortgebundene Einzelhandel zu höheren Leistungen gezwungen wird. GOTTLIEB DUDWEILER, der tatkräftige Förderer des Wettbewerbs im schweizerischen Lebensmitteleinzelhandel, kam auf den Gedanken, Lastautos zu fahrbaren Einzelhandelsgeschäften auszurüsten und zu regelmäßigen Zeiten an bestimmten Standpunkten in den Wohngebieten der Städte erscheinen zu lassen, um den stationären Einzelhandel zum Wettbewerb zu zwingen.

Wie diese Beispiele zeigen, gibt es recht unterschiedliche Möglichkeiten, den Wettbewerb durch Gründen neuer oder durch Herbeiziehen bestehender Unternehmen zu verstärken. Es sei aber ausdrücklich darauf hingewiesen, daß die Gründung neuer Gemeinschaftsunternehmungen auf genossenschaftlicher oder anderer Rechtsgrundlage nur dort sinnvoll ist, wo notwendige Leistungen nicht oder nur zu unangemessenen Bedingungen und Preisen angeboten werden; denn nur dort kann ein Gemeinschaftsunternehmen bessere Leistungen vollbringen als die schon zur Verfügung stehenden. Wo leistungsfähige Einzelunternehmungen in Wettbewerb miteinander stehen, vermag die Gründung von Gemeinschaftsunternehmen in der Regel nichts zu verbessern.

Aber auch bei Gemeinschaftsunternehmungen erlahmt der Leistungswille, wenn er nicht durch Wettbewerb wachgehalten wird. Die Landwirte sollten daher nicht die Alleinherrschaft ihrer Gemeinschaftsunternehmungen auf den Märkten ihrer Erzeugnisse anstreben, wenn nicht erhebliche Kostenvorteile durch Konzentration dabei zu erzielen sind. Die Möglichkeit, daß die landwirtschaftlichen Absatzgenossenschaften eine beherrschende Stellung auf ihren Absatzmärkten erlangen, die ihnen eine monopolistische Angebots- und Preispolitik zugunsten der Landwirte erlaubt, besteht praktisch nicht. Dagegen können Absatzgenossenschaften bei solchen Bestrebungen verhältnismäßig leicht die Stellung eines Monopsonisten gegenüber den Landwirten bekommen, was sich auf die Dauer nur ungünstig für letztere auswirken würde.

In diesem Zusammenhang stellt sich auch die Frage, ob oder unter welchen Umständen es zweckmäßig und gerechtfertigt ist, gemeinschaftliche Unternehmungen in der Agrarvermarktung, insbesondere Genossenschaften von Landwirten, Erzeugergemeinschaften und dgl., durch Privilegierung und Subventionierung zu begünstigen. Die Antwort ergibt sich eigentlich bereits aus dem soeben Gesagten: Nur wo es an Wettbewerb zwischen leistungsfähigen Unternehmungen mangelt oder notwendige Leistungen überhaupt nicht angeboten werden, ist die Neugründung von Gemeinschaftsunternehmungen zweckmäßig, und infolgedessen ist von vornherein auch nur in solchen Fällen deren rechtliche oder materielle Begünstigung am Platze. Eine Aussage über die Zweckmäßigkeit oder Unzweckmäßigkeit der Begünstigung von Gemeinschaftsunternehmungen mit bestimmter Rechtsform und Zielsetzung kann also nur von Fall zu Fall, aber nicht allgemein gemacht werden.

Als wettbewerbsfördernde Maßnahme ist auch die Verhinderung von Wettbewerbsbeschränkungen anzusehen, wie sie durch das Gesetz gegen Wettbewerbsbeschränkungen vom 27. Juli 1957 (»Kartellgesetz«) angestrebt wird. Kartellverträge und Kartellbeschlüsse, die geeignet sein könnten, den Wettbewerb zu beschränken, werden durch dieses Gesetz verboten oder unter Mißbrauchskontrolle gestellt. Das Gesetz richtet sich jedoch nicht nur gegen die vertragliche Ausschaltung des Wettbewerbs zwecks Marktbeherrschung, sondern sieht auch eine Mißbrauchskontrolle des Kartellamts gegenüber Unternehmungen mit marktbeherrschender Stellung vor.

3.7.4.2 *Abbau von Präferenzen*

Es gibt viele Gründe für die Bevorzugung bestimmter Kontrahenten gegenüber ihren Konkurrenten, auch wenn sie gleichwertige Angebote oder Kaufgebote machen. Der häufigste Grund ist vermutlich günstigere Lage (kürzere Entfernung); sie kann jedoch im Preis frei Käufer oder ab Verkäufer mit zum Ausdruck gebracht werden und braucht deshalb hier nicht weiter erörtert zu werden.
Eine häufige Ursache hoher, stark wettbewerbsverzerrender Präferenz ist *Kreditabhängigkeit*. Ein Gläubiger-Schuldner-Verhältnis kann in beiderlei Richtung bestehen; der Lieferant (Verkäufer) kann bei einem Abnehmer verschuldet sein und der Abnehmer (Käufer) kann bei einem Lieferanten verschuldet sein. Ist der Schuldner auf den Kredit seines Handelspartners angewiesen oder glaubt er auch nur, es zu sein, so kann er die Lieferbeziehung zu ihm nicht mehr lösen, auch wenn ihm zu niedrige Preise geboten oder zu hohe Preise abverlangt werden.
Landwirte sind nicht selten bei den Handelsfirmen, mit denen sie in Geschäftsbeziehungen stehen, verschuldet. Vielfach handelt es sich bei den Firmen um Lieferanten von Produktionsmitteln, die zugleich Abnehmer der Agrarprodukte sind; die Verschuldung kann aber auch durch Aufnahme von Barkredit bei sogenannten Erfassungsunternehmen entstehen. In beiden Fällen ist dem Landwirt dadurch in der Regel die Möglichkeit genommen, zwischen den potentiellen Abnehmern seiner Erzeugnisse zu wählen, also vom günstigsten Kaufgebot Gebrauch zu machen. Die Abhängigkeit kann so weit gehen, daß ihm der Verkaufstermin oder sogar die zu liefernde Ware (z. B. ausgewählte Stücke des Viehs) vom Abnehmer diktiert werden. Zur Zeit RAIFFEISENS war die Kreditabhängigkeit der Landwirte vom Handel besonders in bestimmten Gebieten mit klein- und mittelbäuerlicher Struktur verbreitet und wurde zum Teil vom Handel parasitär ausgenutzt. Mit den Kreditkassen, also durch die Schaffung günstigerer, vor allem vom Warengeschäft unabhängiger Möglichkeiten der Kreditaufnahme, hat Raiffeisen mit Erfolg diese Kreditabhängigkeit zu brechen gesucht.
Auf den Schlachtviehmärkten bestand früher – um ein weiteres Beispiel anzuführen – eine weitgehende Kreditabhängigkeit der sogenannten Ladenfleischer von ihren Vieh- und Fleischlieferanten, also den Schlachtviehhändlern und Großschlächtern. Auch hier hat man den kapitalschwachen Ladenfleischern zunächst günstigere Kreditmöglichkeiten durch Gründung besonderer Institute, der Fleischerbanken, geboten. Gleichzeitig hat man aber die Entstehung von Gläubiger-Schuldner-Verhältnissen zwischen Lieferanten und Abnehmern durch Einführung des Sofortzahlungszwangs auf den öffentlichen Schlachtviehmärkten unterbunden; die Käufer von Schlachtvieh müssen die übernommene Ware am Markttag in bar oder durch Bankanweisung bezahlen.
Die Instrumente zur Bekämpfung wettbewerbsverzerrender Kreditabhängigkeiten sind also

- die Schaffung günstigerer, solider, den jeweiligen Bedürfnissen angepaßter Kreditierungsmöglichkeiten, die vom Warengeschäft unabhängig sind;
- das Verbot der Koppelung von Warengeschäft und Kreditgeschäft, wo dies möglich ist, wie z. B. auf organisierten Märkten.

Selbstverständlich ist es nicht möglich, sämtliche störenden, durch Kreditabhängigkeit bedingten Präferenzen auf diese Weise zu beseitigen. Wohl ließe sich aber manchem Mißstand vorbeugen, wenn man von den beiden Instrumenten stärker und zielbewußter Gebrauch machen würde. Auch die Koppelung von Kredit- und Warengeschäft im Genossenschaftswesen sollte unter diesem Gesichtspunkt überprüft werden.

Eine weitere Ursache von wettbewerbsbehindernden Präferenzen sind *Ideologien*. Ein Beispiel hierfür ist die Vorstellung, daß der Landwirt beim Warenbezug und -absatz grundsätzlich den genossenschaftlichen Unternehmungen den Vorzug vor allen anderen zu geben habe. Ähnliche Vorstellungen wurden früher unter bestimmten, meistens sozialistisch eingestellten Konsumentenkreisen gegenüber den Konsumgenossenschaften zu schaffen gesucht. Allerdings hat der Appell an bestimmte Verkäufer- oder Käuferschichten zur »Treue« gegenüber ihrer Genossenschaft unter bestimmten Umständen volle Berechtigung. Wenn ein genossenschaftliches Unternehmen gegründet wird, um die bestehenden Unternehmen durch stärkeren Wettbewerb zu zwingen, ihre Leistungen billiger anzubieten, so hat dieses genossenschaftliche Unternehmen nicht nur gewisse Anfangsschwierigkeiten zu überwinden, sondern stößt in der Regel auch noch auf Kampfmaßnahmen der bestehenden Unternehmen. In solcher Situation ist die Treue zur Genossenschaft, d. h. zeitweiliger Verzicht auf die Wahrnehmung günstigerer Kauf- oder Verkaufsgelegenheiten am Platze; denn diese günstigeren Gelegenheiten sind ja nur das Ergebnis zeitlich begrenzter Kampfmaßnahmen, die die Wiederherstellung des alten Zustandes zum Ziel haben. Hat ein genossenschaftliches Unternehmen dieses Entwicklungsstadium überwunden und sich am Markt durchgesetzt, so dient es seiner eigentlichen Aufgabe am besten, wenn es sich dem Wettbewerb stellt und auf ideologisch unterbaute Treueappelle sowie auf das Streben nach Ausschließlichkeit (»Andienungspflicht«) verzichtet. Solche Präferenzen stärken weniger die Leistungsfähigkeit der Genossenschaft für ihre Mitglieder als die Unabhängigkeit der Geschäftsführung vom Willen der Genossen. Die Genossenschaft »bekommt ein Eigenleben«.

Es muß allerdings zugegeben werden, daß eine gewisse Unabhängigkeit der Geschäftsführung von dem Willen der Genossen in manchen Fällen der Sache dienlich wäre; nämlich dann, wenn die Mehrheit der Genossen aus einem zu engen Gesichtskreis heraus urteilt und daher zu weitsichtigen Entscheidungen nicht fähig ist. Das ist vor allem bei überwiegend kleinbäuerlicher Struktur der Landwirtschaft der Fall. Andererseits ist zu bedenken, daß die Führung der Geschäfte moderner, leistungsfähiger genossenschaftlicher Vermarktungsunternehmungen für die Landwirte in der Regel nicht mehr voll übersehbar ist. Im Gegensatz zur Zeit RAIFFEISENS ist sie dadurch der unmittelbaren Kontrolle durch die Genossen weitgehend entzogen. Als wichtigstes Kontrollmittel bleibt den Landwirten nur der Vergleich der Leistungen ihrer Genossenschaft mit denen gleichartiger Unternehmungen, sowie die Möglichkeit, zwischen den angebotenen Leistungen zu wählen.

Weitere wichtige Ursachen von Präferenzen zugunsten bestimmter Kontrahenten sind familiäre und sonstige persönliche Bindungen. Gegen sie gibt es aber ebensowenig wie gegen Gewohnheit, Trägheit und Snobismus wirksame Mittel.

3.8.4.3 Warenkenntnis

Mangelnde Warenkenntnis ist vor allem beim ersten und beim letzten Glied der Vermarktungskette, bei den Landwirten und bei den Konsumenten, anzutreffen. Die Landwirte haben im Vergleich zu ihren Kontrahenten, den Händlern und Verarbeitern, erheblich weniger Übung in der Warenbeurteilung, weil ihre Umsatzmenge viel kleiner und ihre Umsatzgeschwindigkeit sehr viel geringer ist. Bei den Hausfrauen nimmt das Beurteilungsvermögen laufend ab, weil der Berufsausbildung der weiblichen Jugend zunehmend größere Bedeutung beigemessen wird als der hauswirtschaftlichen Ausbildung, und weil die jungen Hausfrauen in den ersten Ehejahren, in denen sie sich als Kinderlose oder Kinderarme bessere hauswirtschaftliche Kenntnisse aneignen könnten, oft noch berufstätig sind. Bei hohen Löhnen erscheint es leichter und einfacher, den Lebensstandard durch Berufstätigkeit der Ehefrau, also durch Gewinnung zusätzlichen Einkommens, zu verbessern als durch sorgfältiges, gut überlegtes Verwenden des Einkommens. Schließlich läßt das Interesse am sparsamen Einkaufen und damit an der sorgfältigen Qualitätsbeurteilung mit steigendem Wohlstand ohnehin nach.

In Anbetracht der Ursachen der mangelnden Warenkenntnis sind durch Beratung und Schulung sowohl bei den Landwirten als auch bei den Hausfrauen nur begrenzte Erfolge zu erwarten. Die Warenbeurteilung kann jedoch durch Festlegung von Handelsklassen (Qualitätsnormen) sowie Klassifizierung und Kennzeichnung der Ware zumindest erheblich erleichtert, z. T. sogar ersetzt werden.

Da die Merkmale, nach denen die Ware zu klassifizieren ist, genau beschrieben sein müssen, kann sich der Landwirt bei manchem seiner Produkte mit Hilfe dieser Beschreibungen ein besseres Beurteilungsvermögen verschaffen. Bei anderen Produkten können aber entscheidende Qualitätsmerkmale nur mit Hilfe besonderer Einrichtungen oder nach Veränderung der Ware beurteilt werden. So können bestimmte Qualitätsmerkmale der Milch nur im Laboratorium ermittelt werden; zur Feststellung des Feuchtigkeitsgehaltes des Getreides, des Zuckergehalts der Rüben und des Stärkegehalts der Kartoffeln sind spezielle Apparaturen nötig; eine einwandfreie Beurteilung der Schlachtqualität des Viehs ist erst nach der Schlachtung möglich. Dazu kommt, daß sich die Mechanisierung von Sortiervorgängen in der Regel nur für größere Mengen lohnt, als sie der einzelne Landwirt verfügbar hat. Alle diese Gründe führen dazu, daß der Landwirt die Klassifizierung seiner Produkte zunehmend nicht mehr selbst durchführen kann, sondern dies seinem Abnehmer, einem Erfassungs- oder Verarbeitungsunternehmen, überlassen muß.

Soweit die Klassifizierung nicht durch vereidigte Sachverständige (Klassifizierer) erfolgt oder amtlich kontrolliert wird, was bisher die Ausnahme ist, sollten die Landwirte von sich aus stichprobenweise Kontrollen durchführen. Da es weder zweckmäßig noch möglich ist, daß sich jeder einzelne Landwirt die hierzu notwendige Kenntnis und Übung verschafft, könnten Erzeugergemeinschaften diese Funktion mit übernehmen. Nach allgemeiner Auffassung sollen Erzeugergemeinschaften unter anderem die qualitative Ausrichtung der Produktion ihrer Mitglieder auf die Bedürfnisse des Marktes fördern, indem sie für die einheitliche Anwendung bestimmter Sorten und Rassen sowie für die Einhaltung bestimmter Produktionsnormen in ihrem Gebiet sorgen. Das ist nur nach Abstimmung mit den potentiellen Abnehmern der Produkte möglich, erfordert also ohnehin eine enge und vertrauensvolle Zusammenarbeit mit den Erfassungs- und Verarbeitungsunternehmen in ihrem Gebiet. Sowohl die zuständigen staatlichen Organe als auch die der landwirtschaftlichen Selbstverwaltung sollten jedoch der Kontrolle der Klassifizierung von Agrarprodukten durch Ausbildung, laufende Schulung und Einsatz von vereidigten Kontrolleuren stärkere Aufmerksamkeit widmen. Dies wird in Zukunft mindestens die gleiche Bedeutung haben, wie es bisher schon die Bereitstellung vereidigter Wieger und amtlicher Waagen sowie die Kontrolle von Meßgeräten durch Eichung haben.

Für die Konsumenten ist die Klassifizierung und Kennzeichnung der Ware sowie die Kontrolle der Klassifizierung mindestens von ebensogroßer Bedeutung wie für die landwirtschaftlichen Produzenten. Die meisten Agrarprodukte werden dem Konsumenten in verarbeiteter Form angeboten. Bei diesen Produkten beherrschen die Marken das Bild. Marken sind Standards, die von Verarbeitungs- oder von Handelsunternehmen geschaffen worden sind. Das Angebot von Markenartikeln wird im allgemeinen durch intensive Konsumentenwerbung unterstützt. Wenn sich die Werbung darauf beschränkt, die potentiellen Käufer über die durch die Marke garantierten Eigenschaften der Ware objektiv zu informieren, erleichtern Marken und Werbung dem Konsumenten die Qualitätsbeurteilung. Die Werbung der Produzenten und Händler ist jedoch keineswegs immer auf objektive Information der Konsumenten abgestellt. Im allgemeinen sollen mit Hilfe der Werbung bei den Käufern Präferenzen zugunsten der durch die Marke gekennzeichneten Produkte erzeugt werden. Im extremen Fall wird ein »Meinungsmonopol« angestrebt. Haben solche Bestrebungen Erfolg, so führen sie zu falscher Qualitätsbeurteilung durch die Käufer, wirken also wettbewerbsmindernd. Das geeignete Gegenmittel wären umfangreiche Warentests zur Überprüfung, inwieweit die Aussagen der Werbung mit der Wirklichkeit übereinstimmen. Das Testen könnte durch öffentliche Institute oder durch Einrichtungen von Konsumentenverbänden vorgenommen werden. Auch Privatunternehmungen haben sich dieser Aufgabe angenommen. Bisher ist noch umstritten, welche Trägerschaft am zweckmäßigsten ist.

3.8.4.4 *Markttransparenz*

Unter Markttransparenz versteht man die Überschaubarkeit aller Marktbedingungen für die Marktbeteiligten. Der Markttransparenz dienen alle Informationen über den Umfang von Angebot und Nachfrage in bezug auf ein Gut und dessen Substitute. Für den einzelnen Marktbeteiligten genügt es nicht, den Umfang von Angebot und Nachfrage an seinem Standort zu kennen, er muß auch einen Überblick über die Verhältnisse an anderen Orten haben, von oder zu denen die betrachteten Güter wirtschaftlich verbracht werden können. Sind die Güter lagerfähig, so interessiert auch die Entwicklung von Angebot und Nachfrage innerhalb der möglichen Lagerzeit. In solchen Fällen ist natürlich die Kenntnis der Bewegungs- und der Lagerkosten ebenfalls notwendig.

Vollständige Markttransparenz besteht also nur für denjenigen, der über zahlreiche Informationen verfügt. Der Umfang der notwendigen Informationen wächst mit der Ausdehnung des Marktes nach Sortiment, Raum und Zeit, also
– mit der Zahl der Qualitäten und der Substitute;
– mit der Transportfähigkeit und -würdigkeit der in Betracht kommenden Güter, die ihrerseits mit der Entwicklung des Transportwesens zunimmt;
– mit der Lagerfähigkeit der in Betracht kommenden Güter, die mit der Entwicklung der Konservierungs- und Lagerungstechnik zunimmt.

Die älteste Maßnahme zur Schaffung von Markttransparenz ist die Veranstaltung von örtlichen Märkten. Bei geringer Entwicklung des Transportwesens hatten die örtlichen

Märkte für Agrarprodukte nur Bedeutung für eng begrenzte Räume. Sie wurden meistens an größeren Verbrauchsplätzen von den Stadtverwaltungen veranstaltet und geregelt. Praktisch sämtliche potentiellen Anbieter und Nachfrager des Marktgebietes kamen zu den festgesetzten Marktzeiten zusammen. Die Anbieter führten die feilzuhaltende Ware mit sich. Die Handelsbedingungen – wie Maße und Gewichte, nach denen gehandelt wurde, Qualitätsbezeichnungen, Zahlungsmodalitäten – wurden vom Veranstalter festgelegt und kontrolliert. Jeder Teilnehmer konnte sich aus eigener Anschauung und durch Kontaktgespräche mit den potentiellen Kontrahenten einen Überblick über den Umfang und das Verhältnis von Angebot und Nachfrage, also über die Marktlage, verschaffen.

Mit der räumlichen Ausdehnung der Märkte im Zuge der Verbesserung der Transportverhältnisse trat eine Spezialisierung der Marktveranstaltungen ein. Es bildeten sich *Ankauf-, Sammel- oder Versandmärkte* (primary markets, shipping markets) in Erzeugernähe, *zentrale Umschlagsmärkte,* an denen große Warenpartien zusammengeführt, u. U. sortiert und dann an die *Verteilergroßhandelsmärkte* weitergegeben wurden; schließlich wurde die Ware auf den *Einzelhandelsmärkten* den Haushaltungen angeboten.

Vollständige Markttransparenz besteht nur für denjenigen, der Angebot und Nachfrage auf allen Marktstufen zu übersehen vermag. Die Zahl der für vollständige Transparenz erforderlichen Informationen wächst also mit der räumlichen Ausdehnung der Märkte.

In gleicher Richtung wirkt die zeitliche Ausdehnung der Märkte. Um die künftige Entwicklung von Angebot und Nachfrage beurteilen zu können, werden Informationen benötigt
– über den Umfang der Vorräte in den verschiedenen Handels- und Verarbeitungsstufen,
– über den Umfang der Produktionseinleitung (z. B. bestellte Fläche, Sauenbedeckungen, Bruteiereinlagen),
– über die Entwicklung der eingeleiteten Produktion (z. B. Wachstumsstand der Feldfrüchte, Ferkelgeburten, Kälbergeburten, Aufzucht von Kälbern, geschlüpfte Küken),
– über den voraussichtlichen Ausstoß,
– über den Trend der Nachfrage,
– über jahreszeitliche Nachfrageschwankungen
und vieles andere mehr.

Mit der räumlichen und zeitlichen Ausweitung der Märkte wächst auch die Zahl der Substitute und Surrogate, weil ähnliche Erzeugnisse aus anderen Klimazonen an den Markt kommen, und es nimmt die Zahl der Qualitäten zu, weil Konservierung und Lagerung die Qualität beeinflussen.

Die für vollständige Markttransparenz notwendigen Informationen werden infolgedessen so zahlreich und mannigfaltig, daß sie allenfalls noch von Großunternehmungen beschafft und ausgewertet werden können. Überließe man die Entwicklung sich selbst, so käme es in bestimmten Sparten des Vermarktungswesens zu starker Unternehmenskonzentration und damit zu Wettbewerbsschwund. Das wäre gegen das öffentliche Interesse. Infolgedessen besteht nicht nur ein Interesse, sondern eine Verpflichtung der öffentlichen Hand, helfend einzugreifen. Sie kann das hauptsächlich durch zwei Maßnahmen:
1. Durch Bereitstellung und soweit möglich auch durch Auswertung der für die Markttransparenz wichtigen Daten. Dazu gehört u. a.
   – die Erstellung von Statistiken über die Einleitung und den Ablauf des Produktionsprozesses, über die Produktion, über Lagerhaltung, Verarbeitung und Verbrauch sowie über den Außenhandel,
   – die Marktberichterstattung,

– die Marktforschung (Erforschung der Bedeutung der einzelnen Fakten für den Marktablauf).
2. Durch Vorsorge für eine faire, alle vorhandenen einschlägigen Daten berücksichtigende Preisbildung. Was die Marktbeteiligten aus der Fülle der für vollständige Markttransparenz erforderlichen Daten entnehmen wollen, ist letzten Endes nur die Antwort auf eine einzige Frage. Handelt es sich um den Anbieter eines Gutes, so lautet sie: Welches ist der höchste Preis, den ich fordern darf, wenn ich meine Ware absetzen will? Für den Nachfrager lautet sie entsprechend: Welches ist der niedrigste Preis, den ich bieten muß, wenn ich meinen Bedarf decken will? Beide Preise sind identisch, denn es handelt sich um den Gleichgewichtspreis. Es kommt also darauf an, gut organisierte Marktveranstaltungen zu schaffen, in denen sich Preise bilden, die dem Gleichgewichtspreis möglichst nahe kommen, diese Preise einwandfrei zu notieren und öffentlich bekannt zu machen. Eine unerläßliche Voraussetzung ist, daß die Qualität des Gutes und die sonstigen Konditionen, für die die Preise gelten, eindeutig angegeben werden und möglichst einheitlich im gesamten Marktraum angewandt werden. Deshalb hat die Festlegung von Handelsklassen und Handelsbedingungen entscheidende Bedeutung für die Markttransparenz.

Die Einrichtungen für die Preisbildung (Marktveranstaltungen u. dgl.) müssen den spezifischen Bedingungen bei den einzelnen Produkten Rechnung tragen. Sie sind daher für die einzelnen Produkte unterschiedlich und müssen den sich ändernden Bedingungen angepaßt werden.

3.8.4.5 *Stärkung der Verhandlungsposition umsatzschwacher Kontrahenten*

Zu den realtiv – d.h. im Vergleich zu den Abnehmern ihrer Erzeugnisse und zu den Lieferanten ihrer Produktionsmittel – umsatzschwachen Gruppen gehören zweifellos die Landwirte. Das ergibt sich aus der Marktform des Polypols. Bei den Landwirten handelt es sich um eine große Zahl durchweg kleiner Produzenten, die meistens ein breites Sortiment von Produkten erzeugen und anbieten (vgl. Abschnitt 2.3). Diese starke Zersplitterung des Angebots beeinträchtigt von vornherein ihre Marktstellung. Ist zudem der Wettbewerb unter ihren Abnehmern unzulänglich, was bei wenig transportfähigen und -würdigen Erzeugnissen, die in der Nähe des Erzeugungsstandortes verarbeitet werden müssen (wie z.B. Milch, Konservengemüse, Schlachtgeflügel u.dgl.), häufig nicht zu ändern ist, so wird die Marktstellung der anbietenden Landwirte außerordentlich schwach.

Diese Schwäche kann durch Zusammenschluß der Landwirte zu »Erzeugergemeinschaften« und gemeinsames Aushandeln der Liefer- und Abnahmekonditionen weitgehend ausgeglichen werden. Die ausgehandelten Konditionen werden in der Regel in Musterverträgen niedergelegt. Besondere Bedeutung hat das im Rahmen der sogenannten Vertragslandwirtschaft. Die Verhandlungsmacht von Erzeugergemeinschaften reicht häufig auch aus, um Einfluß auf die Preisgestaltung zu gewinnen. Feste Preiszusagen sind natürlich nur zu erreichen, wenn die Abnehmer das Preisrisiko weiterwälzen können. Aber Abmachungen über feste Relationen zwischen Marktpreisnotierungen und Auszahlungspreisen der Abnehmer sind häufig erzielt worden. Teilweise wird den Erzeugergemeinschaften auch Einblick in die Kalkulation gegeben und diese zur Grundlage von Preisvereinbarungen gemacht.

Erzeugergemeinschaften können darüber hinaus eine Reihe nützlicher Funktionen wahrnehmen, die sie einerseits für die Abnehmer als Verhandlungspartner interessant machen und die andererseits die Position ihrer Mitglieder bei den verbleibenden Preisverhandlungen stärken sowie den Wettbewerb zwischen den Abnehmern erhöhen:

– Sie können die produktionstechnische Beratung ihrer Mitglieder übernehmen, was meist zur Verbesserung der Qualität der Erzeugnisse beiträgt und zur Entwicklung regionaler Produktionsschwerpunkte führt. Dadurch werden bessere Voraussetzungen für eine rationelle Erfassung und Vermarktung geschaffen.

– Sie können für die Anwendung einheitlicher Sorten und Rassen sowie für die Einhaltung bestimmter Produktionsnormen sorgen und dadurch mithelfen, die Erzeugung in den Einzugsgebieten leistungsfähiger Erfassungsunternehmen zu vereinheitlichen, und so zur Senkung der Erfassungs- und Aufbereitungskosten beitragen.

– Sie können daran mitwirken, daß die Erzeugung nach Zeit und Sortiment besser auf die Absatzmöglichkeiten des örtlichen Erfassungshandels abgestimmt wird.

– Sie können ihre Mitglieder über die jeweilige Marktlage informieren und so deren Position bei Verhandlungen über den Preis stärken.

– Schließlich können sie Vergleiche der Leistungen der in ihrer Region in Betracht kommenden Erfassungsunternehmen anstellen und ihren Mitgliedern zur Kenntnis bringen. Sie erhöhen auf diese Weise den Wettbewerb zwischen den potentiellen Abnehmern.

Die Erfahrungen mit Erzeugerzusammenschlüssen reichen noch nicht aus, um abschließend beurteilen zu können, welche Funktionen sie mit Erfolg im Interesse ihrer Mitglieder wahrnehmen können. Das wird auch von Fall zu Fall, d.h. je nach Produkt und regionaler Marktstruktur, unterschiedlich sein. Deutlich zeichnet sich jedoch bereits ab, daß die Stärkung der häufig zu geringen Verhandlungsmacht (bargaining power) der Landwirte ihre weitaus wichtigste Funktion sein wird. Die Möglichkeiten hierzu sind mannigfaltig und noch keineswegs voll erkannt. Ehrgeizigere, z.T. utopische Erwartungen, mit denen die Erzeugerzusammenschlüsse zunächst propagiert wurden, sind inzwischen weitgehend aufgegeben worden; so u.a. die Vorstellung, die Erzeugergemeinschaften müßten die Erfassung und Vermarktung selbst übernehmen, also die vorhandenen Unternehmen verdrängen, und die Utopie, daß Erzeugergemeinschaften die Produktion regulieren und eine monopolistische Angebots- und Preispolitik betreiben könnten.

3.9 Schlußfolgerungen

Mit Hilfe der Agrarmarktpolitik können sehr unterschiedliche Ziele angestrebt werden. In diesem Band der »Agrarmarktpolitik« sollte nicht der Wert und die Berechtigung bestimmter Ziele erörtert werden. Vielmehr sollte untersucht werden, unter welchen Bedingungen und inwieweit sich die verschiedenen Instrumente der Marktpolitik zur Verfolgung bestimmter Ziele eignen.

Ein Ziel, das zur Zeit sehr häufig verfolgt wird, ist die *Hebung der landwirtschaftlichen Einkommen* oder ihre Sicherung vor stärkerem Rückgang. Die Nachfrage nach Agrarprodukten steigt bei nur noch geringer und weiterhin abnehmender Einkommenselastizität und geringem Bevölkerungswachstum nur schwach. Das Angebot an Agrarprodukten hat dagegen im Durchschnitt der wirtschaftlich entwickelten Länder der »westlichen« Welt die Tendenz, relativ schnell zu steigen, und zwar stärker als die Nachfrage. Technische und organisatorische Fortschritte, verbesserte Bildung und Ausbildung sowie

Strukturänderungen führen zu laufender Erhöhung der globalen Produktivität der Agrarproduktion und zur Ausweitung des Produktionspotentials der Landwirtschaft. Aus dieser Konstellation ergibt sich bei unzureichender Mobilität der in der Landwirtschaft eingesetzten Faktoren, insbesondere der Arbeitskräfte, ein starker Angebots- und Preisdruck, der sich ungünstig auf die Einkommen der Landwirte auswirkt; gleichzeitig steigen aber die Einkommenserwartungen der Landwirte im Zuge der allgemeinen Wohlstandsentwicklung. Da die wirtschaftlich entwickelten Länder der »westlichen« Welt in einem für ihren Wohlstand unerläßlichen engen Güter- und Leistungsaustausch miteinander stehen, trifft dies mehr oder weniger für alle diese Länder zu. Die Versuche, die Agrareinkommen mit Hilfe der Marktpolitik zu beeinflussen, sind daher zahlreich und weit verbreitet. Die Hebung der Agrareinkommen ist ein politisch bestimmtes Ziel. Beim Abstecken dieses Zieles spielen sowohl sozialpolitische Erwägungen als auch die bestehenden politischen Machtverhältnisse eine Rolle.

Ein anderes, ebenfalls weit verbreitetes Ziel der Agrarmarktpolitik ist *Preisstabilisierung*. Veränderungen der Nachfrage und des Angebots wirken sich um so stärker auf den Preis aus, je weniger elastisch Nachfrage und Angebot auf Preisänderungen reagieren. Die Nachfrage nach den meisten Agrarprodukten ist wenig elastisch in bezug auf den Erzeugerpreis; kurzfristig wird diese Preiselastizität häufig noch durch verzögerte Anpassung der Verbraucherpreise an veränderte Marktlagen beeinträchtigt. Das sofort und bis zur Beendigung der nächsten Produktionsperiode verfügbare Angebot an Agrarprodukten ist in der Regel sogar nahezu starr. Infolgedessen führen schon geringe Veränderungen des Angebots oder der Nachfrage unter sonst gleichbleibenden Bedingungen kurzfristig zu starken Preisveränderungen. Allein durch die saisonalen und die witterungsbedingten erratischen Schwankungen des Angebots ergeben sich daher starke kurzfristige Schwankungen der Erzeugerpreise. Dazu kommt, daß stärkere Preisänderungen, selbst wenn sie nur verhältnismäßig kurzfristig sind, unter bestimmten Bedingungen die Landwirte zu übertrieben starker Ausdehnung oder Einschränkung der Produktion veranlassen; es handelt sich dabei um eine besonders für Mengenanpasser typische Verhaltensweise, durch die die ohnehin große Unstabilität der Agrarmärkte noch erhöht wird. Preisstabilisierung und damit Minderung des Preisrisikos ist daher ein verständlicher Wunsch der Landwirte. Da Preisrisiken nicht nur privatwirtschaftlich, sondern auch volkswirtschaftlich Kosten verursachen, ist Preisstabilisierung, sofern der dafür erforderliche Aufwand geringer als der Nutzen ist, auch vom gesamtwirtschaftlichen Standpunkt ein erstrebenswertes Ziel.

In Anbetracht der Gefahr von Störungen des internationalen Warenaustausches durch politische Ereignisse kann die Aufrechterhaltung eines bestimmten Produktionsvolumens der inländischen Landwirtschaft oder seine Hebung, also die *Sicherung der Versorgung im Krisenfall*, Ziel der Agrarmarktpolitik sein. Es handelt sich dabei um ein politisch und gesamtwirtschaftlich bestimmtes und daher auch unter diesen Gesichtspunkten abzusteckendes Ziel, das sich jedoch weitgehend mit dem Interesse der Landwirte deckt.

Ein wichtiges Ziel der Agrarmarktpolitik, das sowohl im allgemeinen als auch im Interesse der Landwirte liegt, ist die *Schaffung und Aufrechterhaltung eines rationell arbeitenden Vermarktungswesens* für Agrarprodukte. Für die Vermarktung der Agrarprodukte (einschließlich Be- und Verarbeitung) müssen die Konsumenten etwa ebensoviel aufwenden wie für die Produktion. Einer rationellen Vermarktung kommt deshalb vom volkswirtschaftlichen Standpunkt die gleiche Bedeutung zu wie einer rationellen Agrarproduktion.

Für die Landwirte bedeutet ein effizienteres Vermarktungswesen vor allem Stärkung ihrer Wettbewerbskraft gegenüber den anderen Wirtschaftsbereichen und gegenüber den ausländischen Konkurrenten.

Zur Verfolgung der Ziele der Agrarmarktpolitik stehen zahlreiche Instrumente zur Verfügung. Ihre Wirkungsweise, die Voraussetzungen für ihre Wirksamkeit sowie die Grenzen ihrer Wirkung wurden im dritten Hauptabschnitt untersucht. Die meisten dieser Instrumente wirken nicht nur im Sinne eines der genannten Ziele, sondern haben mehrere Wirkungsrichtungen. Der Schwerpunkt der Wirkungsrichtung ist weitgehend von den Bedingungen abhängig, unter denen das Instrument angewendet wird, so insbesondere von den Elastizitäten und von den Entwicklungstendenzen des Angebots und der Nachfrage, vom nationalen Selbstversorgungsgrad, vom Verhältnis der Preise am Binnenmarkt und am Außenmarkt u. a. m. Ändern sich im Laufe der Zeit diese Bedingungen, so kann sich mithin auch die Wirkungsrichtung der getroffenen Maßnahme verlagern.

Bei der Anwendung eines marktpolitischen Instruments ist deshalb gründlich zu prüfen,
- welche Bedingungen im vorliegenden Fall gegeben sind,
- ob mit längerer Fortdauer dieser Bedingungen zu rechnen ist,
- ob demnach zu erwarten ist, daß sich die Maßnahme hauptsächlich im Sinne des angestrebten Ziels auswirkt,
- welche Nebenwirkungen zu erwarten sind und ob diese positiv oder negativ zu bewerten sind,
- ob die verwaltungstechnischen Voraussetzungen für den Einsatz des Instruments gegeben sind oder geschaffen werden können,
- ob der Aufwand für die Maßnahme in einem angemessenen Verhältnis zu der angestrebten Wirkung stehen kann.

Bei der Schätzung des Aufwandes müssen die Schäden, die bei einigen Maßnahmen durch ungünstige Nebenwirkungen entstehen können, wie z. B. die Behinderung von Standort- und Strukturänderungen, die Hemmung der Anwendung technischer Fortschritte und dgl., mitberücksichtigt werden. Geschieht dies, so können auch Instrumente und Maßnahmen in Erwägung gezogen und auf ihre Zielgerechtigkeit überprüft werden, die im allgemeinen als »systemwidrig« (d. h. der marktwirtschaftlichen Ordnung nicht entsprechend) abgelehnt werden. Manche solcher Maßnahmen könnten sich unter bestimmten Verhältnissen und auf begrenzte Zeit als zweckmäßig erweisen. Aus diesem Grund ist bewußt auf die übliche grobe Klassifizierung der behandelten Instrumente in »systemgerechte« und »systemwidrige« verzichtet worden.

In der wirtschaftspolitischen Praxis wurden die aufgeführten Grundsätze für die Überprüfung marktpolitischer Maßnahmen oft nur sehr unvollständig angewendet. Erschwerend wirkt, daß zum Teil noch Kenntnisse fehlen, die für rationale Entscheidungen notwendig sind. So fehlt es — um nur die beiden wichtigsten Beispiele zu nennen — an fundiertem Wissen über die Elastizitäten des Angebots (der Produktion) von Agrarprodukten sowie über die Wettbewerbsverhältnisse im Vermarktungswesen und ihre Auswirkung auf die Preisbildung. Dieser beiden umfangreichen Fragenkomplexe wird sich die landwirtschaftliche Marktforschung mit Vorrang annehmen müssen, um die Grundlagen für eine rationale Agrarmarktpolitik zu verbessern. Aber bereits mit den vorhandenen Kenntnissen ist es in den meisten Fällen möglich zu überprüfen, inwieweit die marktpolitischen Instrumente zielgerecht und wirtschaftlich sinnvoll eingesetzt worden sind. Bei der Darstellung der Entwicklung der Agrarmärkte in der BR Deutschland und in der EWG, die im zweiten Band erfolgt, ergibt sich Gelegenheit dazu.

Literatur*

ABEL, W.: Agrarpolitik. Göttingen 1958.
DERS.: Agrarkrisen und Agrarkonjunktur. Hamburg und Berlin 1966.
AEREBOE, F.: Agrarpolitik. Berlin 1928.
ALBER, B.: Die Notierung von Agrarprodukten in der Bundesrepublik Deutschland. Forschungsgesellschaft für Agrarpolitik und Agrarsoziologie, Bd. 214.
BORCHERT, K.: Möglichkeiten und Grenzen koordinierten Anbieterverhaltens in der Landwirtschaft. AW Sonderheft 40, Hannover 1970.
BRANDES, W. und E. WOERMANN: Landwirtschaftliche Betriebslehre. 2 Bände. Hamburg und Berlin 1969 und 1972.
DIETZE, C. v.: Grundzüge der Agrarpolitik. Hamburg und Berlin 1967.
EUCKEN, W.: Grundsätze der Wirtschaftspolitik. Tübingen und Zürich 1960.
FOURASTIE, J.: Die große Hoffnung des 20. Jahrhunderts. Köln-Deutz 1956.
FRAUENDORFER, S. und H. v. HAUSHOFER: Ideengeschichte der Agrarwirtschaft und Agrarpolitik. I. Band, 2. Aufl., München, Basel, Wien 1963. II. Band, München, Bonn, Wien 1958.
Gesellschaft für Wirtschafts- und Sozialwissenschaften des Landbaues e. V. (Hrsg.): Konzentration und Spezialisierung in der Landwirtschaft. München, Basel, Wien 1965.
GIERSCH, H.: Allgemeine Wirtschaftspolitik, Bd. 1: Grundlagen. Wiesbaden 1961.
GOLLNICK, H.: Einführung in die Ökonometrie. Stuttgart 1968.
GROSSKOPF, W.: Marketing im Agrarsektor. Kritische Anmerkungen zum H. 9, 20. Jg. (1971) der „Agrarwirtschaft", AW 21 (1972), S. 90ff.
GUTENBERG, E.: Grundlagen der Betriebswirtschaftslehre, Band II. Der Absatz. 6. Aufl. Berlin, Heidelberg, New York 1966.
HABERLER, G.: Artikel »Außenhandel (Theorie)« im HDSW.
HANAU, A.: Artikel »Schweinezyklus« im HDSW.
DERS.: Die Stellung der Landwirtschaft in der Sozialen Marktwirtschaft. AW 7 (1958), S. 1 ff.
DERS.: The Disparate Stability of Farm and Non-Farm-Prices, in: Proceedings of the Tenth International Conference of Agricultural Economists. London 1960.
DERS.: Entwicklung und Stand der landwirtschaftlichen Marktforschung in der Bundesrepublik. Berichte über Landwirtschaft, N. F., 39 (1961), S. 13 ff.
DERS. und A. WEBER: Aufgaben im Bereich des landwirtschaftlichen Marktwesens in der Bundesrepublik Deutschland. AW, 11 (1962), S. 237 ff.
DERS. und E. WÖHLKEN: Probleme der langfristigen Strukturprognose und der Branchenprognose im Agrarsektor, in: Diagnose und Prognose als wirtschaftswissenschaftliche Methodenprobleme. Schriften des Vereins für Sozialpolitik 25, Berlin und München 1962.
DERS.: Über die Unsicherheit der Preiserwartungen in der Landwirtschaft. AW 15 (1966), S. 76 ff.
HANSMEYER, K.-H.: Finanzielle Staatshilfen für die Landwirtschaft. Tübingen 1963.
HERLEMANN, H.: Artikel »Landwirtschaftliche Marktordnung« im HDSW.
DERS.: Grundlagen der Agrarpolitik. Berlin-Frankfurt 1961.
KATONA, G.: Das Verhalten der Verbraucher und Unternehmer. Tübingen 1960.
DERS.: Der Massenkonsum. Eine Psychologie der neuen Käuferschichten. Wien und Düsseldorf 1965.
KEHRBERG, E. W. und E. REISCH: Wirtschaftslehre der landwirtschaftlichen Produktion. München, Basel, Wien 1964.

---

* Abkürzungen:
HDSW = Handwörterbuch der Sozialwissenschaften, Stuttgart-Tübingen-Göttingen 1956 bis 1965.
AW = Agrarwirtschaft, Zeitschrift für Betriebswirtschaft und Marktforschung.

Köhne, M.: Ziele, Probleme und Möglichkeiten langfristiger Vorausschätzungen des Angebots von Agrarprodukten. Berichte über Landwirtschaft, Bd. 47 (1969), S. 241 ff.
Krelle, W.: Theorie wirtschaftlicher Verhaltensweisen. Meisenheim am Glan 1953.
Ders.: Preistheorie. Tübingen und Zürich 1961.
Ders.: Artikel »Elastizität von Angebot und Nachfrage« im HDSW.
Kromphardt, W.: Artikel »Angebot« im HDSW.
Ders.: Artikel »Nachfrage« im HDSW.
Larson, A. B.: The Hog Cycle as Harmonic Motion. Journal of Farm Economics, Vol. 46 (1964), S. 375 ff.
Ders.: The Quiddity of the Cobweb Theorem. Food Research Institute Studies. Vol. 7 (1967).
Machlup, F.: Wettbewerb im Verkauf. Modellanalyse des Anbieterverhaltens. Göttingen 1964.
Menges, G.: Ökonometrie. Wiesbaden 1961.
Metzdorf, H.-J.: Zur Konzentration des Angebots an Agrarprodukten zu großhandelsfähigen Mengen. AW *10* (1961), S. 265 ff.
Meinhold, W.: Artitel »Subventionen« im HDSW.
Neuling, W.: Artikel »Agrarzölle« im HDSW.
Niehaus, H.: Artikel »Agrarpolitik (II)« im HDSW.
Ders.: Leitbilder der Wirtschafts- und Agrarpolitik in der modernen Gesellschaft, Stuttgart 1957.
Ders.: Artikel »Landwirtschaft (III), Stellung in der Gesamtwirtschaft« im HDSW.
Nieschlag, R., E. Diehle und H. Hörschgen: Marketing. 6. Auflage. Berlin 1972.
Organisation for Economic Co-Operation and Development: Agriculture and Economic Growth. A Report by a group of experts (M. Bandini, A. Hanau, S. Kuznets, A. Lindbeck, L. Malassis, B. Reddaway). Paris 1965. Deutsche Übersetzung unter dem Titel: Landwirtschaft und Wirtschaftswachstum.
Ott, A. E. (Hrsg.): Preistheorie. Köln-Berlin 1965.
Ders.: Vertikale Preisbildung und Preisbindung. Eine theoretische Analyse. Göttingen 1966.
Plate, R.: Wirtschaftspolitische Interventionen und Landwirtschaft. AW *5* (1956), S. 65 ff.
Ders.: Marktstellung der Landwirtschaft und Disparität. AW *7* (1958), S. 52 ff.
Ders.: Gedanken über die Wettbewerbsverhältnisse in der deutschen Landwirtschaft und ihre gegenwärtigen Veränderungen. AW *11* (1962), S. 341 ff.
Ders., E. Woermann und D. Grupe: Landwirtschaft im Strukturwandel der Volkswirtschaft. AW, Sonderheft 14, Hannover 1962.
Ders.: Die besonderen Bedingungen auf den Agrarmärkten und ihre Bedeutung für die wichtigen Agrarprobleme in den modernen Industriewirtschaften. AW *14* (1965), S. 349 ff.
Ders.: Über die Wirkung der Subventionierung von landwirtschaftlichen Erzeugnissen und Produktionsmitteln. Zeitschrift für die gesamte Staatswissenschaft *122* (1966), 4. Heft, S. 695 ff.
Pütz, Th.: Artikel »Angebotslenkung« im HDSW.
Ders.: Artikel »Außenhandelspolitik (II), Systeme und Methoden«, im HDSW.
Ders.: Artikel »Nachfragelenkung« im HDSW
Röhm, H.: Die westdeutsche Landwirtschaft; Agrarstruktur, Agrarwirtschaft und landwirtschaftliche Anpassung. München, Basel, Wien 1964.
Rustemeyer, F. C.: Die Produktivität der Landwirtschaft, Begriff, Messung und Anwendung. AW, Sonderheft 16, Hannover 1964.
Samuelson, P. A.: Einführung in die Volkswirtschaftslehre. Bd. 1 und 2, 3. Aufl., Köln 1964.
Schmitt, G.: Die Handels- und Verarbeitungsspannen bei Nahrungsmitteln. Eine Auswertung amerikanischer Untersuchungen. Berichte über Landwirtschaft, Sonderheft 171, Hamburg und Berlin 1959.
Ders.: Methoden und Möglichkeiten der langfristigen Vorausschätzung der Agrarproduktion. EWG-Studien, Reihe Landwirtschaft, Nr. 3, Brüssel 1961.
Ders.: Die Bestimmungsgründe des Angebots und Probleme der Angebotsanalyse. In: Bedeutung und Anwendung ökonometrischer Methoden in der agrarwirtschaftlichen Forschung. Veröffentlichung der Gesellschaft für Wirtschafts- und Sozialwissenschaften des Landbaues e. V., Bd. 2, Hiltrup (Westf.) 1963, S. 421 ff.
Ders. (Hrsg.): Landwirtschaftliche Marktforschung in Deutschland. Arthur Hanau zum 65. Geburtstag. München, Basel, Wien 1967.
Schneider, E.: Einführung in die Wirtschaftstheorie, Bände I-III, Tübingen 1961, 1964.
Schüttauf, A. W.: Artikel »Agrarmärkte« im HDSW.

SCHULTZ, Th. W.: Agriculture in an Unstable Economy. New York und London 1945.
SEDLARZ, J.-B.: Möglichkeiten und Grenzen der Agrarwerbung. Diss. Stuttgart-Hohenheim 1967.
STAMER, H.: Agrarpreisstützung als Mittel der Einkommenspolitik. Schriftenreihe der Landwirtschaftlichen Fakultät der Universität Kiel, Heft 30, Kiel 1961.
DERS.: Landwirtschaftliche Marktlehre, 1. Teil, Hamburg-Berlin 1966.
STEINHAUSER, H., C. LANGBEHN und U. PETERS: Einführung in die landwirtschaftliche Betriebslehre. Bd. 1, Allgemeiner Teil. Stuttgart 1972.
STOLPER, W. F.: Artikel »Zölle« im HDSW.
STRECKER, O. u. a.: Die Landwirtschaft und ihre Marktpartner. Neue Formen der Zusammenarbeit. Hiltrup (Westf.) 1963.
DERS.: Gemeinschaftsmarketing für Nahrungsmittel. AW 20 (1971), S. 281 ff.
DERS.: Marktstrukturpolitik auf den Agrarmärkten: Erfordernisse, Möglichkeiten, Grenzen. Ernährungswirtschaft 5/1973.
STREISSLER, E. und M. (Hrsg.): Konsum und Nachfrage. Köln-Berlin 1966.
TEICHMANN, U.: Die Politik der Agrarpreisstützung, Köln-Deutz 1955.
THIELE-WITTIG, M.: Verbraucherverhalten und Nachfrage nach Nahrungsmitteln. AW Sonderheft 42. Hannover 1970.
TINBERGEN, J.: Einführung in die Ökonometrie. (Sammlung: Die Universität, Bd. 31) Wien 1952.
TINTNER, G.: Handbuch der Ökonometrie. Berlin, Göttingen und Heidelberg 1960.
WEBER, A.: Absatzwerbung für landwirtschaftliche Erzeugnisse. München 1965.
WEINSCHENCK, G.: Beitrag zur Theorie der Produktionselastizität im landwirtschaftlichen Betrieb. Diss. Göttingen 1954.
DERS.: Die optimale Organisation des landwirtschaftlichen Betriebes. Hamburg und Berlin 1964.
DERS. und G. SCHMITT: Zur Theorie der Wirkungen von Angebotsbeschränkungen im Agrarsektor. Zeitschrift für die gesamte Staatswissenschaft *123* (1967), H. 1, S. 60 ff.
WILLER, H.: Technischer Fortschritt und Landwirtschaft. Hamburg und Berlin 1967.
WOERMANN, E.: Der landwirtschaftliche Betrieb im Preis- und Kostengleichgewicht, in: Handbuch der Landwirtschaft, Bd. 5, Berlin-Hamburg 1954.
Wirkungen einer Senkung der Agrarpreise im Rahmen einer gemeinsamen Agrarpolitik der Europäischen Wirtschaftsgemeinschaft (EWG) auf die Einkommensverhältnisse der Landwirtschaft in der Bundesrepublik Deutschland. Gemeinsames Gutachten von Mitgliedern des Wissenschaftlichen Beirats beim Bundesministerium für Ernährung, Landwirtschaft und Forsten und von wirtschaftswissenschaftlichen Beratern der Kommission der EWG. Brüssel 1962.
Der Inhalt dieses Gutachtens ist im wesentlichen auch enthalten in: Plate, R., E. Woermann und D. Grupe: Landwirtschaft im Strukturwandel der Volkswirtschaft. AW, Sonderheft 14, Hannover 1962.
Beachte dazu: Hanau, A., R. Plate und E. Woermann: Agrarfragen im Meinungsstreit. Bemerkungen und Antwort auf Kritik zum »EWG-Gutachten«. AW *11* (1962), S. 397 ff.
Struktur- und Investitionspolitik, soziale Sicherung und geistige Förderung der Landwirte. Gutachten des Wissenschaftlichen Beirats beim Bundesministerium für Ernährung, Landwirtschaft und Forsten. Landwirtschaft — Angewandte Wissenschaft, Heft 124, Hiltrup (Westf.) 1966.
Strukturwandel und Rationalisierung in der Vermarktung von Agrarprodukten. Gutachten des Wissenschaftlichen Beirats beim Bundesministerium für Ernährung, Landwirtschaft und Forsten. Landwirtschaft — Angewandte Wissenschaft. Hiltrup (Westf.) 1967.
Die mengenmäßige Begrenzung der Produktion oder des Absatzes von Agrarprodukten durch Kontingente. Gutachten des Wissenschaftlichen Beirats beim Bundesministerium für Ernährung, Landwirtschaft und Forsten. Berichte über Landwirtschaft, Bd. 48 (1970), S. 441 ff.

Stichwortverzeichnis

Absatz–kanalisierung 135, 142, 148, 160
- kontingent s. Kontingentierung
- werbung s. Werbung
Abschöpfung 83, 116, 136, 151, 159
Agrar–einkommen s. Einkommen
- markt 2, 3
- preisgefüge 79, 89, 151
- preisniveau 85, 86, 101, 105, 134, 151, 159
- produktion 98 ff.
- schutz (–protektion) 86, 134
 (s. auch Außenhandelsschutz)
- struktur 2
- werbung s. Werbung
Altersaufbau der Bevölkerung 35
Andienungspflicht 177
Angebot 53 ff., 70 ff.
   Anpassung des landw. –s 71, 114 f., 120 f.
   kurzfristig verfügbares – 74 ff., 113, 116
   langfristig verfügbares – 74 ff., 113
   sofort verfügbares – 71 ff., 113, 116, 144 f.
Angebots–analyse, quantitative 97 f., 103
- beschränkung 104, 160
- elastizität 70 ff., 97, 103, 114, 124, 128, 131, 146, 150, 160
- entwicklung 87 ff., 98 ff.
- kontingentierung 147–151
- kurve 72, 83, 84, 93, 107, 111, 121 ff., 127 f., 130, 132, 137 f., 150, 153
- lücke 159
- prognose 104
- reaktion 113, 116
- regulierung 138
- schwankungen 52, 104, 116 ff., 136, 156 ff.
- spitze 158 ff.
Arbeits–einkommen 86
- produktivität 51, 89
- teilung 2, 45, 55, 96, 105
Ausbildung 87, 96
Ausgaben für Nahrungsmittel 44 f.
Außenhandels–regelung 121, 158 f.
- schutz 74, 116, 132, 139, 155, 159, 163, 165, 171

Bedarf 4
Bedarfsstruktur 4, 6, 8, 12 f., 20, 22, 24 f., 28, 33, 34 ff., 107, 111, 145, 162, 165
Bedürfnis 4
- befriedigung 54
- skala s. Bedarfsstruktur

Belastung des Angebots 126 ff., 136, 142, 144
Belastungen, äußere 87, 96, 145
Beratung 87, 96
Betriebs–größenstruktur 96
- minimum 69, 74
- organisation 75, 145
- vereinfachung 95
Bevölkerung
   Altersaufbau der – 35
Bevölkerungs–entwicklung 33
- wachstum 35, 111, 182
- zahl 8, 107
Bewirtschaftung 59, 152
Bildung 96, 182
Boden–leistung 43, 59
- produktion, brutto 98 ff.
- produktivität 89
- rente 85 f.
- vorrat (–reserve) 59, 85 f., 104

Cobweb-Theorem 117 ff.

Deckungsbeitrag 79
deficiency payment 134 ff., 138, 139, 151
deflationieren 25 f.
Distribution s. Vermarktung
Dumpingausfuhr 155

Einfuhr–abgabe 132, 137
- beschränkung 132
- kontingentierung 142, 149 ff., 159
- regulierung 59
- subventionierung 48
Einkommen 5, 8, 12, 17, 18, 107
   Agrar– 129, 132, 134, 139, 151, 155
   Hebung der – – 129, 131, 133, 139, 143, 150, 182
Arbeits– 86
Konsumenten– (Verbraucher–) 40 ff., 145
»paritätisches« – 55
verfügbares – 7
Volks– 7, 25, 45 f.
Einkommen-Mengen-Beziehungen 17–19, 22
Einkommens–ansprüche 51
- elastizität 12 f., 21, 26, 45, 51 f.
- erwartungen der in der Landwirtschaft Tätigen 6, 51, 183
- politik 155
- verbesserung 149
- verteilung 107

Eiweißbedarf 36 ff.
Elastizität 8–13, 15 ff.
  Angebots- 70–87, 97, 103 f., 124 f., 128, 131, 142, 146, 150, 171, 182 ff.
  Einkommens- 12 f., 21, 26, 45 f., 51 f., 182 ff.
  Kreuz-Preis- 11 f., 16, 24, 27
  Ermittlung der – – 23–29
  Preis- der Nachfrage 8–11, 13–17, 22 f., 26 f., 32, 51 f., 124 f., 127, 136, 139, 146, 150, 152, 156, 171, 182 ff.
Energiebedarf (des menschlichen Körpers) 34 ff.
Engel'sches Gesetz 44, 45
Ersparnisse, äußere 87, 96, 145
Erzeuger-gemeinschaft 164, 172, 175, 178, 181 f.
– stufe 121, 123

Faktor-einsatz 89
  (s. auch Produktionsfaktoren)
– preise 87 f., 90, 101 f., 110, 146
Fehlreaktion (der Mengenanpasser) 116–121
Fette, Fettverbrauch 35 ff.
Flexibilität der Agrarpreise s. Preisflexibilität
Fortschritt
  biologisch-technischer - 90 ff.
  mechanisch-technischer - 91 ff.
  organisatorischer - 2, 45, 87, 95, 145, 183
  technischer - 2, 45, 59 f., 87, 89–94, 97, 103, 110, 139 ff., 145, 183
Funktions-anhäufung (in der Vermarktung) 169
– entleerung 169

Garantiepreis 134, 139 ff.
Geburtenüberschuß 33 f.
Gefüge der Agrarpreise 79, 89, 151, 155
– der Faktorpreise 88
– der Nahrungsmittelpreise 49
Geldwertschwankung 25 f.
Gemeinschaftsunternehmung 172–174
Genossenschaft 172 ff.
Gesetz der abnehmenden Nachfrage 9
Getreideeinheit (GE) 43, 99 ff.
Gewinn 53
– maximierung 53 ff., 63 ff., 141
– planung 61–70
– schwelle 69 f., 84, 140
Gleichgewichts-menge 106 ff.
– preis 106 ff.
Grenzkosten 61–70, 74, 103, 140
– kurve 61–70
Grenzumsatz 61–70
– kurve 61–70
Güter, homogene 57, 106, 115, 138
Gütezeichen 162

Gut
  inferiores – 9, 15 ff., 26 f.
  komplementäres – 12, 16, 20 f., 23, 28 f., 107, 110
  Luxus – 18
Handels-bedingung 181
– klasse 178, 180 f.
– stufe 121
Hauswirtschaft 1 f., 60
Herkunftszeichen 162
Ideologie 177
– des »Nährstandes« 97
Immobilität
– der Agrarbevölkerung 86
– der Produktionsfaktoren 148, 183
Index s. Preisindex
Information 76, 87, 96, 121, 157
Informationswesen 54
Infrastruktur 96
input 89
Instrument (der Marktpolitik)
  systemgerechtes – 184
  systemwidriges – 184
Instrumentarium, wirtschaftspolitisches 45
Intensität (der Produktion) 77 f., 85 ff., 104
Intensitätsreserve 103
Interdependenz der Agrarpreise 79
Intervention 154–160
Interventionspreis 73
Inverse Reaktion 94

Kapazität
  Produktions- 62, 71, 75, 85, 87, 93 f., 120
  Über- 66
Kapazitätsausweitung 94, 118
Kapitalproduktivität 89
Kartellgesetz 176
Kaufkraft der Konsumenten 171
  (s. auch Einkommen, Konsumsumme)
– der Geldeinheit 25
Klassifizierung 178 f.
Kohlenhydrate
  Verzehr von –n 38 f.
Komplementärgut 12, 16, 20 f., 23, 28 f., 107, 110, 145
Konkurrent 56, 60, 115, 174
Konkurrenz s. Wettbewerb
Konsum-rate 5, 7
– summe 4 ff., 12, 16 f., 20, 26, 33, 44
– wahl, freie 4
Kontingentierung 129, 140, 147–152
  Absatz- 141, 147–151
  Angebots- 147–151
  Einfuhr- 142, 149–151, 159
  Flächen- 141
  Nachfrage- 151–154

189

Kontingentsrente 142, 148, 149, 151
Kontrahent 172f.
Koppelprodukt 76, 79f.
Kosten 61
   Ernte- 72
   fixe – (Fest-) 61–70
   Gemein- 77f.
   Grenz- 61–70, 74, 103, 140
   Produktions- 70, 87–97
   Spezial- 77
   Stück- 19, 61–70, 116
   Total- 61–70
   variable – 61–70
   Vermarktungs- 32, 122f., 160
   Vertriebs- 72
– kurve
   Grenz – – 61–70, 74
   Durchschnitts – – 62
– minimierung 121, 148
Kreditabhängigkeit 176

Lagerhaltung 157
Lebenshaltung 47
   (s. auch Preisindex)
Lohn (der Landarbeiter) 102

Marke 162f., 166f., 168, 179
Marketing 161, 168f.
Markt 2, 55, 179
   Käufer- 161
   monopolistischer – 154
   oligopolistischer – 154, 167
   organisierter – 57, 61, 177
   polypolistischer – 120, 154
   – ablauf 2, 181
   – analyse 76, 103f.
   – anteil 58, 66, 72, 103f., 115
   – berichterstattung 61, 180
   – form 55–58
   – – des Agrarangebots 58–61
   – forschung 168f., 181
   – leistung 58
   – prognose 103f. (s. auch Prognose)
   – risiko 53
   – stabilisierung 52, 103f., 138, 156–160
   – struktur 55–58, 172
   – transparenz (-übersicht) 2, 5, 30f., 57, 60f., 106, 173f., 179–181
   – veranstaltung 181
   – wirtschaft 2, 53, 55
Massenproduktion 19
Mehrländeranalyse 24
Menge
   Gleichgewichts- 106ff.
   optimale – 65, 67, 115, 140
Mengen-anpasser 58, 61, 67, 72, 74, 103, 115f., 120, 139, 148, 157, 160, 183

– konjunktur 52
– regelung s. Kontingentierung
Minimalkostenkombination 87
Mobilität
– der Anbieter 57
– der Produktionsfaktoren 148, 183
Monopol 55
Monopolist 65, 115, 175
Monopson 55
Monopsonist 175
Multikollinearität 25

Nachfrage 4
   monetäre – 4
   – analyse 23–30
   – elastizität s. Elastizität
   – funktion 6ff., 13
   – kurve 13–23, 32, 65, 106f., 111, 121ff., 127, 137f., 147, 150f., 153
   – nach Agrarprodukten 33–51
   – nach Leistungen der Landwirtschaft 43, 52
   – schwankungen 53, 134
   – struktur 53
   – welle 19
Nährstoffbedarf 34, 41, 165
Nahrungsenergie 37, 38f., 41
Nahrungsmittel
   inferiore – 111
   – bewirtschaftung 152
   – preise 40–51
   – produktion 98–103, 104
   – verbrauch 104
Nutzung von Produktionsmitteln
   alternative – 76
   komplementäre – 76, 79

Oligopol 56, 118
Oligopolist 65, 115, 162, 164
Oligopson 56
output 89

Patent 57, 60f., 90
Polypol 56, 59, 61, 118
Polypson 56
Präferenz 21f., 57, 173, 176f.
– skala s. Bedarfsstruktur
Preis
   Faktor- 87, 88, 90
   Garantie- 134, 139ff.
   Interventions- 73
   Misch- 154
   optimaler – 65, 115
   Real- 25
   – – für Nahrungsgüter 47ff.
   – – für Produktionsmittel 102
   Richt- 73

Ziel– 137f.
- Absatzkurve 63, 65, 67, 103, 115
- aussichten 76
- baisse 158
- bewußtsein 31
- bildung 106ff., 181, 184
- bindung 59, 142
- elastizität s. Elastizität
- ermittlung 61
- erwartungen 6, 74–76, 82, 103
- flexibilität 11, 32, 52, 104, 156
- garantie 134, 139ff.
- gefüge s. Gefüge
- gestaltung 168
- indexziffer der Lebenshaltung 25, 27, 47
- kampf 66
- Mengen-Beziehungen 8–12, 13–17
- Mengen-Kurve 13–17, 21
- niveau, allgemein 25
- –, Agrarprodukte 85, 101, 104, 134, 151, 159
- –, Nahrungsgüter 47f.
- risiko der Landwirte 33, 52, 77, 104, 183
- schwankungen 52, 104, 113, 119, 154, 156
- spaltung 139, 142, 154
- stabilisierung 134, 136ff., 147, 150f., 154, 156ff., 183
- stützung 141, 155, 158
- vergleich 31, 106
Privatökonomik des Landbaus 1
Produktdifferenzierung 163
Produktgestaltung 168f.
Produktion
    verbundene – 76f., 97
- der deutschen Landwirtschaft 98–103
Produktions-anpassung 75
- einleitung 180
- faktoren 43, 90, 116, 145
- funktion 77
- intensität 77f., 85ff., 104
- kapazität 62, 71, 75, 85, 87, 93f., 120
- optimum 143
- periode 71, 74f., 113, 116, 144
- planung 61, 104, 120f., 148
- potential 92f., 103f., 110f., 183
- prozeß 57, 70f., 87, 103f., 117
- richtung 77ff., 89, 129
- struktur 77, 79, 157
- technik 83, 87, 96
- zweig 76, 148
Produktivität 87, 89, 95f., 145f.
    Arbeits– 51, 89
    Boden– 89
    Brutto– 89
    globale – 89, 182
    Kapital– 89
    Netto– 89
    partielle – 89

Produktivitäts-änderung 140
- gewinn 45, 110
- steigerung 111, 140, 149
- verlust 110
Prognose 24, 97, 104

Qualitäts-beurteilung 179
- norm 179
Quantumsystem 132, 140
Querschnittsanalyse 24

Rationierung (von Nahrungsmitteln) 151
Reaktion
    Angebots– 113, 116
    Fehl– (der Mengenanpasser) 116, 118, 120
    inverse – 94
Reaktionszeit des Angebots 70ff., 113, 144
Real-einkommen s. Einkommen
- lohn (der Landarbeiter) 102
- preis s. Preis
Regression
    Einfach– 23
    Mehrfach– (multiple –) 24
Regressionsrechnung 23, 25
Rentabilitätsschwelle 77f., 85f.
Risiko 73, 104
    Markt– 53
    Preis– 33, 52, 77, 104, 183
    Produktions– 53, 77

Sättigungs-grad 26
- grenze 13
Schwankungen
    Angebots– 52, 104, 116ff., 156ff.
    erratische – 157ff.
    jahreszeitliche – (Saison–) 156
    Nachfrage– 53, 134
    Preis– 52, 104, 113, 119, 154, 156
    zyklische – 116–121
Selbstversorgung 129, 131ff., 135f., 139, 143, 150f., 183
Snobismus 31
Sofortzahlungszwang 176
Sozialökonomik des Landbaues 1
Spanne 31f., 122
    Distributions– (Vermarktungs–) 31f., 113, 121–126, 145ff., 169ff.
Sparrate 5f.
Spezialisierung 2, 58, 83, 148
Spinngewebetheorem 117ff.
Stabilisierung
    Markt– 52, 103f., 138, 156–160
    Preis– 134, 136ff., 147, 150f., 154, 156ff., 183
Standortzementierung 140f., 149
Struktur-änderungen 87, 95f., 145, 184
- wandel 2, 53, 171
Stückkosten 19, 61–70, 116

191

Substitut 12f., 16, 19ff., 27, 56ff., 107, 111, 134, 145, 156, 160
Substitution 27
Substitutionskonkurrenz 56
Subventionierung 48, 126–146, 175
– von Produktionsmitteln 143
   Einfuhr– 48
   Export– 155, 159

Tauschgruppe 55
Technischer Fortschritt s. Fortschritt
Theorie 3
   Wirtschafts– 53

Überkapazität 66
Überschüsse, partielle 155
Überschußbeseitigung (–vernichtung) 118, 159ff.
Umsatz 10, 53, 58, 61ff.
   Grenz– 61–70
   – geschwindigkeit 178
   – kurve 61–70
   – maximierung 161
Unternehmensforschung 60

Variable
   abhängige (zu erklärende) – 23
   unabhängige (erklärende) – 23
Verbraucher–einkommen s. Einkommen
– stufe 121, 123
– verhalten 30
Verbrauchssteuern 126
Veredelungsverluste 41ff.
Verhaltensweise 53, 57, 120f., 183
   monopolistische – 115
   oligopolistische – 115
Verhandlungsmacht (–position) 173f., 181f.
Verkaufserlöse 58, 163
Vermarktung 32, 127, 169ff., 183f.
Vermarktungs–kontingent 148
   (s. auch Kontingentierung)
– kosten 32, 122f., 160

– leistung 45, 170f.
– spanne 31f., 113, 121–126, 145ff., 169ff.
– unternehmung 73, 113, 164
– weg 126
Verwendung, inferiore – 155, 159
Verwendungs–auflage 153
– koppelung 27
– zwang 152, 153
Volkseinkommen 7, 25, 45f.

Wanderungsgewinn 33f.
Waren–beurteilung 178
– kenntnis 5, 30, 31, 173f., 178f.
– korb 47
– test 179
Werbung 5, 20, 31, 57, 60f., 161–168, 179
Wertschöpfung 136
Wettbewerb 31f., 59, 94, 106, 127, 130, 138, 142, 162, 172–182
   atomistischer – 59, 61, 106, 115
   hochgradiger – 67, 106
   polypolistischer – 67, 94, 121
   vollkommener – 106
Wettbewerbs–beschränkung 173
– förderung 172–182
– grad 57f., 60, 106, 121, 127
– verhältnisse 53, 55f., 59, 61, 122, 126, 130, 132, 143, 184
Wirtschafts–ablauf 3
– wachstum 2, 54f.
Wohlstands–steigerung 51, 111
– wachstum 45f., 52

Zeitreihenanalyse 24
Zoll
   Gleit– 137, 151, 159
   Stück– (spezifischer –) 132ff., 136
   Wert– 136
– belastung 133, 137
– kontingent 142
Zugang zum Markt (zur Produktion) 56f., 173
Zyklus 116–121

Schriften der Gesellschaft für Wirtschafts- und Sozialwissenschaften des Landbaues e.V.

Band 1 **Grenzen und Möglichkeiten einzelstaatlicher Agrarpolitik**
(vergriffen)

Band 2 **Konzentration und Spezialisierung in der Landwirtschaft**
(vergriffen)

Band 3 **Landentwicklung**
Soziologische und ökonomische Aspekte.
Herausgegeben von Prof. Dr. H. Kötter. 123 Seiten, 13 Abbildungen, Leinen.

Band 4 **Quantitative Methoden in den Wirtschafts- und Sozialwissenschaften des Landbaues**
Herausgegeben von Prof. Dr. E. Reisch. 458 Seiten, 38 Abbildungen, Leinen.

Band 5 **Die Landwirtschaft in der volks- und weltwirtschaftlichen Entwicklung**
Herausgegeben von Prof. Dr. H.-G. Schlotter. 233 Seiten, 16 Abbildungen, Leinen.

Band 6 **Möglichkeiten und Grenzen der Agrarpolitik in der EWG**
(vergriffen)

Band 7 **Entwicklungstendenzen in der Produktion und im Absatz tierischer Erzeugnisse**
Herausgegeben von Prof. Dr. R. Zapf. 490 Seiten, 42 Abbildungen, Leinen.

Band 8 **Die Willensbildung in der Agrarpolitik**
Herausgegeben von Prof. Dr. H.-G. Schlotter. 453 Seiten, Leinen.

Band 9 **Mobilität der landwirtschaftlichen Produktionsfaktoren und regionale Wirtschaftspolitik** (vergriffen)

Band 10 **Die künftige Entwicklung der europäischen Landwirtschaft**
Prognosen und Denkmodelle.
Herausgegeben von Günther Weinschenck. 396 Seiten, 15 Abbildungen, Leinen.

Band 11 **Agrarpolitik im Spannungsfeld der internationalen Entwicklungspolitik**
Herausgegeben von E. Buchholz und W. v. Urff. 360 Seiten, Leinen.

BLV Verlagsgesellschaft München Bern Wien

Agrarmarktpolitik

Band 2:

Die Agrarmärkte Deutschlands und der EWG

Von Professor Dr. Roderich Plate

382 Seiten, 107 Abbildungen, 63 Übersichten, Kunststoffeinband, DM 48,—

Inhaltsübersicht:

Der Getreidemarkt

Der Kartoffelmarkt

Der Zuckermarkt

Der Obst- und Gemüsemarkt
(Verfasser: Prof. Dr. H. Storck)

Der Weinmarkt
(Verfasser: Dr. F. W. Michel)

Der Markt für Schlachtvieh und Fleisch

Der Eiermarkt

Der Markt für Nahrungsfette

Der Markt für Milch und Milchprodukte

Zusammenfassende Kritik der Agrarmarktpolitik 1948—1968

Literaturverzeichnis (417 Quellenangaben)

Stichwortverzeichnis

Zu beziehen durch jede Buchhandlung

BLV Verlagsgesellschaft München Bern Wien